O CHAMADO DO SERIAL KILLER

CB005621

O CHAMADO DO SERIAL KILLER

JOHN DOUGLAS & MARK OLSHAKER

TRADUÇÃO
ALEXANDRE BOIDE

RIO DE JANEIRO, 2023

Copyright © 2022 by Mindhunters, Inc.
Copyright da tradução © 2023 por Casa dos Livros Editora LTDA.
Todos os direitos reservados.
Título original: *When a Killer Calls*

Todos os direitos desta publicação são reservados à Casa dos Livros Editora LTDA. Nenhuma parte desta obra pode ser apropriada e estocada em sistema de banco de dados ou processo similar, em qualquer forma ou meio, seja eletrônico, de fotocópia, gravação etc., sem a permissão do detentor do copyright.

Diretora editorial: *Raquel Cozer*

Gerente editorial: *Alice Mello*

Editora: *Lara Berruezo*

Editoras assistentes: *Anna Clara Gonçalves e Camila Carneiro*

Assistência editorial: *Yasmin Montebello*

Copidesque: *André Sequeira*

Revisão: *João Rodrigues e Pérola Gonçalves*

Design de capa: *Guilherme Peres*

Ilustrações de capa: *© Robert Kneschke / EyeEm / Alamy Stock Photo*

Diagramação: *Abreu's System*

Dados Internacionais de Catalogação na Publicação (CIP)
(Câmara Brasileira do Livro, SP, Brasil)

Douglas, John E.
    O chamado do serial killer / John E. Douglas, Mark Olshaker ; tradução Alexandre Boide. -- Rio de Janeiro : HarperCollins Brasil, 2023.

    Título original: When a killer calls.
    ISBN 978-65-5511-497-3

    1. Assassinato - Estudo de caso 2. Assassinos em série - Estudo de casos I. Olshaker, Mark. II. Título.

23-141619   CDD-364.1523

Índices para catálogo sistemático:
1. Assassinatos em série : Investigação :
        Criminologia   364.1523

Inajara Pires de Souza – Bibliotecária – CRB-PR-001652/O

Os pontos de vista desta obra são de responsabilidade de seu autor, não refletindo necessariamente a posição da HarperCollins Brasil, da HarperCollins Publishers ou de sua equipe editorial.

HarperCollins Brasil é uma marca licenciada à Casa dos Livros Editora LTDA.
Todos os direitos reservados à Casa dos Livros Editora LTDA.
Rua da Quitanda, 86, sala 218 — Centro
Rio de Janeiro, RJ — CEP 20091-005
Tel.: (21) 3175-1030
www.harpercollins.com.br

Para Ann Hennigan, parte vital da nossa equipe desde o início.

"Tudo pode ser tirado de um homem, menos uma coisa: a última das liberdades humanas — a de escolher sua atitude diante de qualquer circunstância, a de decidir a própria maneira de agir. [...] E sempre existem escolhas a fazer.

Pois o que importa nessa situação é testemunhar o melhor que há no singular potencial humano, ou seja, transformar uma tragédia pessoal em um triunfo, fazer de uma provação um grande feito."

— Dr. Viktor E. Frankl

PRÓLOGO   11

I À PROCURA DE UM ASSASSINO   17

Capítulo 1   19

Capítulo 2   32

Capítulo 3   43

Capítulo 4   62

Capítulo 5   71

Capítulo 6   78

Capítulo 7   90

Capítulo 8   105

II NA CENA DO CRIME   113

Capítulo 9   115

Capítulo 10   124

Capítulo 11   130

Capítulo 12   148

Capítulo 13   154

Capítulo 14   164

Capítulo 15   172

Capítulo 16   191

II EM BUSCA DE JUSTIÇA 201

Capítulo 17   203
Capítulo 18   215
Capítulo 19   222
Capítulo 20   230
Capítulo 21   237
Capítulo 22   245
Capítulo 23   260
Capítulo 24   268
Capítulo 25   272
Capítulo 26   283
Capítulo 27   290

Epílogo   296
Agradecimentos   299

PRÓLOGO

Aquele já era um dia bem cheio para Shari Smith. Depois de tomar às pressas o café da manhã e fazer o ritual obrigatório de devoção e oração que seus pais impunham a ela e ao irmão mais novo, Robert, de quinze anos, Shari saiu apressada para participar do ensaio da cerimônia de formatura de ensino médio da classe de 1985 da Lexington High, a ser realizada no Carolina Coliseum, na Universidade da Carolina do Sul. Andy Aun e ela haviam sido escolhidas para cantar o hino nacional, então precisavam ensaiar com a sra. Bullock, a professora do coral da escola. O restante do dia seria marcado por uma correria constante entre várias atividades, além dos preparativos para a viagem de formatura da classe: um cruzeiro para as Bahamas na semana seguinte.

Shari adorava cantar e, na Lexington High, havia sido solista da banda de jazz, membro do coral, cantora e dançarina do corpo de apresentações musicais da escola. Tinha feito parte da lista principal do estado para cantores de coral no segundo e no terceiro anos de ensino médio e participado do Programa de Artes e Humanidades do Governo da Carolina do Sul no ano anterior — isso sem contar os três anos de participação no grêmio estudantil. Também havia realizado um teste para uma vaga como cantora e dançarina no parque de diversões Carowinds, do outro lado da fronteira estadual, a sudoeste de Charlotte, na Carolina do Norte, onde Dawn, sua irmã mais velha, com quem ela tinha uma semelhança notável, já se apresentava. Apesar de estudantes secundaristas quase nunca serem aceitas, ela conseguiu o trabalho e estava ansiosa para passar as férias se apresentando ao lado de Dawn — que morava em Charlotte, em um apartamento com mais duas amigas naquele verão — e, assim como a irmã, estudar voz e piano no Columbia College, na cidade de Colúmbia, na Carolina do Sul. As duas, loiras estonteantes de olhos azuis, cantavam solos e duetos na Igreja Batista de Lexington que a família frequentava, e as irmãs Smith, como eram conhecidas, recebiam inúmeros pedidos para se apresentarem em outras igrejas da região. Shari gostava de ensaiar números de dança na quadra de basquete em frente à garagem de casa quando Robert não estava treinando arremessos. Às vezes, ela chamava a mãe e o pai para assistirem.

Mas os sonhos de Shari para aquele verão tinham sido arruinados. Ela havia passado vários fins de semana no Carowinds, aprendendo a coreografia e as letras da apresentação de música country. Depois de alguns poucos ensaios, porém, ficou rouca e começou a ter problemas para projetar a voz. Os pais a levaram a um médico especialista, que deu a má notícia: a jovem estava com nódulos nas cordas vocais. Precisaria descansar a voz por duas semanas e só poderia voltar a cantar depois de outras seis. Shari ficou arrasada por não poder trabalhar no Carowinds naquelas férias, e seu único consolo era que se juntaria a Dawn no Columbia College no segundo semestre.

Por volta das dez horas daquela manhã, Shari ligou, da escola, para a mãe e avisou que telefonaria de novo na hora de ir embora, para as duas poderem ir ao banco pegar os cheques de viagem para o cruzeiro. Voltou a entrar em contato às onze horas, avisando que não poderia sair ainda, mas que ligaria de novo em breve. Os pais faziam questão de que Robert e ela sempre avisassem onde estavam; uma das regras a que Shari não se opunha, porque gostava de conversar. No anuário dos formandos daquele ano, tinha sido eleita a mais espirituosa da classe — e também a mais talentosa —, mas, como não era possível ocupar duas categorias, deixou o título para outra garota, que ficou felicíssima com a honraria.

Ainda havia muita coisa para preparar.

Perto das 11h30, Shari telefonou para casa outra vez e disse que se encontraria com a mãe na agência do South Carolina National Bank, no shopping Town Square. Shari pediu para ela levar um traje de banho e uma toalha para a festa na piscina a que iria na casa de sua amiga Dana, às margens do lago Murray, a alguns quilômetros da cidade, depois de passar no banco. Ela trocaria o short branco largo e a blusa listrada em preto e branco quando chegasse na casa da amiga.

Na agência bancária, Shari encontrou o namorado, Richard Lawson, e a querida amiga Brenda Boozer, e ficou muito contente por estar acompanhada de três pessoas tão amadas. Depois de pegarem os cheques de viagem, as garotas foram para a festa com Richard, deixando os carros no estacionamento do shopping.

Shari ligou da casa de Dana por volta das 14h30 e avisou que estava indo embora. Vestiu uma camiseta e um short por cima do biquíni e foi embora com Brenda e Richard. Cerca de quinze minutos depois, o trio estava de volta ao shopping para pegar os carros. As duas se despediram, e Shari e Richard ficaram um pouco no carro dele. Logo depois, Shari entrou no Chevette hatch azul e foi para casa, enquanto o namorado a acompanhou até ela pegar a U.S. 1, rumo a Red Bank.

Os Smith moravam em uma localidade rural, em uma casa construída em um terreno de oito hectares, à margem da Platt Springs Road, a cerca de quinze quilômetros de Lexington. O acesso à casa pela estrada se dava por uma entrada em declive de mais de duzentos metros de extensão, proporcionando bastante privacidade. As meninas não ficaram muito contentes quando se mudaram de onde moravam, uma rua sem saída na agradável vizinhança residencial de Irmo, em Colúmbia, onde tinham boas amigas e a escola ficava a um quilômetro e meio de distância. Contudo, o pai delas havia sido criado em uma fazenda e considerava esse ambiente o lugar ideal para os filhos crescerem. No novo lar da família, havia espaço para construir uma piscina e para Dawn, Shari e Robert terem cavalos. Na época em que a mais velha foi para a faculdade, porém, os mais novos estavam mais interessados em passear pela propriedade em uma pequena motocicleta, e os animais foram vendidos. Os dois irmãos passavam horas pilotando o veículo, disputando a primazia de quem poderia andar por mais tempo. Apesar da beleza feminina e da voz angelical, ao contrário de Dawn — que era chamada provocativamente pela irmã mais velha de "princesinha" —, Shari era mais arteira.

Por volta das 15h25, Shari parou o Chevette na entrada de casa para verificar a correspondência, como sempre fazia ao chegar. Como o poste de madeira com a caixa de correio estava a apenas alguns passos do carro, ela deixou o motor ligado e desceu descalça, sem se dar ao trabalho de calçar a sandália preta de borracha.

Era sexta-feira, 31 de maio de 1985.

BOB E HILDA SMITH ESTAVAM SENTADOS NA BEIRA DA PISCINA QUANDO SHARI LIGOU AVISANDO que estava saindo da festa de Dana. Eles entraram em casa logo em seguida, para Bob se trocar para o jogo de golfe que havia marcado naquele dia. Ex-engenheiro do Departamento de Estradas de Rodagem, na época ele vendia placas de sinalização e placares eletrônicos para uma empresa chamada Daktronics, e trabalhava de casa com bastante frequência. Também era pregador voluntário em escolas e reformatórios da região, onde Dawn e Shari o acompanhavam para cantar. Já Hilda tinha um emprego de meio período como professora substituta de Teatro em escolas públicas.

Quando olhou pela janela, ela viu o Chevette azul de Shari parado na entrada da propriedade. E, como o carro continuou lá por alguns minutos, Hilda supôs que Shari devia ter recebido uma carta de Dawn e havia parado para lê-la. A menina adorava receber notícias de Dawn, e Hilda estava bem temerosa de que ela estivesse vivendo através da irmã mais velha, já que os planos dela de cantar e dançar no Carowinds naquelas férias tinham sido arruinados pelo problema nas cordas vocais. Hilda e Bob eram religiosos devotos, e tentaram criar os três filhos com o mesmo sentimento de reverência e fé. Shari ficou tão arrasada por não poder passar o verão dividindo o palco com Dawn que a mãe chegou a questionar por que Deus havia imposto uma decepção tão grande à filha.

Cerca de cinco minutos depois, ao ver que a porta da frente não se abriu para a entrada da sempre animada Shari, Bob olhou pela janela do escritório e viu o carro parado no mesmo lugar. Aquilo era estranho. Hilda disse que ela deveria estar lendo uma carta de Dawn, mas Bob desconfiou que houvesse algo errado. Shari sofria de uma doença rara conhecida como diabetes insípidus, também conhecida como "diabetes da água", que causa uma sede persistente e a necessidade frequente de ir ao banheiro, o que gera um perigo quase constante de uma desidratação fatal. Era um problema incurável, mas a filha tomava um medicamento de suplementação de vasopressina, o hormônio que regula o equilíbrio de fluidos e que o corpo dela não produzia. Quando era pequena, precisava tomar uma injeção dolorosa com uma agulha enorme quase todos os dias. Mais tarde, felizmente, um spray nasal foi desenvolvido para substituir a aplicação intramuscular. Shari levava um frasco do remédio na bolsa o tempo todo, e deixava outro na geladeira de casa. Se, por alguma razão, ela não tomasse o medicamento, poderia desmaiar e até entrar em coma. Qualquer que fosse o motivo para ela não ter entrado em casa ainda, Bob ficou preocupado.

Então, ele pegou as chaves, foi para a garagem, entrou no carro e desceu o longo caminho de terra batida.

Menos de um minuto depois, chegou à estrada. O carro de Shari estava com a porta aberta e o motor ligado. Havia cartas espalhadas pelo chão, perto da caixa de correio. Mas a filha não estava por perto. Ele a chamou, mas não obteve resposta. Dentro do carro, a toalha que Hilda havia levado estava no assento do motorista; a bolsa da filha, no banco do carona; e as sandálias, no assoalho. Bob abriu a bolsa e remexeu lá dentro, a carteira e o remédio de Shari ainda estavam lá.

No chão de terra, pegadas de pés descalços iam do carro à caixa do correio, mas — para seu pavor — não havia uma indicando que o caminho de volta tinha sido feito.

I

À PROCURA DE UM ASSASSINO

1

SEGUNDA-FEIRA, 3 DE JUNHO DE 1985

— Oi, John. — Ron Walker, um membro da nossa pequena equipe de analistas de perfis criminais, estava parado à porta. — Temos um caso de sequestro em Colúmbia, na Carolina do Sul. Acabei de receber um contato da polícia do condado, e eles querem a ajuda da Unidade de Ciência Comportamental.

— Qual é a situação? — quis saber.

— Recebi uma ligação de Lewis McCarty, vice-xerife do condado de Lexington. Sharon Faye Smith, uma formanda do ensino médio de dezessete anos, foi raptada ao lado da caixa de correio de casa na sexta-feira à tarde. Ainda não tenho a documentação do caso, então só sei o que me disseram pelo telefone.

— Eles têm certeza de que ela não fugiu de casa?

— Ela não faz esse tipo, ao que parece. E o carro foi deixado com o motor ligado e a bolsa com a carteira estava em cima do banco. Ela sofre de um tipo grave de diabetes, e o remédio que sempre carrega ficou na bolsa também. Além disso, a cerimônia de formatura foi ontem, e ela iria cantar o hino nacional e depois iria para um cruzeiro nas Bahamas com os colegas de classe.

Parado diante da minha mesa, ele repassou as informações que McCarty fornecera. A casa ficava em um terreno de oito hectares em uma comunidade rural conhecida como Red Bank, a mais ou menos quinze quilômetros de Lexington, com um recuo de mais de duzentos metros da Platt Springs Road. A adolescente, chamada de Shari, aparentemente tinha parado o carro na entrada do caminho de terra que levava à residência para pegar a correspondência. Cartas da família estavam espalhadas pelo chão, o que sugeria que ela havia sido pega de surpresa. O pai, Robert Smith, mais conhecido como Bob, acionou a polícia do condado, que mandou um de seus homens até lá. Não havia marcas óbvias de violência nem qualquer outro tipo de evidência forense.

O xerife James Metts procurou a imprensa e organizou uma grande operação de busca, que, durante o fim de semana, foi acrescida de centenas de voluntários, além dos policiais, apesar do calor sufocante.

— Na verdade, ainda não temos muita coisa — avisou Ron. — Como eu disse, nada por escrito. Mas a polícia do condado solicitou ao escritório local de Colúmbia que abra um arquivo para o caso. Eles estão mandando tudo o que têm para a cidade, que vai enviar o pacote para nós.

Com bastante frequência, eu constatava que as forças policiais locais não ficavam muito felizes com nosso envolvimento em um caso. Ou por temerem a reputação do FBI, que tinha a fama de ficar com todo o crédito, já que os nossos agentes assumiam o controle total da investigação, ou por acharem que os nossos analistas não trabalhariam de acordo com a teoria que tanto a polícia como a comunidade local consideravam mais provável.

Mas, daquela vez, não foi assim. Jim Metts e Lewis McCarty tinham passado pelo treinamento da academia nacional do FBI, um curso de onze semanas oferecido a oficiais da lei experientes e graduados de todos os cantos dos Estados Unidos e de vários outros países do mundo. Metts, de 37 anos, era xerife havia doze, e já era considerado uma instituição local. Eleito pela primeira vez aos 25 anos, transformou a unidade policial de uma pacata zona rural que não contava com uniformes, viaturas nem procedimentos padronizados (os policiais usavam os próprios carros no trabalho e se vestiam como bem entendiam) em um departamento moderno de aplicação da lei. Ex-estudante de Engenharia, acabou se formando em Criminologia e lecionava no ensino superior. Tanto Metts como McCarty tinham um enorme respeito pelo bureau, pelo programa de análise de perfis criminais e por tudo o que aprenderam em Quantico. Ao concluírem que Shari Smith havia sido levada contra sua vontade, o que não demorou muito, os dois concordaram em envolver o FBI e a Unidade de Ciência Comportamental (BSU, na sigla em inglês) na investigação. Metts acionou o escritório local dos federais em Colúmbia, na Carolina do Sul, e conversou com o agente especial do Conselho Consultivo Estudantil (ou SAC, na sigla em inglês) responsável, Robert Ivery, requisitando o auxílio do bureau.

— O escritório local de Colúmbia imediatamente pôs em prática o protocolo padrão para sequestros — contou Ron. — Mandaram agentes até a casa, instalaram grampos e rastreadores nos telefones e enviaram uma equipe de vigilância. Estavam todos meio que à espera de um bilhete de resgate. O que receberam em vez disso foram telefonemas, presumivelmente do suspeito. O primeiro foi feito às 2h20 da madrugada de hoje. Você já deve imaginar o efeito que isso provocou na família. A mãe atendeu e anotou tudo. Depois disso, o departamento de Metts instalou um dispositivo para gravar todas as chamadas recebidas no telefone de casa.

— Houve um pedido de resgate? — perguntei.

— Desse sujeito, não. Houve um outro telefonema no fim de semana, exigindo um resgate, mas a polícia do condado tem certeza de que foi trote.

Esse tipo de coisa, ver uma família em estado de aflição ter o sofrimento agravado por um oportunista sem um pingo de consciência, o que infelizmente é bem comum, sempre me revolta. Se dependesse de mim, todos os que fossem pegos fazendo isso seriam processados e julgados com severidade.

Três dias e nenhum pedido de resgate, pensei, era um mau sinal. Nós tentamos manter a mente aberta no início de um caso, mas só existem duas possibilidades em uma situação desse tipo: um rapto por motivação sexual ou um sequestro para obter o pagamento de resgate. Ambos os tipos de crime podem envolver um sentimento de vingança, o que é mais um motivo para dedicarmos muita atenção à vitimologia. Todos os casos de rapto são apavorantes, mas, pela própria natureza do crime, no caso de sequestro para ganho financeiro, é necessário fazer contato com a família da vítima, o que deixa o perpetrador extremamente vulnerável. Isso nem sempre significa que a pessoa é libertada sã e salva, mas as chances são maiores do que na maioria dos outros tipos de crimes predatórios; além disso, quase sempre capturamos o responsável. E, que eu saiba, o FBI nunca deixou de recuperar o dinheiro usado para pagar um resgate. O desfecho costuma ser bem mais sombrio quando estamos lidando com um rapto de motivação sexual. Nesses casos, a razão por trás do crime é o controle sobre a vítima, e o criminoso não tem nada a ganhar e muito a perder ao libertá-la e correr o risco de ser identificado mais tarde. Em um sequestro por dinheiro, devolver a vítima em segurança é parte da barganha e, embora ainda haja o risco de morte, acidental ou deliberada, a chance de sobrevivência é maior.

Naquela época, eu era o supervisor do Programa de Análise de Perfis e Consultoria, e dividia uma sala com meu velho parceiro da época de instrutor, Robert Ressler. Bob e eu fizemos as primeiras entrevistas com assassinos encarcerados enquanto trabalhávamos em "cursos itinerantes" por todo o país para forças policiais locais. Àquela altura, estávamos mais concentrados em serial killers e predadores violentos, comigo cuidando da parte operacional do Programa de Análise de Perfis e Consultoria e Bob tocando o setor de pesquisas, como o primeiro supervisor do Programa de Apreensão de Criminosos Violentos (VICAP, na sigla em inglês), e criando um banco de dados de criminosos de todas as partes dos Estados Unidos e suas características específicas.

A minha posição era fruto de um debate de caráter filosófico que vinha ocorrendo no FBI desde que Bob e eu começamos as nossas entrevistas. De acordo com a visão mais ortodoxa, a Academia existia para treinar agentes do FBI e de outras forças da lei que vinham fazer os cursos do programa de parcerias. Participar de investigações reais, contudo, não fazia parte das atribuições da academia. Mas, depois que a geração de instrutores de Psicologia Criminal Aplicada anterior à nossa começou a oferecer consultorias informais aos profissionais da lei para quem lecionavam, a ideia de que esse ramo do conhecimento *poderia ser de fato aplicado* a casos em andamento começou a se tornar realidade.

A essa altura, Bob e eu já tínhamos conduzido entrevistas o suficiente nos presídios para sentir que era possível começar a estabelecer correlações entre o que ocorria na mente do agressor antes, durante e depois de um crime e as informações oferecidas pela análise forense, a vitimologia e assim por diante. Passamos a nos sentir mais confiantes, não só para oferecer perspectivas sobre a personalidade e o comportamento de um criminoso, mas também para sugerir estratégias proativas que os investigadores das polícias locais poderiam usar para induzir o suspeito não identificado (ou UNSUB, em nosso jargão) a se expor ou levar as pessoas que tiveram contato com ele a reconhecê-lo e denunciá-lo. Na prática, foi assim que surgiu o Programa de Análise de Perfis e Consultoria em Quantico. Bob e eu logo passamos a ser acompanhados — sempre de maneira informal, já que não havia um vínculo oficial entre as áreas de ensino e pesquisa — por Roy Hazelwood, um agente brilhante cuja área de especialidade era a violência interpessoal, e que tinha ido a Atlanta comigo quatro anos antes para trabalhar no caso dos Assassinatos de Crianças de Atlanta (ATKID, na sigla em inglês), e pelo igualmente inteligente Kenneth Lanning, cujo trabalho se concentrava em crimes contra crianças.

Mas a luta pelo reconhecimento da utilidade do programa e pelos recursos de que precisávamos para expandi-lo era constante. O chefe da Unidade de Ciência Comportamental, Roger L. Depue, era um grande defensor nosso e brigava por nós com a direção da Academia e da sede do FBI. Veterano do Corpo de Fuzileiros e ex-chefe da polícia de Michigan, Roger dizia que, ao invés de uma distração da verdadeira missão da Academia, a consultoria em casos em andamento era a comprovação da viabilidade do nosso trabalho de pesquisa e instrução — e da nossa própria existência. Obviamente, isso colocava uma enorme pressão sobre ele e sobre nós para mostrar resultados positivos e, felizmente, conseguimos alguns triunfos notáveis, em particular, nos Assassinatos de Crianças de Atlanta, em 1981.

De forma nada surpreendente, esses sucessos iniciais levaram a mais solicitações dos nossos serviços de consultoria. Eu fui o primeiro analista de perfis em tempo integral do FBI e, por muitos anos, o único; a carga de trabalho logo se tornou avassaladora. Em janeiro de 1983, procurei Jim McKenzie, diretor-assistente do FBI responsável pela Academia, expliquei meu estado de exaustão e fiz um apelo por mais profissionais com dedicação integral. Ele se mostrou receptivo; também era um grande defensor do programa, assim como Roger Depue. E convenceu a direção a fazer um remanejamento em Quantico, o que significava "roubar" pessoas de outros programas para me fornecer os nossos quatro primeiros analistas de perfil: Ron Walker, Blaine McIlwaine, Jim Horn e Bill Hagmaier.

Ron tinha vindo do escritório local de Washington (WFO, na sigla em inglês). Aquela fora a primeira designação dele, o que era raro, porque o lugar é o mais importante da rede do FBI, mas o histórico dele justificava a escolha. Assim como eu, ele era um veterano da Força Aérea. Contudo, ao contrário de mim, era um oficial com onze anos de experiência em missões, o que incluía pilotar caças F-4, e com outros dezesseis anos na reserva, quando participou de atividades como investigações especiais, segurança, aplicação da lei, defesa de bases aéreas e ações antiterrorismo. Em 1982, começamos a formalizar o programa de análise de perfis e a nomear coordenadores em cada escritório local, para servir como um elo com a Unidade de Ciência Comportamental em Quantico. Devido a sua lista de serviços impecáveis e ao mestrado em psicologia, Ron foi escalado pela Divisão de Treinamento como coordenador do programa no WFO, apesar de só ter dois anos no FBI. Eu tinha conhecido Ron durante um treinamento que ele fez na Academia e, quando consegui convencer Jim McKenzie a trazer mais gente para o programa de análise de perfis, seu nome foi uma escolha natural.

Em nossa conversa, perguntei:

— Tem alguém trabalhando com você nesse sequestro?

Todos os analistas de perfis têm egos inflados; era quase uma atribuição da função. Para elevar a confiança dos profissionais e ao mesmo tempo evitar excessos, eu promovia o trabalho em equipe e o intercâmbio de ideias. O que fazíamos dependia muito da intuição, e eu acreditava firmemente no ditado de que duas cabeças pensam melhor do que uma — assim como Roger Depue, que também incentivava essa abordagem. Bob Ressler, por outro lado, preferia trabalhar sozinho, mostrando-se possessivo e superprotetor com seus casos e projetos. Não é minha intenção afirmar que ele estivesse errado, nem que não produzisse alguns bons resultados, esse só não era meu jeito de fazer as coisas.

— Sim, eu acionei Jim — respondeu Ron.

Parecia uma escolha lógica. Ron dividia uma sala com Jim Wright, que, como ele, também vinha do WFO. Juntara-se à unidade quando conseguimos mais três vagas para analistas de perfis, depois de passarmos mais de um ano investigando a tentativa de assassinato do presidente Ronald Reagan diante do Hotel Hilton de Washington e preparando o caso para ser levado a julgamento. Mais tarde, quando estabelecemos a Unidade de Suporte Investigativo como uma entidade separada da Comportamental e eu assumi a chefia, Jim ficou em meu lugar como supervisor do programa de análise de perfis e segundo na hierarquia da unidade. Tanto Ron como Jim estavam se tornando ótimos analistas de perfis.

Dentro do FBI, éramos uma organização minúscula, e é importante deixar claro a forma como trabalhávamos e as condições que enfrentávamos. Como prestávamos consultoria para uma enorme variedade de crimes — de extorsão a sequestro, de violência sexual a assassinato em série —, logo se tornou um desafio dar conta das centenas de casos que nos mandavam a todo momento. Em alguns, bastava um telefonema para as autoridades locais sugerindo o tipo de pessoa em quem deveriam se concentrar, mas outros eram de grande complexidade e exigiam uma avaliação extensiva e um trabalho de análise na própria cena do crime, como o trabalho que Roy Hazelwood e eu realizamos na investigação dos Assassinatos das Crianças de Atlanta, em cooperação com diferentes departamentos de polícia e com o escritório local do FBI.

Desde que Bob Ressler e eu começamos a fazer as nossas entrevistas nos presídios, percebemos que, dentro do espectro de crimes violentos e de caráter predatório, havia certas características que tornavam mais provável que nosso trabalho de análise investigativa criminal, de perfil comportamental e de elaboração de estratégias proativas seria útil em determinado caso, fosse qual fosse o tipo de caso em questão. Durante o longo período sob a direção de J. Edgar Hoover, o bureau havia ganhado a fama de querer se envolver em todos os crimes que chamassem a atenção dos agentes. Em nossa área de atuação, porém, não fazia sentido desperdiçar os recursos limitados ou o tempo precioso das forças locais de aplicação da lei se não houvesse alguma contribuição que pudéssemos dar. Para colocar a coisa em termos bem simples: quanto mais comum e corriqueiro for um crime, mais difícil se torna resolvê-lo usando os nossos métodos.

Inclusive, foi nosso lendário e ficcional precursor Sherlock Holmes quem afirmou isso de forma mais direta, em um diálogo com o dr. Watson em "O mistério do vale de Boscombe", que Arthur Conan Doyle publicou na *Strand Magazine*, em 1891.

> — *Já ouviu falar desse caso?* — *perguntou [Holmes].*
> — *Nem uma palavra. Não tenho lido os jornais.*
> — *A imprensa londrina ainda não tem os detalhes. Estive relendo as reportagens para compreender a situação. Pelo que percebi, parece ser um daqueles casos simples que são extremamente difíceis.*
> — *Isso parece um tanto paradoxal.*
> — *Mas é profundamente verdadeiro. Detalhes estranhos, nos casos, invariavelmente servem como pistas. Quanto mais simples é um crime, mais difícil é resolvê-lo.* *

---

* "O mistério do vale de Boscombe". *In*: DOYLE, Arthur C. *O mistério do vale de Boscombe e outras aventuras*. Tradução de Antonio Carlos Vilela. São Paulo: Editora Melhoramentos, 2012, p. 143. *[N.T.]*

Embora o motivo ou a motivação seja um aspecto importante e interessante de um crime violento, e algo que o júri quase sempre deseja saber, muitas vezes não é muito útil para a resolução do caso. Como Ron Walker observou quando me contou sobre Shari Smith, nós sabíamos que o motivo só podia ser dinheiro ou algum tipo de violência sexual, com um provável elemento de vingança envolvido. E, apesar de ser essencial determinar com qual dos dois tipos de crime estávamos lidando, isoladamente isso não nos dizia muita coisa. Por exemplo, o motivo de um assalto em um beco escuro é bem óbvio, mas não ajuda a identificar o criminoso. É por isso que quase nunca aceitávamos casos de latrocínio — como um homicídio ocorrido no meio de um roubo a banco — ou outros crimes "rotineiros". As circunstâncias e os comportamentos exibidos não se diferenciam a ponto de nos permitir acrescentar muita coisa ao trabalho de investigação padrão.

Nós procurávamos por certos elementos críticos, alguns dos quais inclusive já foram mencionados: a vitimologia, além de qualquer interação verbal registrada entre agressor e vítima; indicadores na cena do crime, como evidências de comportamentos reincidentes ou de como o crime em si foi cometido, como o corpo foi desovado e deixado, e evidências relacionadas ao comportamento pós-crime; quantas cenas de crime são pertinentes ao caso; fatores ambientais, geográficos e temporais; o número estimado de agressores; o grau de organização ou desorganização; o tipo de arma; evidências forenses; itens pessoais desaparecidos ou propositalmente deixados na cena do crime ou no local de desova do cadáver; e exames médicos, no caso de uma vítima sobrevivente, ou uma autópsia, caso tenha sido morta. Todos esses fatores nos ajudam a analisar o perfil de um suspeito e antecipar o próximo movimento dele — e, nos casos que analisávamos, quase sempre era "ele" mesmo. Quanto mais elementos tivéssemos para trabalhar, mais seríamos capazes de ajudar a direcionar as investigações e as buscas das autoridades locais. Informações como o telefonema para a família Smith no início da madrugada, feito pelo suposto sequestrador de Shari, nos dava a esperança de que esse suspeito nos daria bastante coisa para trabalhar nesse sentido.

Mesmo com apenas os contornos mais gerais do caso para trabalhar, Ron e Jim concluíram que era improvável que o suspeito estivesse passando por acaso quando Shari chegou em casa e parou para pegar as cartas na caixa de correio. Isso significava que ele devia tê-la seguido ou a escolhido como alvo com antecedência. Pelo que Lewis McCarty tinha relatado, os Smith eram pessoas respeitadas na comunidade, mas não uma família endinheirada ou dada a ostentações, portanto não havia motivo algum para cogitarmos aquilo que classificamos como uma empreitada criminal — um delito cometido para obter ganho financeiro. Por outro lado, foi dito para Ron que a vítima era uma menina bonita, loira de olhos azuis, popular no colégio e com uma personalidade extrovertida, portanto, algum pervertido poderia facilmente ter criado algum tipo de fantasia sexual ou romântica com ela.

O fato de o pai ter encontrado o carro ligado com a bolsa e a medicação no banco da frente não só revelava que ela não havia desaparecido por vontade própria, como também dizia muita coisa sobre o suspeito. Claramente, não era o tipo de sujeito que conseguia conquistar a simpatia ou a confiança de uma mulher com a aparência e/ou a lábia. Era alguém que sabia que a única maneira de fazê-la ir com ele era na base da força, sem dúvida combinada com o fator surpresa. Caso tivesse sido um ataque no estilo *blitz*, com ele aparecendo de forma súbita e dominando-a fisicamente — nocauteando-a com um golpe inesperado na cabeça, por exemplo —, seria de se esperar que houvesse evidências disso nas marcas deixadas na terra fofa entre o carro e a caixa de correio, ao invés de pegadas que iam apenas em uma direção. Era mais provável que ele a tivesse obrigado a entrar no carro sob a ameaça de uma arma de fogo ou uma faca.

— Me mantenha informado — disse a Ron —, e vamos fazer uma consultoria sobre o caso com toda a equipe quando o material chegar de Columbia.

DEPOIS QUE RON SAIU DA MINHA SALA, PERCEBI QUE NÃO CONSEGUIA ME CONCENTRAR NA PILHA de trabalhos sobre a mesa. Por mais que soubéssemos bem pouco sobre o caso Smith àquela altura, a minha mente se voltou para um outro em que eu tinha trabalhado mais de cinco anos antes e que parecia bastante semelhante.

Em dezembro de 1979, o agente especial Robert Leary, da agência residente do FBI (um posto externo do bureau menor que um escritório local) de Rome, na Geórgia, telefonou para passar os detalhes de um caso particularmente perturbador. Na semana anterior, uma menina bonita e extrovertida de doze anos chamada Mary Frances Stoner tinha desaparecido depois de ser deixada pelo ônibus escolar na frente de casa, em Adairsville, a cerca de meia hora da cidade. Assim como a dos Smith, sua residência ficava um tanto afastada da estrada. O corpo foi achado em uma mata a cerca de quinze quilômetros de lá. Ela estava vestida, e um casaco de um amarelo berrante cobria sua cabeça.

A causa da morte foi um trauma provocado por um golpe com um objeto contundente no crânio, e nas fotos da cena do crime havia manchas de sangue em uma pedra perto da cabeça. Marcas no pescoço indicavam também um estrangulamento manual por trás. A autópsia indicou, categoricamente, que ela era virgem antes de ser estuprada pelo suspeito. Quando o cadáver foi descoberto, um dos tênis estava desamarrado, e havia sangue na calcinha, indicando que a menina tinha sido vestida às pressas depois de cometida a violência sexual.

Como Shari Smith, Mary Frances era uma vítima de baixo risco em seu ambiente, então procurei saber tanto quanto possível com o uso da vitimologia. Ela foi descrita como simpática, extrovertida e encantadora, assim como Shari; era uma menina bonita de doze anos com a aparência e a conduta de alguém de sua idade (ao invés de parecer mais velha); meiga e inocente, tocava tambor na banda da escola e ia de uniforme ao colégio. Depois de receber um relato completo de Bob Leary e um estudo das fotos da cena do crime, esbocei algumas impressões iniciais: homem branco, por volta de vinte anos, Q.I. na média ou acima; baixa, desonrosa ou por motivos médicos, das forças armadas; divorciado ou com problemas conjugais; trabalhador manual, provavelmente eletricista ou encanador; registro criminal pregresso por incêndio criminoso e/ou violência sexual; proprietário de um veículo de cor escura, com vários anos de uso e boa manutenção; morador local. De acordo com a minha experiência, pessoas ordeiras, organizadas e compulsivas tendem a preferir carros de cores mais escuras. O dele teria vários anos de uso em razão da falta de condições financeiras para comprar um veículo novo, mas devia ser bem conservado.

Senti que conseguia visualizar o que aconteceu com Mary Frances e quem a levou. Pelo lugar em que o corpo foi deixado, deduzi que ele conhecia bem a região. Mas aquele era um crime de oportunidade, então concluí que, assim como o sequestrador de Shari, o suspeito devia ter visto Mary Frances naquele dia ou no anterior e provavelmente, observado seu jeito alegre de ser e fantasiado uma relação com ela, da mesma forma que eu estava convencido de que nosso atual suspeito havia feito com Shari. Como o possível criminoso de que estávamos tratando, aquele sujeito também deveria ter tido uma ideia quando ela foi deixada diante do caminho que levava a sua casa. Isso me fez considerar a hipótese de que estivesse executando algum trabalho no local.

A única diferença entre os casos era que, em razão da pouca idade de Mary Frances, considerei que seria mais fácil abordá-la com uma conversa amigável. Somente ao se aproximar o bastante para arrastá-la para seu veículo, o suspeito teria recorrido à força física ou à ameaça com uma faca ou arma de fogo. As evidências físicas indicavam que ela havia sido violada no veículo e, depois que isso aconteceu, ele caiu em si e se deu conta de que o horror, a dor e os gritos da menina não correspondiam ao imaginado em sua fantasia. Naquele momento, se não antes, deve ter concluído que precisava matá-la, caso contrário sua vida seria arruinada.

Trabalhando com a hipótese mais provável, eu o imaginei depois da violação sexual tentando controlar Mary Frances — que àquela altura estaria histérica e apavorada —, mandando que se vestisse depressa e dizendo que a deixaria ir embora, e então dirigindo até um trecho de mata fechada que conhecia bem. Assim que ela desceu do carro e se virou, o agressor se aproximou por trás e a estrangulou até que desmaiasse. Mas um estrangulamento não é tão fácil quanto as pessoas imaginam e, como ele não conseguiu subjugá-la quando estava no carro, resolveu não se arriscar. Arrastou-a até debaixo de uma árvore, pegou a primeira pedra que encontrou e a golpeou repetidas vezes na cabeça.

O casaco colocado sobre a cabeça da menina me dizia que o suspeito não se sentia bem com o que fizera, e que se conseguíssemos pegá-lo — e rapidamente — isso poderia ser usado no interrogatório. Por achar que ele era alguém da região, e ciente da seriedade com que a polícia estava tratando o caso, eu tinha quase certeza de que ele já havia sido interrogado como potencial testemunha de alguma coisa que pudesse ter visto no momento do rapto. Falei para os investigadores ao telefone que o sujeito era organizado e estava se sentindo muito esperto por ter saído impune. E, apesar da possibilidade de ter sido o primeiro assassinato dele, para mim, certamente, não era o primeiro crime sexual.

Esse caso, como tantos outros nos tristes registros de nossos trabalhos, tinha terminado de forma trágica para a vítima. Na maioria das vezes, o melhor que podemos fazer é usar as nossas habilidades para impedir que haja novos crimes. Quando me vi olhando involuntariamente para as fotos de minhas duas filhas, Erika e Lauren, no aparador do escritório, ousei alimentar a esperança de que o caso de Shari tivesse um desfecho diferente.

2

Em 1985, quando Lewis McCarty ligou para falar do caso Smith, a Unidade de Ciência Comportamental ocupava uma fileira de escritórios no primeiro andar do prédio de ciência forense do campus da Academia do FBI, construído em uma área de floresta preservada pertencente à base da Marinha dos Estados Unidos em Quantico, na Virgínia. Ao contrário do que aconteceria mais tarde, quando passamos para uma ala subterrânea abaixo de um depósito de armas e uns estandes de tiro, não dispúnhamos de escritórios individuais, mas tínhamos janelas para olhar para fora e ver a natureza. Também compartilhávamos uma sala de reuniões com o pessoal da ciência forense, que nem sempre ficava feliz por ocuparmos aqueles espaços. Então, começamos a convidá-los a participarem de alguns encontros de consultoria de casos, e muitos deles parecera gostar bastante.

Nós nos reunimos na quinta-feira, três dias depois da primeira conversa de Ron com McCarty, para tratar do rapto de Shari. Tentávamos realizar essas conversas pelo menos uma vez por semana, para que todos e todas na equipe (as agentes especiais Rosanne Russo e Patricia Kirby tinham sido transferidas dos escritórios locais de Nova York e Baltimore, respectivamente, no ano anterior, e foram nossas primeiras mulheres analistas de perfis) pudessem submeter seus casos a questionamentos e trocas de ideias com colegas. Na ocasião, havíamos acabado de receber a documentação do caso Smith de Colúmbia e as gravações dos telefonemas do suspeito. Além disso, havia as conversas diárias com Metts ou McCarty, que nos informavam de cada novo desdobramento e da situação na casa dos Smith, já que os policiais do condado eram uma presença constante no local. O material referente ao caso e as fotocópias de reportagens de jornal estavam espalhados sobre a mesa de reuniões.

Além de mim, Ron Walker, Jim Wright, Blaine McIlwaine e Roy Hazelwood estavam lá. Todos transmitiriam suas impressões a respeito do caso e dariam contribuições significativas ao programa de análise de perfis como um todo.

Ron e Blaine foram responsáveis também por outra contribuição que teve efeito relevante no programa, pelo menos, no que me diz respeito. Eles salvaram a minha vida.

Menos de um ano e meio antes, no fim de novembro e início de dezembro de 1983, eu os levei comigo a Seattle para prestar consultoria à força-tarefa montada para resolver os Assassinatos do Green River, que já vinham se desenhando como um dos maiores casos relacionados a um serial killer da história dos Estados Unidos. No verão anterior, em meados de julho, garotos adolescentes encontraram o corpo de Wendy Lee Coffield, de dezesseis anos, boiando nas águas do Green River, no condado de King, estado de Washington. Quando quatro outros cadáveres apareceram em apenas um mês — todos de moças jovens, descobertos dentro do rio ou nas margens —, ficou claro que alguém estava atacando meninas que fugiram de casa, profissionais do sexo e viajantes entre Seattle e Tacoma. Quando Ron, Blaine e eu fomos para lá, em novembro de 1983, pelo menos onze vítimas já haviam sido atribuídas a um suspeito não identificado — na época chamado de "Assassino do Green River" —, uma força-tarefa tinha sido criada e a operação de busca se tornara a maior investigação de homicídios em série do país naquele momento. Como se o escopo dos crimes já não fosse terrível o bastante, era desolador constatar a triste realidade do número de jovens e meninas vulneráveis que estavam desaparecidas apenas naquela região — algumas de somente catorze ou quinze anos —, o que teve um grande impacto sobre quem trabalhava no caso.

Eu estava em um momento especialmente estressante da vida. Mesmo com os nossos novos colaboradores, continuava sobrecarregado de trabalho e sofrendo de insônia. Três semanas antes, enquanto dava uma palestra sobre análise de perfis de personalidades criminosas para cerca de 350 policiais de Nova York, guardas de trânsito e oficiais dos condados de Nassau e Suffolk, em Long Island, o estresse me pegou de jeito e experimentei uma sensação breve, mas extremamente intensa, de pavor, apesar de já ter feito aquilo inúmeras vezes.

Consegui me recuperar depressa, mas senti que um outro ataque era iminente; então, quando voltei a Quantico, procurei o RH e refiz as minhas apólices de seguro de vida e de proteção de renda, para o caso de precisar me aposentar por invalidez.

Na manhã seguinte à nossa chegada a Seattle, fiz uma apresentação para a força-tarefa e sugeri algumas estratégias proativas para induzir o assassino a se apresentar como "testemunha" e como interrogá-lo caso isso acontecesse. Ron, Blaine e eu passamos o resto do dia visitando os locais de desova de corpos com a polícia, a fim de obter mais pistas comportamentais. O clima da cidade em novembro não é muito convidativo para atividades ao ar livre, e o pessoal de lá ainda estava comentando sobre a "Tempestade do Dia do Peru" ocorrida na semana anterior. Quando voltamos ao hotel Hilton naquela noite, eu estava exausto, com dor de cabeça e prestes a ficar gripado.

Enquanto tentava relaxar tomando alguns drinques no bar do hotel, falei para Blaine e Ron que talvez fosse melhor passar o dia seguinte de repouso, enquanto eles iriam ao Tribunal do Condado de King examinar os registros oficiais e fazer o acompanhamento das estratégias que tínhamos discutido com os policiais naquela manhã.

No dia seguinte, quinta-feira, os meus colegas me deixaram sozinho no hotel, conforme pedi. Eu tinha pendurado a plaquinha de NÃO PERTURBE na maçaneta, mas, como não apareci para o café da manhã na sexta, eles ficaram preocupados. Quando telefonaram para meu quarto, ninguém atendeu e, ao baterem à porta, também não obtiveram resposta.

Alarmados, voltaram para a recepção e solicitaram uma chave extra à gerência. Quando retornaram ao quarto e tentaram entrar, a correntinha de segurança estava prendendo a porta, mas os dois ouviram um gemido fraco vindo lá de dentro. Então arrebentaram a tranca e me encontraram no chão, em coma e aparentemente à beira da morte, em razão do que mais tarde se revelou uma encefalite viral. Passei quase um mês no Swedish Hospital em Seattle e estive perto de morrer várias vezes na semana seguinte. Só voltei à ativa em maio do ano seguinte. Enquanto estava fora, fiquei me sentido bem para baixo e fiz diversos questionamentos a respeito de minha vida e de meu comprometimento com esse tipo de trabalho. Ron foi um dos poucos amigos com quem convivi naquela época, provavelmente por conseguir entender e simpatizar com o que eu estava sentindo.

Felizmente, na época do caso Smith eu já contava com gente como ele, Blaine e os demais membros da equipe, tanto para dar colaborações como para ajudar a absorver e dissipar parte do estresse.

Com Ron no comando dos trabalhos, repassamos a cronologia do caso juntos, do momento em que Shari desapareceu até o que sabíamos naquele momento. Boa parte das informações se baseava nos relatórios da polícia do condado e da Divisão de Aplicação da Lei da Carolina do Sul (SLED, na sigla em inglês). Descobrir o máximo possível sobre a personalidade e as atitudes da vítima, além de seu paradeiro antes do crime e os detalhes dos possíveis contatos com o suspeito, é importante para desenvolver uma análise real do perfil. Queríamos reviver a experiência da mesma forma que os envolvidos, analisando cada passo com base no que eles sabiam ou não àquela altura.

— Como achamos que não se trata de um sequestro para pedido de resgate — lembrou Ron —, podemos presumir que a motivação é sexual. Mas e fora isso? É um sujeito que simplesmente levou essa vítima em particular por alguma razão? Ou era um stalker que já tinha cruzado com ela, resolveu segui-la até sua casa e a capturou quando surgiu uma oportunidade? Nesse momento, infelizmente, não temos uma informação específica sobre o agressor, então só podemos propor potenciais linhas de investigação, especular sobre o que vai acontecer a seguir e determinar que tipo de pessoa comete essa espécie de crime.

Precisávamos pensar além de Shari. Bob Smith era um capelão voluntário na Prisão do Condado de Lexington. Ele também pregava em outras cadeias, reformatórios e instituições para menores. Seria possível, então, que o rapto fosse um ato de vingança por algo percebido como uma ofensa de Bob contra um detento, ou apenas um ressentimento pelo fato de ele estar ao lado da força de aplicação da lei que o colocou atrás das grades?

Ficamos sabendo também que, às vezes, Dawn e Shari acompanhavam o pai para cantar. Algum dos homens para quem ele pregou teria ficado obcecado por uma de suas belas filhas, ou por ambas, e decidiu persegui-las depois de libertado? Todas as possibilidades precisavam ser averiguadas, e o xerife Metts e a Divisão de Aplicação da Lei da Carolina do Sul tinham disponibilizado policiais suficientes para isso.

A última vez que Hilda Smith tinha visto Shari fora quando elas se encontraram na agência do South Carolina National Bank em Lexington para pegar os cheques de viagem para o cruzeiro de formatura da filha nas Bahamas. No momento do sequestro, Hilda aguardava a chegada de Shari de uma festa na piscina na casa de uma amiga para ajudá-la a separar algumas roupas para a viagem. Como os pais viram o Chevette azul 1978 da filha parado perto da caixa de correio na estrada, tínhamos uma estimativa quase exata do horário em que ela desaparecera.

Ron e Jim especularam se o suspeito teria visto Shari na cidade e talvez ficado com ciúme de Richard, com quem ela foi ao shopping antes e depois da festa na piscina, o que proporcionava, pelo menos, duas possibilidades de avistá-la em Lexington naquela tarde. O casal se encontrou na agência de correio antes de ir ao banco, e depois foi para a festa no carro de Richard, junto com sua amiga Brenda Boozer.

O suspeito poderia ter visto tudo e seguido Shari nos deslocamentos, mantendo-se dentro do veículo perto do local da festa antes de seguir os três adolescentes de volta ao shopping. Também era possível que a tenha visto na segunda passagem pelo local e a vigiado e esperado até que ela fosse para o carro. Fosse como fosse, ele poderia tê-la seguido até em casa e se colocado em uma posição em que Shari pudesse ser rendida de forma rápida e eficiente e levada, sem ninguém por perto para tomar alguma atitude.

Depois do rapto, os Smith receberam uma ligação telefônica avisando para esperarem uma carta de Shari por volta das duas da tarde do dia seguinte, que, segundo apuramos, era o horário em que a correspondência da família era entregue. Se o suspeito sabia disso, então devia ter vigiado a propriedade e poderia ter observado que Shari parava na caixa de correio antes de subir para casa. Qualquer que fosse a hipótese, nós não achávamos que havia sido um infeliz encontro casual.

Quando Bob desceu até a estrada e não encontrou Shari, voltou para casa e, de acordo com o relato da esposa, falou:

— Hilda, não sei onde Shari está, mas ela sumiu.

Eles rezaram juntos no hall de entrada pela volta da filha, já que a oração e a devoção a Deus eram elementos centrais na vida dos Smith.

Enquanto Bob acionava a polícia do condado de Lexington, Hilda pegou o carro e desceu para a estrada à procura de Shari. Por causa da diabetes insípidus, havia a possibilidade de que Shari tivesse sentido uma vontade súbita de urinar e não tivesse havido tempo para voltar ao carro e subir para casa. Mas não havia sinal dela, e Bob gritou para Hilda voltar. Assim que ela chegou, o marido lhe disse para esperar em casa pela chegada da polícia, enquanto ele conduziria uma busca de carro pelos arredores.

Quando retornou sem sinal de Shari, Hilda andava de um lado para o outro na frente da garagem, rezando. A polícia não havia chegado e, quando Bob ligou de novo, uma sargento tentou tranquilizá-lo: ela e a maioria dos policiais do departamento o conheciam e o admiravam pelos anos como capelão voluntário na prisão.

Cerca de trinta minutos depois do primeiro telefonema de Bob, um policial apareceu, e não demorou a ser convencido de que Shari não era o tipo de garota que fugiria de casa, principalmente sem a bolsa e o remédio, deixando o carro ainda ligado. O oficial entrou em contato com a delegacia, onde o xerife Metts, que também conhecia e respeitava os Smith, mobilizou todo o departamento para localizá-la.

— Sem dúvida ela foi sequestrada — declarou o capitão Bob Ford, da polícia do condado, ao jornal *State* no dia seguinte. — Não é uma fugitiva. Nós nos recusamos a aceitar qualquer teoria de que ela tenha fugido de casa.

ENQUANTO ISSO, EM CHARLOTTE, NA CAROLINA DO NORTE, DAWN, A IRMÃ MAIS VELHA DE SHARI, estava em um shopping comprando um presente de formatura para a irmã. Encontrou um hamster que Shari poderia levar consigo para a faculdade no segundo semestre. Quando chegou em casa, a colega de apartamento foi recebê-la na porta, e imediatamente a informou de que havia algo errado.

— Você precisa ligar para sua mãe. Shari foi sequestrada.

Quando ela ouviu a palavra "sequestrada", foi como se a amiga estivesse falando em um idioma estrangeiro. Ela simplesmente não entendeu. *O que isso significa?*, pensou, porque era diferente de qualquer coisa que esperaria ouvir.

Dawn telefonou para a mãe, que lhe disse:

— Arrume uma mala. Um policial vai passar no seu apartamento para buscar você.

— O quê? — rebateu a filha. — Mãe, eu não posso ir para casa; minhas apresentações começam amanhã. Preciso estar presente para o show. Shari com certeza está bem.

— Não, isso é muito sério — insistiu Hilda. — Arrume uma mala. Eles chegam em dez minutos.

Ela obedeceu, e um patrulheiro da Polícia Rodoviária da Carolina do Sul apareceu para levá-la de volta a Red Bank. Era estranho estar em uma viatura com um desconhecido, sem fazer a menor ideia do que estava acontecendo. Ela pensou: *Em um momento, estava fazendo compras e, no outro, sendo escoltada de volta para casa.* Mesmo assim, a primeira coisa que passou por sua cabeça era que, no fim, tudo se revelaria um mal-entendido. *Vou ter todo esse trabalho de arrumar uma mala e voltar para casa, e Shari vai estar lá quando eu chegar. Ela saiu para fazer compras com uma amiga, ou está em algum lugar com o namorado.*

A ficha ainda não tinha caído. Tudo aquilo parecia uma inconveniência, já que o show de que Dawn participava estrearia no dia seguinte, e ela deveria estar lá.

Durante todo o caminho para casa, ela alternou entre *Isso é ridículo!* e *Ai, meu Deus, e se tiver acontecido alguma coisa mesmo?* Os pensamentos estavam a mil. O patrulheiro não lhe contou qualquer coisa, porque ninguém sabia muito. Foi uma viagem bem silenciosa.

Bob e Hilda sabiam que Robert estava no clube de campo com o amigo Brad, provavelmente jogando golfe. Eles foram encontrados no local, e a mãe do amigo os levou para a casa dos Smith. O namorado de Shari, Richard, foi correndo para lá assim que ouviu a notícia. Bob ligou para a mãe, que alertou as tias de Shari; e Hilda, por sua vez, falou com um de seus irmãos, que avisou o restante da família.

Foi só quando o carro da polícia rodoviária que trazia Dawn subiu o caminho de terra que levava à casa dos Smith que ela se deu conta da seriedade da situação.

— Foi nesse momento que eu percebi que não era um engano, que Shari tinha sumido mesmo — contou.

Uma cena que Dawn jamais imaginaria estava se desenrolando no jardim da frente. Três viaturas paradas e policiais por todo lado, além de familiares, amigos e membros da igreja — não havia mais dúvida de que tudo era real. Eles entraram e, com todos os amigos da família reunidos na sala de estar, Bob falou:

— Vamos fazer uma oração. — Em meio a lágrimas e a todas as dúvidas possíveis no momento, ele continuou: — Deus, nós sabemos que, apesar de não sabermos onde está Shari, Tu sabes onde ela está, portanto confiamos em Ti para olhar por ela, e nos voltamos para Ti para trazê-la para casa e nos ajudar a passar por tudo isso.

Em questão de horas, Cindy, a colega de quarto de Dawn na faculdade, também apareceu, além de vários amigos e membros da congregação batista de Lexington, que trouxeram comida suficiente para todos.

A Divisão de Aplicação da Lei da Carolina do Sul enviou seus investigadores, liderados pelo agente Harold S. Hill, do Departamento de Pessoas Desaparecidas, que entrevistou os quatro membros da família, além de Richard, para apurar se haviam percebido algo incomum ou que pudesse levar a alguma pista. Lydia Glover, outra policial da divisão, conversou com Dawn em particular sobre a dinâmica da família Smith e sobre a possibilidade de Shari querer fugir. A irmã contou que o pai era rígido e que, às vezes, as duas consideravam aquela disciplina um exagero. Admitiu que algumas vezes, depois de ser castigada, Shari ligou para ela na faculdade pedindo para passar um tempo com a irmã. Mas Dawn nunca considerou que fosse algo sério; os três filhos amavam os pais e sabiam que só queriam o melhor para eles. Dawn reiterou que, de forma alguma, Shari desapareceria por iniciativa própria faltando dois dias para a formatura e para a viagem para as Bahamas na semana seguinte.

A pedido de Metts, a Divisão de Prontidão para Emergências do governo estadual enviou um trailer equipado como uma unidade móvel de polícia e centro de comunicações, a ser posicionado diante da casa dos Smith. Apesar do calor sufocante, centenas de voluntários se juntaram às buscas pelo condado, com o auxílio de cães farejadores. Eram cerca de dez e meia da noite de sexta-feira quando uma das pessoas envolvidas na operação encontrou uma bandana vermelha pertencente a Shari na lateral da Platt Springs Road, a cerca de oitocentos metros da propriedade. Nós chegamos a cogitar se Shari não a havia jogado ali de propósito para servir como uma pista. A Polícia Rodoviária Estadual também se juntou às buscas.

Os vizinhos relataram ter visto um Chevrolet Monte Carlo amarelo de modelo antigo, uma picape Ford azul e um automóvel também da Chevrolet não identificado de cor roxa — provavelmente, um Oldsmobile Cutlass — perto da entrada da casa dos Smith quando Shari desapareceu. Um homem barbudo e de cabelos escuros dirigia o Monte Carlo. O motorista do Cutlass parecia ter cerca de trinta anos.

O possível primeiro desdobramento do caso também aconteceu na sexta-feira à noite, quando os Smith receberam o telefonema exigindo o pagamento de resgate que Ron havia mencionado. Isso elevou o estado de espírito da família, e os policiais do condado conseguiram rastrear a ligação até um telefone público e ficaram de tocaia durante horas, esperando o homem voltar com mais instruções. Por fim, eles associaram o telefonema a Edward Robertson, um homem de 27 anos, e concluíram que se tratava de um trote. O homem foi preso por extorsão, obstrução à justiça, contato telefônico obsceno e tentativa de estelionato.

— Ele custou ao departamento muito trabalho para verificar a ligação e submeteu a família a um sofrimento desnecessário — explicou Metts.

O xerife passou a noite de sexta-feira acordado, coordenando as buscas. Na manhã seguinte, os helicópteros da polícia de Lexington e do condado vizinho de Richland fizeram sobrevoos em todas as direções à procura de pistas. O FBI enviou de Washington um avião com sensor infravermelho.

No domingo, com as buscas ainda em andamento, ocorreu a cerimônia de formatura da classe de 1985 da Lexington High, no Carolina Coliseum. Uma cadeira vazia na segunda fileira representou a ausência de Shari, e todos os presentes se juntaram em uma oração silenciosa por sua segurança. Muitos formandos choraram. Ainda havia um resquício de esperança de que, se ela tivesse ido embora por conta própria, poderia aparecer na formatura. Obviamente, isso não aconteceu.

— Estamos abalados pela ausência de uma das nossas formandas — discursou o diretor Karl Fulmer. — A família de Shari Smith sabe o quanto cada um de nós está a seu lado neste momento de necessidade, e o pedido deles foi que a nossa cerimônia de formatura prosseguisse conforme o planejado.

Andy Aun, que cantaria o hino nacional junto com Shari, teve que subir ao palco sozinho.

— Só vou acreditar que me formei de verdade quando ela for encontrada — declarou Rene Burton, que era colega de Shari no coral da escola, ao repórter do *State* Michael Lewis. — Parte de nossa família está ausente.

Chris Caughman, outro membro do coral que havia participado das buscas no dia anterior, acrescentou:

— Se a classe inteira não se formar, não é uma formatura de verdade.

Valery Bullock, a professora do coral, referiu-se a Shari da seguinte maneira:

— Provavelmente, a aluna mais talentosa para quem já dei aula. Tinha uma musicalidade inata.

Não eram apenas os colegas de classe e os professores que estavam traumatizados. Se uma garota meiga e inocente como Shari Smith podia desaparecer de tal forma, ninguém na comunidade estava seguro.

3

Ao redor da mesa da sala de reuniões, a equipe de analistas de perfis se voltou para o que havia ocorrido depois da formatura de domingo, examinando o arquivo do caso e chamando a nossa atenção para os acontecimentos da segunda-feira, 3 de junho.

Com a casa lotada de policiais, familiares, amigos e membros da igreja desde a tarde de sexta-feira, Dawn e Robert Smith estavam dormindo no quarto dos pais, talvez o único refúgio para os quatro. E, apesar de o sono não vir facilmente, eles aos poucos foram adormecendo, exauridos pela carga emocional do dia.

O telefone tocou às 2h20 da madrugada de segunda-feira.

Após acordar de um sono inquieto, Bob atendeu e, antes que pudesse abrir a boca, os policiais do condado já estavam dentro do quarto. Uma voz masculina pediu para falar com a sra. Smith.

— Aqui é o sr. Smith — respondeu ele. — Posso ajudar?

A pessoa do outro lado da linha insistiu em falar com a sra. Smith.

Hilda pegou o telefone, e o homem falou que queria passar algumas informações sobre Shari. A mãe imaginou que estivesse falando com alguém da polícia, então pediu, com um gesto, para Bob pegar um papel e uma caneta para fazer anotações.

O sujeito avisou que daria algumas informações para provar que não era um trote, descreveu o que Shari estava vestindo e falou que as autoridades estavam procurando no lugar errado. Disse que a família receberia uma carta de Shari na correspondência do dia seguinte e que o xerife Metts precisava anunciar na WIS-TV, o canal 10, que encerraria as buscas.

Atordoada pelo telefonema no meio da noite, Hilda contou que só depois de desligar se deu conta de que não estava conversando com um agente da lei — havia sido um contato direto com o sequestrador da filha.

— Aquele homem está com Shari — contou para Dawn.

Dawn me disse, mais tarde, que aquela foi a confirmação definitiva de que Shari tinha sido raptada. Mas então ela pensou: *Bom, se tem uma carta dela chegando, isso significa que Shari está viva para escrever.* Aquilo deu esperanças à família.

— Quando você não tem resposta alguma — explicou Dawn, quando, enfim, nos conhecemos —, aceita qualquer coisa que sirva como algum tipo de resposta.

A chamada foi rastreada, através da companhia telefônica Alltel, até um orelhão na frente do mercado C.D. Taylor's, na rodovia 378. Ficava a cerca de oito quilômetros do centro de Lexington e a quase vinte da residência dos Smith. Quando os policiais chegaram lá, o suspeito já havia sumido. Eles examinaram o telefone e o perímetro em busca de impressões digitais ou qualquer outro tipo de evidência, mas acabaram de mãos vazias. Isso nos forneceu mais uma informação sobre o agressor. Ele era organizado e foi meticuloso a ponto de fazer o telefonema de um lugar aleatório e limpar tudo o que tocou para não deixar vestígios.

Havia outra pista nas anotações de Hilda Smith sobre essa primeira ligação que era igualmente importante para elaborar o perfil comportamental. Quando descreveu a carta que os Smith receberiam de Shari, o suspeito mencionou que, no alto da página, haveria a data "1/6/85" e que o horário seria "3h10". Em seguida, acrescentou que o verdadeiro horário era 3h12, mas que ele arredondara. Isso nos dizia que ele não era apenas meticuloso, como também compulsivo. Era um sujeito que, provavelmente, fazia listas e era metódico no dia a dia. Nós esperávamos que algumas dessas características que estávamos reunindo pudessem nos ajudar a identificá-lo.

De forma alguma o xerife Metts iria esperar a correspondência ser entregue naquela tarde para ver o que havia na suposta carta de Shari. Seu departamento ligou para o chefe do serviço de correio do condado, Thomas Roof, e solicitou que esperasse os policiais J.E. Harris e Richard Freeman às quatro da manhã para abrir a agência de Lexington e procurar pela carta. Juntos, os três homens vasculharam manualmente todas as correspondências a serem entregues naquele dia no condado de Lexington.

Eram cerca de sete da manhã quando localizaram o que procuravam, em um malote que havia chegado do centro de distribuição de Columbia. Era um envelope branco A4 endereçado apenas à "Família Smith", com o nome da estrada rural, o número da caixa de correio na segunda linha e "Lex. S.C. 29072" na terceira. Não havia um remetente, embora, às vezes, os criminosos usem o expediente de colocar endereços de devolução falsos para atrapalhar as investigações. O carimbo da correspondência era do dia 1º de junho, com um selo de 22 centavos da série Folk Art, com a representação de um pato de madeira usado como isca em caçadas. Roof informou aos policiais que os selos haviam sido emitidos naquele mesmo ano e ainda estavam à venda.

Com base nos contatos que tive com gente do Serviço de Inspeção Postal dos Estados Unidos, sei que os trabalhadores do correio encaram com extrema seriedade a inviolabilidade e a segurança do sistema de correspondência que administram. Sendo assim, Roof solicitou aos policiais que levassem Bob Smith à agência para que a carta pudesse ser entregue de forma oficial.

Quando o pai chegou, a carta foi aberta cuidadosamente, com mãos enluvadas, e colocada em sacos plásticos para preservar impressões digitais, fibras ou qualquer outra evidência residual. Muitas vezes, é impossível saber qual fator ou elemento imprevisível pode se revelar uma pista crucial.

O que o envelope continha era a mensagem mais dolorosa, sofrida e, ao mesmo tempo, a mais emocionante, corajosa e transcendente que já vi em todos os meus anos como agente da lei. Enquanto nos debruçávamos uns sobre os ombros dos outros para ler a fotocópia em nossa sala de reuniões, ficamos atordoados e momentaneamente sem palavras. Eu a repassei na minha mente várias e várias vezes ao longo dos anos e, obviamente, fiquei com um nó na garganta quando a li. Mal imagino, mesmo hoje, como a família de Shari reagiu. A carta também pôs fim a qualquer expectativa ou esperança que pudesse restar de que aquele era um sequestro em busca de um resgate.

A mensagem havia sido escrita em duas folhas pautadas com linhas azuis retiradas de um bloco de folhas amarelas, com a caligrafia de Shari e a frase DEUS É AMOR em letras maiúsculas no lado esquerdo da primeira página. Mais abaixo, havia um coração com a inscrição "ShaRichard" logo acima.

1/6/85   *3h10*   *Amo todos <u>vocês</u>*

Último Desejo & Testamento

> *Eu amo você mãe, pai,*
> *Robert, Dawn & Richard e*
> *todo mundo e todos os outros*
> *amigos e parentes. Eu vou*
> *estar com meu Pai agora, então,*
> *por favor, por favor, não se preocupem!*
> *Só se lembrem da minha personalidade*
> *espirituosa & dos momentos especiais*
> *que vivemos juntos. Por favor,*
> *não deixem que isso arruíne a vida*
> *de vocês, continuem vivendo um dia*
> *de cada vez por Jesus. Algum bem*
> *vai vir de tudo isso. Meus pensamentos*
> *sempre vão estar com vocês &*
> *dentro de vocês!! (caixão fechado) Que inferno,*

eu amo <u>demais</u> vocês todos. Desculpa, pai,
eu precisava blasfemar pelo menos uma vez! Jesus
Me perdoe! Richard querido... Eu
Realmente amava & <u>sempre</u> vou amar
Você & guardar nossos momentos
Especiais. Só peço uma coisa,
Aceite Jesus como seu salvador
pessoal. Minha família foi
a maior influência da minha vida.
Sinto muito pelo dinheiro do cruzeiro. Alguém
vá em meu lugar, por favor.

[Página dois]

Eu sinto muito se decepcio-
nei vocês de alguma forma, eu só
queria deixar vocês orgulhosos
de mim. Porque sempre tive
orgulho da minha família. Mãe,
pai, Robert & Dawn tem tanta
coisa que eu queria dizer e deveria
ter dito antes. Eu amo vocês!

Sei que vocês me amam e vão
Sentir muita saudade, mas se
ficarem unidos como nós sempre fomos... vocês <u>conseguem</u>!

Por favor, não fiquem amargurados ou
Magoados. Tudo acaba servindo para o
Bem daqueles que amam o
Senhor.

Com todo o meu amor...
Eu amo vocês
c/ todo o meu coração!

Sharon (Shari) Smith

P.S. Vovó... amo demais a senhora. Eu
sempre senti que era sua
favorita. A senhora era a minha!
Eu amo muito a senhora

Como parte importante de meu processo de trabalho em um caso, tento me colocar na pele — e na cabeça — da vítima. Para mim, é a melhor forma de compreender toda a dinâmica do crime, relacionar o que o suspeito estava pensando com as evidências encontradas no local e as outras fontes, como o relatório do exame médico, para entender como ele via sua relação com a vítima. Por exemplo, a vítima era só um objeto a ser usado pelo criminoso ou ele lhe atribuía algum significado em particular ou uma personalidade?

Apesar do esforço para demonstrar empatia, nós, agentes da lei, tentamos manter a objetividade e um distanciamento razoável. Mas isso é impossível quando se tenta sentir o mesmo que a vítima estava sentindo. Me colocar dentro da cabeça de Shari Smith quando estava escrevendo essa mensagem era quase insuportável.

Por um lado, era possível sentir o caráter, a coragem e a fé dessa jovem extraordinária, que apenas um dia antes estava ansiosa para sua formatura, para cantar diante dos colegas e dos pais e para a diversão e a aventura de um cruzeiro; e, então, teve que encarar a tristeza e o horror da situação e aceitar o fato de que iria morrer bem antes da hora; que seria privada das alegrias e dos momentos da vida a que tinha todo o direito e todos os motivos para esperar. Jamais voltaria a ver a família ou o namorado. Jamais conseguiria se apresentar ao lado da irmã. Jamais se casaria. Jamais teria filhos ou netos. E tudo isso por escolha de outra pessoa — alguém que, provavelmente, nunca havia sequer visto antes daquela sexta-feira. Eu não sabia se ele a violara sexualmente. Não sabia se estava fornecendo a água de que ela precisaria em profusão sem a medicação. Mas sabia que ele a havia colocado naquela fatídica situação.

Olhei para a cópia da fotografia que a Divisão de Aplicação da Lei da Carolina do Sul incluiu no prontuário do caso, mostrando os cabelos loiros de Shari escorrendo por sobre os ombros, o sorriso com covinhas que iluminava qualquer lugar onde ela entrasse e os olhos brilhando de esperança e expectativas para o futuro. Era a imagem que foi publicada no alto da primeira página da edição de sábado do *State*. Imaginei aquela jovem como deveria estar quando pegou a caneta e, de alguma forma, conseguiu reunir uma quantidade inimaginável de coragem e fé para escrever seu testamento; só o ato de pensar no efeito da morte sobre os entes queridos já era impressionante e emocionalmente avassalador por si só. Ernest Hemingway definiu a coragem como "compostura sob pressão", e não consigo pensar em um exemplo mais profundo. Minha esposa, Pam, e eu tínhamos duas filhas pequenas naquela época, e pensar nos pais de Shari lendo aquilo abriu o meu coração para eles e firmou, definitivamente, o meu comprometimento com o caso. Eu sabia que o mesmo valia para Ron Walker e Jim Wright, que também eram pais de meninas.

Por outro lado, me dei conta de algumas coisas sobre o homem que havia raptado Shari e estava planejando, com o total conhecimento dela, seu assassinato. Esse suspeito, que já havíamos determinado ser incapaz de atrair uma mulher através da esperteza, da simpatia, da inteligência, do bom humor ou da aparência, estava gostando de ter o poder sobre a vida e a morte daquela linda menina, se regalando de maneira sádica com o conhecimento mútuo de que ela, em breve, seria morta por suas mãos. E, como não teria mais Shari para torturar emocionalmente, poderia dar prosseguimento sua autoindulgência, com telefonemas à família para dar continuidade ao processo de tortura emocional. Enquanto lia a carta e escutava as gravações, senti um ódio por aquele homem que nunca havia experimentado — o que não é exatamente útil em termos de objetividade na minha linha de trabalho, mas, às vezes, é inevitável. E todos ao redor da mesa estavam determinados a fazer com que ele fosse capturado e obrigado a pagar pelo crime.

O envelope e a carta foram fotografados e despachados para a Unidade de Documentos Questionados da Divisão de Aplicação da Lei da Carolina do Sul, onde o tenente Marvin H. "Mickey" Dawson comparou a caligrafia com amostras comprovadas da letra de Shari e determinou que havia sido ela quem escrevera a mensagem. Dawson era um dos principais examinadores forenses de documentos do país. Dez anos antes, em 1975, tinha criado o Laboratório Documental da divisão.

Assim como teve o cuidado de remover as digitais do telefone que usou, o suspeito não deixou marcas nem pistas identificáveis na carta e no envelope. Entre outras análises, Dawson e a perita documental Gaile Heath submeteram o material ao aparato de detecção eletrostática (ESDA, na sigla em inglês), uma máquina mais ou menos do tamanho e do formato de uma impressora portátil. Nesse processo, o documento questionado é coberto com uma película especial que, a olho nu, parece papel filme. O ESDA não interfere no que está escrito, mas preenche até as menores ranhuras existentes na página com partículas condutoras de grafite. É um processo demorado e trabalhoso, mas a ideia de Dawson era que, como as duas páginas claramente haviam sido retiradas de um bloco, talvez o aparato pudesse revelar o que tinha sido escrito nas páginas anteriores e fornecer uma pista sobre a identidade ou o paradeiro do suspeito.

Foi depois que o documento do "Último Desejo & Testamento" foi recebido que o vice-xerife Lewis McCarty entrou em contato com Quantico e falou com Ron Walker.

A carta de Shari certamente não era um bom sinal em termos de probabilidade de sobrevivência, mas, na segunda-feira à tarde, na esperança de que ela ainda pudesse estar viva, o capitão Leon Gasque da Divisão de Aplicação da Lei, os Smith e o xerife Metts foram até a entrada da propriedade para uma conversa com a mídia. Sob um sol escaldante e uma temperatura beirando os quarenta graus, com um braço por sobre o ombro de Hilda e o outro em torno de Dawn, Bob Smith declarou:

— Só queremos dizer a quem está com a nossa filha Shari que nós a queremos de volta. Estamos com saudade dela. Nós a amamos. Por favor, mande-a de volta para casa, onde é o lugar dela.

Em seguida, o xerife Metts, exausto por causa de todo o trabalho dos dias anteriores, afirmou que os investigadores acreditavam que Shari ainda poderia estar viva, sendo mantida em cárcere privado. Ele anunciou uma recompensa de quinze mil dólares por informações que levassem ao paradeiro da menina ou ao indivíduo ou grupo de pessoas responsáveis pelo desaparecimento.

— As buscas não vão ser interrompidas enquanto houver esperança — garantiu.

Os amigos e membros da igreja continuavam levando comida para todos, e a companhia telefônica local instalou linhas extras para o equipamento enviado pela divisão em caráter emergencial e para o aparato trazido pela polícia do condado.

Eram 15h08 de segunda-feira quando o telefone tocou na residência dos Smith. Assim que Dawn tirou o fone do gancho e disse "Alô?", o dispositivo de gravação entrou em ação.

— Sra. Smith?
— Não, aqui é Dawn.
— Preciso falar com sua mãe.
— Posso saber quem está falando?
— Não.
— Tudo bem. Certo, só um segundo, por favor.

Hilda demorou alguns instantes para chegar ao telefone.

— Recebeu a correspondência hoje?
— Sim, recebi.
— Acredita em mim agora?
— Bem, eu não sei ao certo se acredito em você, porque não ouvi uma palavra de Shari, e preciso saber se ela está bem.

— *Isso você vai saber em dois ou três dias.*

— *Por que dois ou três dias?*

— *Suspendam as buscas.*

— *Me diga se ela está bem, por causa da doença. Você está cuidando dela?*

Naquele momento, a pessoa do outro lado da linha desligou.

O telefonema foi rastreado até um orelhão na farmácia Eckerd, no shopping Town Square, a cerca de onze quilômetros da casa dos Smith. Era o mesmo shopping onde Shari e Brenda haviam deixado os carros para ir com Richard à festa na piscina na sexta-feira. Isso fortaleceu a crença de Ron e Jim de que o suspeito pudesse ter visto Shari por lá e a seguido até em casa.

A Unidade de Análise de Sinal da Seção de Engenharia do FBI informou que o suspeito estava usando um modulador de voz ou um dispositivo de variação de velocidade de fala para disfarçá-la, o que era uma demonstração de seu grau de sofisticação.

Enquanto ouvíamos as fitas e analisávamos os elementos do arquivo na nossa reunião sobre o caso, tentamos levar em conta todas as possibilidades. A vitimologia é sempre um fator crítico: qual era o grau de risco para a vítima na situação em que o crime ocorreu? A vítima tinha algum inimigo conhecido? A vítima havia recebido alguma ameaça ou reparado em alguma atividade suspeita anterior ao crime? E por aí vai. Mas a vitimologia nem sempre se restringe ao indivíduo contra quem o crime foi cometido.

Esses elementos também nos davam informações sobre o suspeito. O fato de ele ter perguntado aos Smith se tinham recebido a carta era indicativo do tamanho de seu ego e do desejo de controlar a família emocionalmente. Nós nos referíamos a isso como um dos aspectos da assinatura de um crime. A *assinatura* é algo que o criminoso faz para obter satisfação emocional, e não necessariamente para ser bem-sucedido em seu intento criminal. Por exemplo, se for um sádico, a tortura física pode ser parte da assinatura. Se for um tipo de estuprador que obriga a vítima a seguir um determinado script enquanto é violentada, isso pode ser um elemento da assinatura. No caso de David Berkowitz, o autointitulado Filho de Sam, que aterrorizou a cidade de Nova York como o Assassino do Calibre .44 em meados de 1977, a masturbação na cena dos incêndios que provocava e seu retorno posterior ao local dos assassinatos para se masturbar ao se recordar do prazer e do poder que sentiu ao cometer os atos era parte da assinatura, ou seja, o retorno à cena do crime era parte integrante da atividade criminal como um todo.

O outro aspecto, o *modus operandi* (ou M.O.), é mais conhecido pelo público em geral. Ele define aquilo que o infrator sente que precisa fazer para ser bem-sucedido em seu crime e sair impune. Por exemplo, um ladrão ou assaltante cortar a linha telefônica antes de invadir uma casa é um exemplo de M.O. O famoso serial killer Theodore "Ted" Bundy, muitas vezes, punha um gesso falso no braço para fazer as mulheres pensarem que ele não representava perigo e precisava de ajuda para levar as compras do supermercado até o carro. O gesso era parte de seu M.O e o que ele fazia com as mulheres mais tarde era a assinatura.

As pistas sobre o M.O. obtidas a partir da nossa análise psicolinguística do telefonema eram extremamente relevantes. As duas frases-chave estavam nas respostas do suspeito quando Hilda disse que precisava saber se Shari estava bem, quando ele disse "Isso você vai saber em dois ou três dias" e "Suspendam as buscas". Embora, sem dúvida, estivesse sentindo algum nível de prazer manipulando os Smith, nós tínhamos certeza de que a principal razão para só querer dar alguma informação definitiva apenas depois de alguns dias, e também para ordenar que se suspendessem as buscas, era poder passar mais tempo com Shari caso a estivesse mantendo viva. Ou, o que era ainda mais provável, para que o corpo dela pudesse se degradar sob o sol de quase quarenta graus embaixo da terra fofa e úmida em que o ocultara, deixando o mínimo possível de evidências forenses utilizáveis. O sujeito era compulsivo e meticuloso em sua metodologia criminosa.

O xerife Metts tinha nos contado ao telefone que, entre orações e tentativas infrutíferas de descanso, Hilda, Bob, Dawn e Robert reliam as palavras na carta de Shari, tentando encontrar algum fio de esperança. A mãe parecia estar desmoronando por dentro, mas lutava para se manter forte pelo marido e pelos filhos. Dawn não conseguia tirar da cabeça a imagem do caixão fechado evocada pela irmã, e esperava que fosse parte de alguma mensagem codificada que ela estivesse tentando mandar. Talvez Shari tivesse sido drogada ou estivesse em algum estado físico e mental alterado em razão do diabetes, mas sua preocupação com a família e com Richard e a maneira como lidariam com a perda parecia ter sido expressa de forma tão direta que era difícil encontrar alguma esperança ou conforto ali. Ao mesmo tempo, Dawn estava impressionada com a imensa demonstração de bondade da irmã ao se preocupar mais com o bem-estar dos outros do que com o próprio, considerando o momento e a situação que estava vivendo.

Então, às 20h07, o telefone tocou de novo. Dawn estava ofegante depois de descer correndo a escada para atender no aparelho que ficava na cozinha. Ela se esforçou para parecer calma.

— *Alô?*
— *Dawn?*
— *Sim.*
— *Você veio lá de Charlotte?*
— *É, eu vim. Quem está falando, por favor?*
— *Preciso falar com sua mãe.*
— *Certo. Fale com minha mãe. Ela está vindo.*
— *Diga para ela vir depressa.*
— *Ela está vindo depressa. Diga para Shari que eu a amo.*
— *Vocês receberam a carta dela hoje?*
— *Recebemos, sim. Minha mãe está aqui.*
— *Hilda falando.*
— *Você leu a carta de Shari Ray?*

Ele errou o nome do meio de Shari, mas até isso era um elemento relevante para nossa análise psicolinguística. Nessa conversa, assim como em outras, ele tentava estabelecer algum tipo de conexão ou falsa intimidade com a família. Mas, entre os parentes e o círculo de amigos e conhecidos, Shari era chamada apenas pela forma reduzida do primeiro nome, e nunca de Shari Faye. Concluímos, a partir disso, que o suspeito estava criando um relacionamento próprio com ela e lhe atribuindo um senso de identidade criado na cabeça dele. Em certo sentido, parece uma perversão da maneira como a mídia quase sempre cita o nome do meio dos criminosos, para identificar a pessoa com mais clareza. Por exemplo, o assassino do presidente John Kennedy era chamado de Lee Harvey Oswald, e foi assim que entrou para a história, apesar de quase nunca usar o nome do meio. Para deixar bem claro o que quero dizer, o sequestrador de Shari parecia sentir que, como a tinha sob controle, poderia defini-la de acordo com os próprios caprichos e as próprias percepções.

> — *Você recebeu a carta hoje?*
> — *Sim, recebi.*
> — *Me fale uma coisa que ela dizia.*
> — *Falar uma coisa que ela dizia?*
> — *Qualquer coisa. Rápido!*
> — *ShaRichard.*
> — *Como é?*
> — *Tinha um coraçãozinho na lateral: "ShaRichard" escrito de um dos lados, dizia...*
> — *Quantas páginas?*

Consideramos significativo que o suspeito logo tenha mudado de assunto ao ouvir a menção ao relacionamento de Shari e Richard, porque, em sua cabeça, provavelmente, já havia inventado uma relação entre ele e a vítima. Se continuasse mantendo contato, esperávamos que em algum momento diria que Shari lhe falou que não queria mais nada com Richard.

Em resposta à pergunta, Hilda disse:

— *Duas páginas.*

— *Certo. E eram folhas amarelas de um bloco?*

— *Eram.*

— *E em um dos lados da página da frente dizia "Jesus é amor"?*

— *Não. "Deus é amor."*

— *Pois bem, "Deus é amor".*

— *Isso.*

— *Certo, então agora você sabe que não é um trote.*

— *Sim, eu sei disso.*

O suspeito começou a reclamar que o xerife Metts não tinha ido à televisão mandar que as buscas fossem suspensas. E depois, com o maior cinismo, afirmou:

> — *Bem, estou tentando fazer todo o possível para atender a algumas de suas preces. Então, por favor, em nome de Deus, colabore conosco aqui.*
>
> — *Você pode responder a uma pergunta, por favor? Você... é muito gentil e... e parece ser uma pessoa que tem compaixão e... e acho que você sabe como me sinto sendo a mãe de Shari e o quanto eu a amo. Você pode me dizer se ela está fisicamente bem sem a medicação?*
>
> — *Shari está bebendo mais de cinco litros de água por hora e usando o banheiro logo em seguida.*

Ele alimentou as esperanças de Hilda dizendo que Shari estava bebendo muita água e que ela deveria colocar uma ambulância à espera diante da casa da família.

> — *Certo... Providencie uma ambulância... Então, isso é importante. Isso já foi longe demais. Por favor, me perdoe. Deixe uma ambulância a postos em frente à sua casa.*
>
> — *Uma ambulância a postos em frente...*

— *E tem um pedido de Shari... Ela quer que venha só a família, o xerife Metts e o pessoal da própria ambulância. Ela não quer transformar isso em um circo.*

— *Tudo bem. Certo.*

Mas, se por um lado ofereceu esperança de Shari voltar viva, o suspeito também mencionou o pedido de que, se alguma coisa acontecesse, o caixão deveria estar fechado no funeral, com as mãos colocadas em uma posição de oração.

— *E, onde ela disse "caixão fechado" entre parênteses, se alguma coisa acontecer comigo, ela falou, um dos pedidos que ela não pôs na carta foi colocar as mãos sobre a barriga como se estivesse rezando no caixão.*

— *Como é?*

— *Entrelacem as mãos dela.*

— *Por que alguma coisa aconteceria com você? Nós não queremos fazer mal algum a você, eu prometo. Só queremos que Shari fique bem, certo?*

Não ficou claro para nós se, quando o suspeito disse "se alguma coisa acontecer comigo", estava se referindo a si mesmo ou citando Shari. Hilda pensou que ele estivesse falando de si mesmo e tentou garantir que ninguém queria lhe fazer mal; a família só queria Shari de volta sã e salva. Ignorando o apelo benevolente de Hilda, ele se referiu de novo ao primeiro telefonema na madrugada, que não foi gravado, e assumiu um tom de urgência.

— *Eu falei daquela vez que vocês estavam procurando no lugar errado, certo?*

— *Sim, falou.*

— *Eu queria que você tivesse se lembrado disso, não sei por quê.*

— *Eu lembro.*

— Certo, então escute o que estamos dizendo, por favor. Esqueçam o condado de Lexington. Procurem no condado de Saluda. Entendeu bem?

— Procurar no condado de Saluda.

— Exatamente. No lugar mais próximo do condado de Lexington em um raio de 25 quilômetros, passando da divisa. Entendido?

— Sim.

— E, por favor... Em breve, muito em breve mesmo... Por favor, o pedido de Shari. O pedido de Shari, por favor. Nada de estranhos além do necessário quando dermos a localização.

Depois de concluir as instruções, ele fez a afirmação mais definidora, de acordo com a nossa análise psicolinguística.

— Quero dizer mais uma coisa para você. Shari agora é parte de mim... fisicamente, mentalmente, emocionalmente e espiritualmente. Nossas almas são uma só agora.

— Sua alma e a de Shari são uma só agora?

— Sim, e estamos tentando dar um jeito de resolver isso, então, por favor, faça o que nós pedimos. Você não está fazendo. Eu não entendo, nem ela. Estamos aqui sentados vendo tevê e não vimos o xerife, nós...

— Por que Shari não conversa comigo? Ela me conhece tão bem.

— É por isso que ela me pediu para me comunicar com você, não com seu marido. Você não percebeu?

— Sim, eu sei. Eu sei que ela pediria para falar comigo.

— Ela falou que ama vocês e, como ela disse, não quer que isso arruíne a vida de vocês.

— Nós não vamos deixar isso arruinar nossa...

— Certo, então, não é que...

— Escute, diga uma coisa a Shari.

— O quê?

— Não existe como minha vida voltar a ter felicidade se Shari
deixar este mundo comigo sentindo essa culpa por ter falhado
com ela dessa maneira, porque eu a amo e quero que ela seja feliz.
Faço qualquer coisa para resolver isso. Ela não precisa vir para
casa. Certo? Estou falando sério. Ela não precisa vir para casa.
Qualquer coisa.
   — Bem, o tempo acabou. E, por favor, providencie que a ambulância esteja preparada.

Ele alimentou as esperanças de Hilda com mais informações, antes
de acrescentar:

   — Shari está protegida. Como eu falei, ela é parte de mim agora, e Deus olha por todos nós. Boa noite.

A não ser pelo fato de que não sabíamos de quem se tratava, era quase
como se estivéssemos entrevistando um criminoso encarcerado para
nosso estudo sobre serial killers. Todos percebemos o quanto aquilo era
estranho e incomum. Por mais que devesse ter sido agoniante para Hilda,
o telefonema nos deu muita coisa para analisar, além de muito material
para continuarmos elaborando nosso perfil. Os comunicados de assassinos e outros criminosos violentos não são raros. David Berkowitz mandava
cartas para um capitão da polícia de Nova York chamado Joseph Borelli
e para o colunista do *Daily News* Jimmy Breslin durante seu reinado de
terror na cidade como o Filho de Sam em 1977. O Estrangulador BTK de
Wichita, Dennis Rader, escreveu para o jornal local e as emissoras de
televisão ao longo de vários anos. O ainda não identificado Assassino
do Zodíaco enviou cartas para pelo menos três jornais da região metro-
politana de San Francisco. Todos esses homicidas em série criaram os
próprios apelidos.

Embora estivéssemos acostumados a ver assassinos tentando ganhar notoriedade por meio de cartas difíceis de rastrear (e, hoje em dia,
pelas redes sociais e por outras formas de comunicação digital), ter um

suspeito telefonando regularmente para a família, fornecendo detalhes sobre seus feitos terríveis e, ao mesmo tempo, buscando estabelecer uma conversa em um tom de quase intimidade nos pareceu bastante incomum. As entrevistas nas prisões conduzidas por Bob Ressler e por mim nos proporcionaram uma visão em retrospectiva do que se passa na mente de quem comete crimes violentos em série. Mas esse caso estava nos oferecendo um acesso em "tempo real" ao que o suspeito pensava.

Além da oportunidade de "sentir" o estilo do criminoso e acompanhar a provocação narcisista e sádica à família em relação à situação de Shari, foi possível confirmar, por exemplo, que ele vinha acompanhando a cobertura da mídia, o que é de grande utilidade, pois nos permite antecipar o próximo passo com base nas informações de que dispomos. Alguns anos antes, durante os Assassinatos de Crianças de Atlanta, houve um telefonema para o Departamento de Polícia de Conyers, uma cidadezinha a cerca de trinta quilômetros de Atlanta. O homem do outro lado da linha confessou ser o assassino e, valendo-se de uma injúria racial, afirmou que mataria mais crianças e mencionou um lugar perto da Sigmon Road onde a polícia encontraria mais um corpo.

Pela gravação do telefonema, percebi que aquele imbecil racista era um impostor; parecia um homem branco mais velho, e já tínhamos concluído que o assassino era um jovem negro, não alguém com ligações com a Ku Klux Klan. Mas o autor da ligação estava provocando os agentes da lei, e claramente se sentindo superior a nós. Portanto, falei para a polícia que era preciso pegá-lo, porque continuaria a ligar e criar distrações na investigação. Sugeri que fosse feita uma busca na Sigmon Road, mas no lado oposto ao especificado, sabendo que ele estaria acompanhando tudo. Talvez fosse possível capturá-lo lá mesmo; caso contrário, bastaria usar um dispositivo de rastreamento telefônico.

Depois que a polícia "estragou tudo" diante das câmeras ao não seguir as instruções sobre onde procurar, ele ligou outra vez para se gabar, o que tornou possível capturar aquele desocupado de meia-idade na própria casa. Mas, de forma ainda mais relevante, o assassino de fato desovou um corpo na beira da Sigmon Road, como se quisesse mostrar o quanto era superior, deixando um cadáver bem no lugar onde a polícia estava procurando. Naquele momento, eu me dei conta de que a mídia era uma via de mão dupla. Se descobríssemos que um suspeito estava acompanhando a cobertura da imprensa, poderíamos divulgar informações com o objetivo de induzi-lo a agir de uma determinada maneira. Foi isso o que nos ajudou a prender e levar a julgamento Wayne B. Williams por alguns dos assassinatos de Atlanta. E, como sabíamos que o sequestrador de Shari estava acompanhando o caso na mídia, poderíamos criar estratégias proativas levando em consideração esse fato.

Algo que aprendemos ao longo de anos de pesquisa é que a maioria dos predadores revela três características principais referentes a suas aspirações emocionais ao cometer crimes: manipulação, dominação e controle. Pelos diálogos telefônicos que escutamos, estava claro que o suspeito estava demonstrando todas as três. Ele instruía Hilda sobre o que queria que ela fizesse e a provocava dizendo que a polícia do condado vinha procurando no lugar errado. Ele alimentava suas esperanças dizendo que Shari seria libertada, mas também avisava que a condição física da menina poderia estar deteriorada e que deveria haver uma ambulância à espera. Claramente, parecia estar se deleitando com os apelos de Hilda.

Essa ligação mais recente foi rastreada até um telefone público na Wall Street Store, perto da intersecção da rodovia interestadual I-20 com a estrada estadual SC-204, a cerca de doze quilômetros da casa dos Smith. Assim como antes, quando a polícia chegou, o suspeito já havia desaparecido, sem deixar para trás evidência física alguma.

4

Entre os materiais espalhados na mesa de reuniões na quinta-feira, havia fotocópias das edições daquela terça dos dois jornais locais, que fizeram do caso matéria de primeira página. O *State* estampava um retrato de Shari ao lado de uma foto da família e do xerife Metts na entrevista concedida diante da propriedade. A manchete dizia: XERIFE ACHA QUE ADOLESCENTE AINDA ESTÁ VIVA, com o subtítulo FAMÍLIA DE GAROTA DESAPARECIDA FAZ APELO POR SEU RETORNO. O *Columbia Record* publicou o mesmo retrato de Shari e uma fotografia de um agente da Divisão de Aplicação da Lei da Carolina do Sul instruindo voluntários nas buscas. A manchete era XERIFE AMPLIA AS BUSCAS, com o subtítulo METTS SE MANTÉM OTIMISTA DE QUE ADOLESCENTE ESTEJA VIVA.

Na manhã daquela terça-feira, os Smith gravaram uma entrevista televisiva, na esperança de que a filha e o sequestrador a assistissem.

— Shari, nós amamos muito você — disse Hilda. — Não vamos desistir até encontrá-la. Sei que você está sendo bem tratada. E Deus está dando sinais de que vai voltar para nós.

— Nós não somos uma família sem você — acrescentou Dawn.

Voluntários distribuíram mais de dez mil cartazes com o retrato de Shari, produzidos como cortesia por uma gráfica local. Com a contribuição de cinco mil dólares do Lexington State Bank e a soma de colaborações oferecidas por moradores da região, a recompensa por informações que pudessem levar a Shari ao indivíduo ou ao grupo de pessoas responsável por seu desaparecimento logo subiu para 25 mil dólares.

Pelo resto do dia, os Smith ficaram à espera, em um estado de agonia e ansiedade. O médico da mãe de Bob receitou remédios para dormir para o casal, já que o sono havia se tornado impossível para ambos e eles estavam exaustos. Motoristas e caminhoneiros paravam a todo momento na entrada da propriedade dos Smith, na Platt Spring Road, perguntando ao policial de plantão se havia novidades.

O telefone tocou às 21h45. Dawn correu para atender.

> — *Dawn?*
> — *Sim.*
> — *Eu tenho um pedido de Shari Faye. Coloque sua mãe na extensão, depressa.*
> — *Na extensão? Vá para a extensão, mãe.*
> — *Pegue um lápis e um papel.*
> — *Pegar um lápis e um papel. Certo.*
> — *Certo.*
> — *Ela ainda não está na linha.*

Enquanto esperava, ele disse:

> — *Sei que essas ligações são gravadas e rastreadas, mas isso agora é irrelevante. Não existe dinheiro envolvido. Então aqui vai o último pedido de Shari Faye: no quinto dia, para que a família possa descansar, Shari Faye será libertada. Lembrem-se, nós somos uma só alma agora. Quando localizada, vocês localizam nós dois. Somos um. Deus nos escolheu. Respeitem todos os pedidos passados e o atual, os acontecimentos e as datas.*

As palavras do suspeito foram mais uma confirmação do narcisismo e do prazer sádico que ele sentia ao manipular e exercer controle. "O último pedido de Shari Faye" e "Shari Faye será libertada" eram afirmações contraditórias, a não ser no sentido de ser libertada desta vida ou de seu tormento. "No quinto dia [...] vocês localizam nós dois" tinha uma certa sonoridade bíblica; não esperávamos que ele fosse ser encontrado junto com Shari. Estávamos convencidos de que isso só poderia significar que ele estava indicando quanto tempo manteria o corpo dela longe do alcance das autoridades para que as evidências físicas se degradassem o suficiente. Havia uma implicação de assassinato seguido de suicídio e, caso os telefonemas continuassem, não seria estranho se ele continuasse ameaçando/prometendo se matar. Mas nós não acreditamos nem por um momento que aquilo fosse acontecer. Aquele sujeito era muito cheio de si, e estava apegado demais ao suposto poder que vinha exercendo, para tirar a própria vida. Desde segunda-feira, quando Ron me informou sobre o caso, ele comentou que aquilo não parecia um ato de despedida. O suspeito gostava demais do que estava fazendo.

A gravação continuava:

> — *Às 3h28 da tarde, sexta-feira, 31 de maio...*
> — *Espere um pouco, mais devagar. Às 3h28 da tarde.*
> — *Shari Faye foi sequestrada na frente da caixa de correio com uma arma. Ela era temente a Deus e estava diante da caixa de correio. Foi por isso que não voltou para o carro.*

As declarações seguintes foram confirmações adicionais do caráter compulsivo e da probabilidade de que estivesse lendo um roteiro ou anotações suas.

> — *Certo: 4h58 da manhã. Não, desculpe; um minuto. Às 3h10 da manhã de sábado, 1º de junho... hã... ela escreveu o que vocês receberam. 4h58 da manhã de sábado, 1º de junho.*

O fato de ele ter se desculpado por ter errado o horário, e não, digamos, por ter raptado Shari, evidenciava o narcisismo e a necessidade de exercer controle. Era como se ele quisesse estabelecer o horário exato para receber algum tipo de reconhecimento das pessoas cujas vidas estava arruinando. Ele continuou:

> — *Certo. Sábado, 1º de junho, 4h58 da manhã. Viramos uma só alma.*
> — *Viramos uma só alma. O que isso quer dizer?*
> — *Nada de perguntas agora.*

Para nós, havia poucas dúvidas sobre a confusão do suspeito sobre os horários, ou sobre a resposta para a pergunta de Hilda. Às 3h10, como ele afirmou, foi quando "ela escreveu o que vocês receberem". E 4h58 deveria ser a hora em que ele a matou. Todo o resto era apenas manipulação, para exercer seu senso de poder e vaidade. Ele continuou:

> — *Orações e libertação chegando em breve. Por favor, aprendam a aproveitar a vida. Perdoem. Deus protege os escolhidos. Pedido importante de Shari Faye: descansem hoje e amanhã. Isso fará bem. E, por favor, digam ao xerife Metts para suspender as buscas. As bênçãos estão próximas. Lembrem-se, amanhã, quarta-feira, das quatro da tarde às sete da noite. Ambulância a postos. Nada de circo.*
> — *Certo, nada de circo. O que isso significa?*
> — *Vocês vão receber as últimas instruções de onde nos encontrar. Por favor, perdoem.*
> *[Hilda] — Não mate a minha filha! Por favor! Me escute, por favor!*
> — *Nós amamos vocês e sentimos sua falta. Tenham um bom descanso. Boa noite.*
> — *Não, espere um pouco!*
> *[Dawn] — Ele desligou, mãe.*

A ligação foi rastreada até um telefone público instalado na parede externa da loja de conveniência Fast Fare de Jake's Landing, na rodovia

SC-6, às margens do lago Murray, ao norte de Lexington e a cerca de quinze quilômetros da residência dos Smith. Assim como antes, não havia evidência física alguma. Os policiais estabeleceram bloqueios rodoviários em ambos os lados da barragem do lago Murray e fizeram uma operação pente-fino em toda a área, porém outra vez o suspeito conseguiu enganá-los.

A CRUELDADE DO HOMEM POR TRÁS DOS TELEFONEMAS ERA ÓBVIA. O QUE NÃO ERA TÃO ÓBVIO ERA a motivação para o narcisismo criminoso que o impelia a continuar telefonando para a família. Ele havia tomado a precaução de disfarçar a voz e fazer as ligações de lugares que não possibilitavam a identificação. Tudo isso era parte do M.O. Mas as conversas com Hilda e Dawn eram, sem dúvida, parte da assinatura — algo do qual ele precisava para conferir uma sensação de completude ao crime.

Apesar do caráter inescrupuloso do suspeito, também era surpreendente que não houvesse raiva nem hostilidade em sua voz. Era uma demonstração absurda da capacidade de manipulação e autoindulgência dele, claro, mas essa objetividade estava completamente fora de contato e de sintonia com o que estava acontecendo. Ele não estava nem se gabando de seu crime hediondo, nem se sentindo mal a respeito. Era como se estivesse cumprindo um destino sagrado e como se fosse natural que os Smith fossem envolvidos naquilo tudo.

As frequentes menções a Deus também sugeriam uma visão onipotente e invencível de si mesmo, e as repetidas instruções sobre o que o xerife Metts deveria ou não fazer apontavam para uma sensação de superioridade em relação às forças da lei. Quando vemos esse tipo de comportamento em um suspeito, direcionando a polícia ou ridicularizando seus homens por não conseguirem capturá-lo, muitas vezes é um sinal indicativo de um conflito interno em relação à sua própria inadequação e da necessidade de se provar para si mesmo. Depois de concluirmos que o indivíduo não tinha autoconfiança suficiente para controlar as vítimas de outra forma que não fosse através de um ataque surpresa, apontando uma arma para Shari a fim de fazê-la obedecer, nós sentíamos que esse delicado jogo de poder e equilíbrio emocional provinha de uma sensação de superioridade intelectual combinada com um sentimento profundamente enraizado de inadequação e autoaversão.

Com base nas evidências comportamentais assimiladas até então, o sujeito não era um gênio, mas, em termos criminais, era astucioso e sofisticado, o que significava que tinha alguma experiência prévia. Nós duvidávamos que aquele tivesse sido seu primeiro crime envolvendo ataques à mão armada ou outro tipo de violência contra mulheres. Era possível que tivesse se safado das transgressões anteriores, mas era de se esperar que houvesse um registro policial de alguma espécie: de telefonemas obscenos e atentados ao pudor até agressões sexuais consumadas. Caso tivesse cometido algum homicídio, teria sido contra crianças ou adolescentes do sexo feminino. Ao contrário de muitos serial killers, esse se sentia intimidado demais para ir atrás de uma mulher adulta — nem uma profissional do sexo, cuja ocupação a torna inerentemente mais vulnerável.

Além disso, com base em nossa experiência com esse tipo de personalidade, achávamos que ele seria um colecionador de material pornográfico, com uma ênfase específica em *bondage* e sadomasoquismo. Suas fantasias sempre girariam em torno do poder exercido sobre mulheres, e ele vinha planejando sequestrar Shari Smith fazia algum tempo, ou então já estava fantasiando fazer isso com *alguém*.

Logo que fomos informados sobre o caso, deduzimos que o suspeito era branco. Esses tipos de crime predatório raramente são interraciais, e a tendência é que os assassinos não sejam afro-americanos nem latinos, embora isso tenha mudado um pouco à medida que grupos antes marginalizados se tornaram menos excluídos da sociedade. Também sabíamos que esse suspeito teria hábitos caseiros e, provavelmente, estaria um pouco acima do peso. Poderia ter sido casado ou mantido um relacionamento a longo prazo, já que as mulheres e as opiniões delas a seu respeito eram tão importantes para sua autoestima. Mas o casamento ou relacionamento teria fracassado. Caso tivesse filhos, as crianças viviam com a ex-mulher, e ele não as veria muito, ou nunca.

Estávamos quase certos de que era um trabalhador manual de nível hierárquico baixo ou médio, talvez um eletricista, com base no que a Unidade de Análise de Sinais nos passou sobre o dispositivo de alteração de voz que ele vinha usando. Também acreditávamos que o emprego lhe permitia horários flexíveis, com um expediente muitas vezes estabelecido por ele mesmo, além da possibilidade de estar em constante locomoção.

Embora a voz estivesse disfarçada nos primeiros telefonemas que ouvimos, era possível detectar um sotaque sulista e determinadas expressões regionais que reforçavam a nossa crença de que se tratava de um morador local, que conhecia bem a área (daí a facilidade em encontrar telefones públicos para as chamadas), e não um forasteiro de passagem — apesar da predileção das pessoas por imaginar um estranho cometendo um crime terrível em sua comunidade, em vez de considerar a hipótese de que o mal pode estar entre elas. O fato de demonstrar domínio sobre o ambiente também servia para reforçar sua confiança. Com os dias passando e as forças da lei parecendo longe de serem capazes de identificá-lo, ele parou de usar o dispositivo de alteração de voz. Nós encarávamos essa arrogância cada vez maior como algo que poderíamos usar contra ele ao desenvolver estratégias proativas para induzi-lo a se revelar.

Estimamos que tivesse por volta de vinte ou trinta anos, mas esse é o aspecto mais difícil de prever, porque a idade cronológica da pessoa nem sempre corresponde ao estágio de desenvolvimento emocional. Um maior nível de exposição ao risco por parte do agressor costuma empurrar a nossa estimativa para baixo, a não ser que o crime tenha sido cometido com maior sofisticação ou de forma extremamente organizada, o que costuma ser sinal de experiência. Como resultado da nossa pesquisa com criminosos encarcerados, criamos as categorias *organizado*, *desorganizado* e *misto* para descrever o comportamento criminal, por considerarmos que seriam mais úteis aos investigadores do que termos mais abstratos da área da Psicologia, como *esquizofrenia* ou *transtorno de personalidade borderline*, que não remetem a traços comportamentais imediatamente identificáveis.

Os suspeitos desorganizados tendem a ser mais jovens ou a sofrer de problemas mentais graves ou transtornos de personalidade. No entanto, sabíamos que era possível surgir anomalias na aplicação da nossa metodologia; por exemplo, quando o agente Gregg McCrary analisou o perfil de um serial killer que atacava profissionais do sexo e mulheres sem-teto na região de Rochester, no estado de Nova York, entre 1988 e 1989. A análise de perfil ajudou a polícia a encontrar o assassino estabelecendo vigilância em locais de desova, e se revelou bastante precisa, a não ser em um aspecto: Gregg deduziu que o assassino teria cerca de trinta anos. Na verdade, Arthur J. Shawcross tinha 44, e Gregg se pôs a estudar o motivo do erro. Quando examinou o histórico do criminoso, Gregg descobriu que ele havia matado um menino de dez anos e estuprado e assassinado uma garota de dezoito, mas o crime foi rebaixado (de forma burra, na minha opinião) a um caso de homicídio simples. Shawcross cumpriu catorze anos de sua pena em um presídio estadual e então foi solto. Na prática, esses anos de cadeia foram uma espécie de hiato temporal e, depois de libertado, ele retomou a vida no mesmo estágio de desenvolvimento emocional em que se encontrava aos trinta anos.

Em pelo menos um aspecto, o caso Smith serviu como um prenúncio do que encontraríamos cinco anos mais tarde no caso Shawcross. Nós escutávamos o tempo todo as pessoas comentando sobre o calor intenso que vinha fazendo na Carolina do Sul, e Metts e McCarty estavam se sentindo mal por submeterem centenas de pessoas à exposição a uma condição climática tão extrema em busca de Shari ou de pistas. Conforme comentara, nós concluímos que, se Shari tivesse sido assassinada, os elementos disponíveis e a maior parte dos pronunciamentos do suspeito sugeririam que ele deveria estar adiando a descoberta do corpo pelo tempo necessário para que o cadáver começasse a se decompor e impossibilitasse a obtenção de evidências forenses. Mas, ao discutirmos os acontecimentos daquela terça-feira, nos demos conta de outra coisa. Nossa análise de perfil apontava para um sujeito abusado, megalomaníaco e arrogante à primeira vista, mas inepto e intimidado em termos de relações próximas e pessoais, que fantasiava relacionamentos com mulheres inalcançáveis. Naquele momento, percebemos que a outra razão para ele prometer informações, mas se recusar a fornecê-las, era que, provavelmente, pretendia fazer uma nova visita ao corpo, onde quer que estivesse escondido, e não queria que a polícia do condado ou algum participante das buscas encontrasse o local onde havia deixado Shari. Estivesse ele tentando fazer sexo com o cadáver — infelizmente, algo nem tão incomum quando se trata de um certo tipo de serial killer — ou apenas passando tempo com ela como se fosse uma "posse pessoal", achávamos que continuaria mantendo a prática até o corpo se degradar a ponto de se tornar impossível sentir algum tipo de conexão humana. Esse foi um comportamento que mais tarde veríamos em Shawcross.

Como o suspeito insistiu que o caixão de Shari deveria estar fechado com as mãos dela em posição de oração, achávamos que em algum momento ele revelaria onde ocultou o corpo, em um telefonema ou uma carta — ou talvez até em uma comunicação direta com o xerife Metts, que, aparentemente, ele considerava a personificação das forças da lei.

O suspeito havia dito a Dawn ao telefone que Shari e ele tinham se tornado "uma só alma". Estava claro que ele não estava se distanciando emocionalmente da vítima.

E esperávamos poder usar isso a nosso favor.

5

— *Escute com atenção. Pegue a U.S. 378 no sentido oeste até a rotatória. Pegue a saída para Prosperity. Siga por dois quilômetros e meio. Vire à direita na placa. Loja maçônica número 103. Siga por quinhentos metros, vire à esquerda em uma construção com fachada branca. Vá até o quintal, dois metros adiante. Deus nos escolheu.*

Nenhum de nós, na sala de reuniões, disse algo depois de ouvir a transcrição do telefonema ser lida em voz alta. O contato tinha sido feito um dia antes, na quarta-feira, e transmitia uma sensação arrepiante de conclusão — a fase de alimentar esperanças havia finalmente terminado. Logo nos demos conta de que quarta-feira havia sido o dia crítico: quando as pontas do caso começaram a se juntar, e as vidas envolvidas, a desmoronar de vez.

Àquela altura, as forças da lei já haviam elaborado um plano. A maioria dos telefones públicos da região seriam desativados, e o restante ficaria sob vigilância. Nós consideramos uma boa ideia, que me fez lembrar dos meus dias como policial nas ruas de Detroit, quando tentamos deter uma onda de roubos a banco reforçando a segurança nos alvos mais óbvios e forçando os assaltantes a atacarem outras agências, onde estaríamos à espera.

Mesmo assim, como me contou mais tarde, Dawn continuava a passar as noites acordada, se sentindo incapaz de fazer algo para ajudar a irmã, sabendo o que cinco dias sem medicação poderiam fazer com ela. Se Shari ainda estivesse viva, mesmo bebendo muita água, estaria em más condições de saúde. Talvez tivesse sido isso o que o homem que estava telefonando quis dizer quando avisou para manter uma ambulância de prontidão. Richard, o namorado de Shari, não saía da casa dos Smith. Estava se sentindo culpado, achando que o sequestrador tinha visto Shari e ele se beijando no correio e ficado com inveja. A única forma de aplacar um pouco esse sentimento era ficando próximo da família da namorada.

Às 11h54 da quarta-feira, o telefone tocou. Foi Hilda quem atendeu daquela vez. O sujeito do outro lado da linha foi direto ao ponto, dando as indicações do que vinha prometendo fazia dias. A ligação foi rastreada até uma central telefônica na rodovia US-521, a aproximadamente setenta quilômetros de distância. Foi feita cerca de quinze minutos antes do horário programado para o desligamento dos telefones públicos.

Um helicóptero cedido pelo Departamento de Recursos Naturais e Marinhos da Carolina do Sul localizou o corpo às 12h35. Uma equipe de peritos de cena do crime, liderada pelo tenente Jim Springs e o agente Don Grindt, foi imediatamente despachada da sede da Divisão de Aplicação da Lei da Carolina do Sul. Hilda queria ir com o xerife Metts e o capitão Leon Gasque até o local, mas os dois se opuseram com veemência, praticamente ordenando que ela, Bob e os filhos permanecessem em casa. A justificativa foi a de que a presença deles iria interferir no trabalho policial, mas o principal motivo era que não queriam que os pais vissem o que eles esperavam encontrar. Os membros da família se reuniram no quarto de Dawn para esperar, rezando por um milagre, já que boa parte do restante da residência ainda estava ocupada por policiais, familiares e amigos.

Enquanto aguardavam, poucas palavras foram trocadas. Simplesmente não havia o que dizer. Eles não sabiam o que fazer, então rezaram em silêncio, mas já temendo qual seria a notificação oficial que receberiam. No entanto, Dawn contou que a mãe se recusava terminantemente a sequer cogitar a possibilidade de que Shari não seria encontrada com vida. Ela, inclusive, arrumou uma mala com uma troca de roupa, porque sabia que, provavelmente, teria que ir ao hospital; separara uma camisola, uma escova de dentes e todas as coisas que pensava que a filha precisaria. Mesmo com um clima de pavor pairando no ar, ninguém ousava admitir a possibilidade de não ouvir aquilo que esperavam e pelo qual vinham rezando fervorosamente.

As equipes da Divisão de Aplicação da Lei e da polícia do condado se encontraram na loja maçônica da rodovia SC 391, no distrito de Pleasant Grove, no condado de Saluda. Era uma construção de dois andares com um telhado inclinado de zinco, quase toda cercada por uma mata fechada. Ficava a mais ou menos 25 quilômetros do local onde Shari fora sequestrada. Eles logo cercaram a área e encontraram o corpo exatamente onde o suspeito afirmou que estaria, a mais ou menos quinze metros dos fundos da loja e a um metro e meio ou dois depois da borda da mata. Ela estava deitada de costas, vestida com o short branco por cima da calcinha amarela e preta do biquíni e a blusa listrada em branco e preto por cima do top amarelo. Em torno do pescoço, estava a corrente de ouro que havia sido um presente de Richard. Havia também um brinquinho de ouro na orelha esquerda, mas o da direita estava faltando. Ela ainda estava descalça, como havia descido do carro na sexta-feira. E, conforme se esperava, o corpo estava em estágio de decomposição avançado.

A precisão da localização passada no telefonema confirmou que o suspeito vinha retornando ao local onde ocultou o cadáver pelo tempo que julgou satisfatório e, como parecia extremamente compulsivo, achávamos que tinha inclusive medido as distâncias, tanto no hodômetro do carro como nos passos que deu a partir do fundo da loja maçônica. Isso também corroborava o nosso perfil de alguém com mania de elaborar listas, que desejava que todas as coisas que considerava importante estivessem organizadas e sob controle.

Enquanto a equipe de peritos da divisão tirava fotos e examinava o local e os arredores, o dr. Joel Sexton, patologista forense do Hospital Memorial de Newberry, foi mandado para lá. Naquele momento, o capitão Gasque pegou o carro para a difícil volta à casa dos Smith.

Dawn ouviu um veículo chegar, olhou pela janela e viu que era Gasque. Em seguida, ouviu passos na escada, sem muita pressa para chegar lá em cima.

— Ouvimos a porta se abrir, e os passos dele ao subir a escada estavam bem lentos e pesados — contou Dawn. — E eu me lembro de ficar com aquele medo... ai, minha nossa, ah, não!

Quando todos viram a expressão no rosto do capitão e as lágrimas em seus olhos, entenderam qual seria a notícia.

Foi uma cena traumática e surreal, mas Dawn achava que tinha ouvido algo como:

— Sinto muito. É Shari, e ela está morta.

E então se recordou da mãe gritando, chorando e repetindo:

— A minha menina, não! Ai, meu Deus, a minha menina, não!

Para a irmã mais velha, pareceu que uma eternidade se passou com a família e o policial naquele quarto, enquanto Hilda continuava a chorar pela filha perdida.

— Nós encontramos o corpo atrás da loja maçônica — disse Gasque, com a voz baixa e embargada.

— Tem certeza de que é Shari? — perguntou Bob.

"Certeza absoluta" foi a resposta, e então o capitão repetiu que sentia muito. Bob abraçou Hilda, aos prantos. Robert continuou sentado no mesmo lugar, chorando em silêncio. Dawn falou que queria ver a irmã. Gasque disse que era melhor não; que não seria necessária a identificação pela família; que o corpo estava em más condições de preservação. Mas sem dúvida alguma era Shari. Ele repetiu que lamentava muito, e avisou que os deixaria a sós.

Dawn, o irmão e os pais ficaram no quarto, tentando assimilar a ideia de que Shari tinha partido para sempre. E começaram a se dar conta do quanto aquele homem havia sido cruel ao dizer aquelas coisas completamente mentirosas, alimentando a esperança da família de que estava tomando conta dela, garantindo que bebesse água suficiente para contrabalancear os efeitos do diabetes insípidus, já que ela estava sem a medicação. Enquanto rememorava os detalhes dos telefonemas, a jovem não conseguia entender por que ele havia passado aquele tempo todo mentindo se já havia matado sua irmã.

Quando o dr. Sexton chegou à cena do crime, atrás da loja maçônica, foi informado sobre o caso e recebeu uma cópia do "Último Desejo & Testamento", que Shari escrevera. Pela trilha de mudas de árvores e arbustos esmagados, foi possível determinar que um veículo havia ido até os fundos da loja e que o corpo fora arrastado de lá para a mata, onde foi encontrado. Além do estado de decomposição avançado em razão do calor intenso, Sexton notou a presença de uma infestação de insetos. Diante das circunstâncias, considerou que a condição do cadáver era consistente com uma morte ocorrida na manhã de sábado, logo depois da redação da carta. Se fosse o caso, declarou o patologista, o diabetes não teria sido a causa.

Na casa dos Smith, a família se consolava em sua tristeza, reconhecendo, silenciosamente, que jamais voltaria a ficar completa. Mais tarde, depois de se forçarem a recuperar a compostura em alguma medida, desceram a escada para receber os pêsames dos amigos e policiais que passaram os cinco dias anteriores em vigília junto a eles. Dawn recebeu o abraço das colegas de quarto da faculdade, Julie e Cindy. Hilda percebeu que Bob estava infligindo a si mesmo a dor adicional de sentir que não havia conseguido proteger a família.

Eu vi muitos casos de assassinato de um filho ou ente querido de famílias com uma religiosidade profunda. O que constatei é que as pessoas raramente perdem a fé, mas quase sempre o primeiro pensamento é: "Deus, como pôde deixar isso acontecer?".

Dawn expressou pensamentos similares, relatados em seu livro *Grace So Amazing*, de 1993:

> *"Deus, como Tu pudeste? Por que deixaste que isso acontecesse conosco? Como pudeste deixar Shari sofrer? Ah, Deus, o quanto ela deve ter sofrido! Tu ouviste as minhas preces incessantes na época? Ouviste alguma coisa do que falei?"*

Como agente da lei, os meus questionamentos precisam se limitar a questões mais mundanas, porém as mais transcendentes, como as feitas por Dawn, estão sempre na minha mente. Se existe um Deus que é pura bondade e Todo-Poderoso, o esclarecimento desses mistérios está em um reino além do terreno. O que eu sei é o seguinte: enquanto homens e mulheres tiverem o poder e o direito de exercer livre arbítrio conforme sua escolha, o mal vai continuar existindo, e deve ser desafiado e combatido.

Às dezoito horas, a investigação da cena do crime estava concluída, e o corpo de Shari foi transportado para o Hospital Memorial de Newberry, onde o dr. Sexton foi assistido na autópsia por Bruce Horne, legista do condado de Saluda. Eles precisaram dos registros odontológicos de Shari para confirmar sua identidade. Embora não houvesse como ter certeza, ela não parecia ter sido baleada, esfaqueada ou espancada, e não estava claro se havia sido violada sexualmente. O que era possível afirmar era que Shari fora imobilizada com cordas e fita isolante, removidas antes de o corpo ser deixado na mata, conforme evidenciado pelos resíduos encontrados em seu rosto.

O exame *post-mortem* foi concluído por volta das 21h30. Embora o estado avançado de decomposição não permitisse a Sexton fazer uma afirmação taxativa sobre a causa da morte, ele expressou uma opinião bem embasada de que Shari morreu como resultado de estrangulamento ou esganamento. E concluiu:

> *"Quanto à forma de morte, como a morte ocorreu durante um sequestro, a forma de morte é um homicídio mesmo assim, seja em razão de privação de água ou algum tipo de asfixia de caráter homicida."*

O luto se expandiu para muito além do círculo imediato de familiares e amigos.

— Shari esteve o tempo todo em nossas preces desde que foi raptada, na sexta-feira — declarou Karl Fulmer, o diretor da Lexington High, ao *Columbia Record*. — Estudantes, professores e funcionários da administração estão todos abalados e compartilham do luto da família Smith — continuou. — Todo o corpo discente e toda a comunidade estão profundamente comovidos por essa tragédia inexplicável.

O culto regular de quarta-feira à noite da Igreja Batista de Lexington foi transformado em uma cerimônia em memória de Shari, que todos os membros da congregação conheciam, pois ela cantava no coral de jovens.

— Nós sabemos que Shari foi assassinada — declarou o xerife Metts aos jornalistas em uma coletiva de imprensa pouco antes das onze da noite. — Sabemos que Shari foi raptada em Lexington. [...] Não sabemos se foi morta neste condado ou no de Saluda.

Como o *State* noticiou no dia seguinte, em reportagem de Peter O'Boyle III e John Collins, muitos dos que participaram das buscas por Shari, além de outras pessoas interessadas no caso, continuaram a passar pela casa dos Smith durante a tarde para expressar apoio.

— Ela está bem? — perguntou uma pessoa que passava de carro na quarta-feira, várias horas depois de as autoridades terem descoberto o que havia sido feito da srta. Smith.

— Não, infelizmente, não — respondeu o policial que vigiava a entrada da propriedade da família.

6

Quando encerramos nossa reunião de consultoria do caso na quinta-feira, pedimos ao vice-xerife McCarty que nos mantivesse informados sobre novos desdobramentos assim que ocorressem, para que pudéssemos elaborar estratégias proativas. Em relação à personalidade, sentíamos que sabíamos muita coisa sobre o suspeito, mas, até então, não tínhamos muito para podermos indicar uma direção para a equipe do xerife Metts nem um indivíduo específico em quem se concentrar. Robert Ivey, chefe do Conselho Consultivo Estudantil de Colúmbia, avisou que estava preparando um telegrama para solicitar formalmente o acompanhamento do caso pela Unidade de Ciência Comportamental.

A manchete principal na primeira página da edição de quinta-feira do *State* era POLÍCIA CAÇA ASSASSINO "DOENTIO". Uma foto aérea reproduzida em tamanho grande mostrava a loja maçônica e seus arredores, com diversos policiais e veículos de resgate reunidos na parte da frente. Mais abaixo, havia um mapa mostrando onde o corpo de Shari tinha sido encontrado em relação à distância de sua casa.

O capitão Bob Ford, do Departamento de Polícia do Condado de Lexington, e Hugh Munn, porta-voz da Divisão de Aplicação da Lei da Carolina do Sul, expressaram publicamente admiração e gratidão pelas centenas de cidadãos que enfrentaram o calor intenso e mantiveram as buscas por algum sinal de Shari por vários dias.

— Eles vieram até nós como voluntários. Pediram para fazer algo para ajudar — declarou Ford ao *Columbia Record*.

Os que participaram da mobilização tinham palavras igualmente elogiosas à dedicação mostrada pelos oficiais da lei.

O funeral foi anunciado para sábado, para que os colegas de Shari, que estavam em viagem de formatura, pudessem participar.

Em uma coletiva de imprensa no início da tarde de quinta-feira, o xerife Metts quis elevar o nível de estresse do suspeito, afirmando que o departamento estava determinado a solucionar o caso, mas também para incentivá-lo a se entregar, caso estivesse pensando em fazer isso.

— Nós tememos que esse indivíduo possa tirar a própria vida caso não se entregue. Não queremos que ele faça isso — afirmou o xerife. — Posso garantir que não temos a intenção de matar ninguém. Só queremos colocar esse indivíduo sob custódia. Estamos tentando fazê-lo se render. Ele precisa de ajuda, e queremos que a receba. [...] Ele parece estar com medo; não sabe se tira a própria vida ou se decide se entregar.

Por outro lado, Metts alertou:

— Caso esteja se divertindo nos provocando, que continue. A investigação continua a todo vapor e não vamos parar até pegá-lo, eu prometo!

Ele também anunciou que, naquela manhã, o FBI tinha sido acionado para participar da investigação.

Pouco tempo depois, por volta das 14h30, o suspeito ligou para Charlie Keyes, um repórter investigativo famoso da WIS-TV, de Colúmbia. Para não perder registro relevante algum para o noticiário, a emissora gravava todos os telefonemas que recebia. Nós tivemos acesso à fita:

> — *É sobre Shari Faye Smith. Quero usar você como intermediário. Você consegue fazer isso? Muito bem, escute com atenção. Eu não estou conseguindo conviver com o que fiz, Charlie; preciso me entregar e estou com medo, e você é uma pessoa muito inteligente, e quero que esteja lá com o xerife Metts e todos [os] policiais que ele quiser na casa dele de manhã, e que você atenda ao telefone.*

— Na casa de quem?

— Na casa do xerife Metts. Vamos acabar logo com isso. Não responda a pergunta alguma a não ser que eu peça. Esteja lá para atender ao telefone.

O homem do outro lado da linha ainda instruiu Keyes a noticiar em seu segmento no noticiário das sete da noite que estaria na casa de Metts, e disse também que, assim que desligassem, ele deveria entrar em contato com o xerife e mencionar o "Último Desejo & Testamento", para confirmar que o telefonema não era um trote. Ele descreveu o documento nos mínimos detalhes para Keyes. Também falou que queria "O pastor de Shari Faye lá da igreja batista. Certo?". Em troca, prometeu ao jornalista uma entrevista exclusiva logo depois de se entregar.

Então, deixou de lado o discurso manipulador de quem decide as cartas a serem postas na mesa e assumiu um tom confessional:

— Então, Charlie... por favor... deu tudo errado. Conheço ela e a família dela, e conheço bem, só cometi um erro. Tudo isso foi longe demais. Eu só queria fazer amor com ela. Não sabia que ela tinha uma doença rara, e a coisa saiu de controle. Eu fiquei com medo e... preciso fazer a coisa certa, Charlie. Então, por favor, me ajude aqui, porque sinto que posso confiar em você e já ouvi o que você fala várias vezes, e foi por isso que escolhi você como intermediário.

E, depois de dar mais garantias de que o xerife Metts saberia que não era um trote, continuou:

— Por favor, me perdoe. Deus, me perdoe e cuide de mim. Preciso muito de ajuda, e quero fazer a coisa certa, e diga a eles para, por favor, honrarem o pedido de Shari Faye: caixão fechado. Além disso, ponham as mãos dela entrelaçadas sobre a barriga, como se estivesse rezando. Entendeu?

Nós encaramos esse telefonema como uma escalada do narcisismo e do desejo compulsivo de manipulação e controle por parte do suspeito, já que o caso do assassinato de Shari dominava o noticiário local, além de uma confirmação de que ele estava acompanhando avidamente a cobertura da mídia. Notamos algumas frases familiares em seu linguajar, como "escute com atenção" e "não é um trote", além do costume de mencionar de forma bem específica a data e o horário do "Último Desejo & Testamento" enquanto descrevia o documento para o repórter. A declaração de que "Não sabia que ela tinha uma doença rara" comprovava que estávamos certos ao avaliar que a história de ser um amigo da família, mencionada também em telefonemas para Hilda e Dawn, era pura invenção. Qualquer um com alguma proximidade com os Smith saberia do problema de saúde de Shari. Aquela era só mais uma parte de sua fantasia, uma tentativa de estabelecer um vínculo com a menina bonita que tinha visto apenas à distância. Também sabíamos que, apesar de tudo o que vinha dizendo, ele não se entregaria, porque estava extraindo satisfação demais daquilo tudo. As únicas palavras verdadeiras que disse em sua conversa com o repórter foi que queria "fazer amor com ela". Mas, tendo conseguido ou não consumar a agressão sexual com ela ainda viva, ele devia saber que precisaria matá-la depois.

Trata-se de um equívoco bastante comum imaginar que predadores violentos se sentem mal a respeito do que fizeram e desejam se entregar. E, apesar do que vemos em grandes obras literárias — como em *Crime e castigo*, de Fiódor Dostoiévski —, na vida real isso quase nunca acontece. Um dos poucos casos de um serial killer que se entregou à polícia foi o do primeiro criminoso encarcerado que entrevistamos, Edmund Kemper, um grandalhão com inteligência muito acima da média que ficou conhecido como o Assassino de Universitárias em Santa Cruz, na Califórnia, no início da década de 1970.

Depois de cumprir a pena por assassinar os avós ainda na adolescência, Kemper matou cinco jovens estudantes universitárias e uma secundarista, depois de oferecer carona a elas. Ele também assediou sexualmente os cadáveres e esquartejou os corpos. Os crimes culminaram no espancamento e degolamento de sua mãe, Clarnell Elizabeth Strandberg, de 52 anos, enquanto ela dormia. Em seguida, ele convidou a melhor amiga dela para ir a sua casa, onde a estrangulou. Depois de mutilar o corpo da mãe, dirigiu mais de 1.500 quilômetros até Pueblo, no Colorado, onde parou em uma cabine telefônica e ligou para a polícia, que a princípio se recusou a acreditar que ele era mesmo um serial killer. Quando entrevistei Kemper, ficou claro que todos os crimes que ele cometeu na idade adulta foram uma reação ao tratamento punitivo que recebia da mãe emocionalmente abusiva, que desdenhava dele dizendo que não era bom o bastante para as belas moças do campus de Santa Cruz da Universidade da Califórnia, onde ela trabalhava. E, depois que criou coragem para matá-la e, por associação, a amiga dela, em vez de continuar fazendo vítimas entre as mulheres que a mãe dizia que ele nunca teria, Kemper desistiu. Não fazia mais sentido matar. Se entregar à polícia parecia a atitude mais lógica e prudente a tomar.

Mas, nesse sentido, Ed Kemper era uma enorme exceção. E a percepção que ele demonstrava sobre a própria psique também era incomum. O assassino não identificado de Shari Smith não era assim. Ele realmente se sentia culpado pelo que fez? Talvez houvesse uma pontinha de consciência pesada, mas eu duvidava até disso. Com base na assinatura e no M.O., nós tínhamos convicção de que, se não fosse capturado, e depressa, ele voltaria a matar.

O TELEFONEMA SEGUINTE PARA OS SMITH FOI FEITO ÀS 20H57. BEVERLY CARTRETTE, A CUNHADA de Hilda, foi quem atendeu. Àquela altura, todos na casa já tinham sido orientados a tentar fazer com que a pessoa do outro lado da linha se identificasse e a continuar esticando a conversa o máximo possível. No início da minha carreira no FBI, uma das minhas atribuições havia sido a de negociador em situações com reféns. Pode ser bastante complexo lidar ao mesmo tempo com um criminoso, para mantê-lo tranquilo a fim de preservar os reféns, e com uma equipe da SWAT disposta a arrombar a porta, invadir o local e neutralizá-lo da forma mais rápida e eficiente possível. Algumas das técnicas que usamos na Unidade de Ciência Comportamental são fruto de experiências obtidas naquela época.

Em uma conversa ao telefone com Lewis McCarty, eu o aconselhei a transmitir à família Smith noções básicas de estratégia de negociação — ou seja, ganhar tempo e tentar "enrolar" o criminoso, ouvindo com atenção o que ele falava e parafraseando e reafirmando o que foi dito ao responder. Em tese, isso cria a impressão de um entendimento entre as partes e pode fazer o infrator se abrir, fazer mais revelações ou até informar quais são suas verdadeiras intenções, além de ajudar a determinar se o diálogo está avançando ou indo na direção oposta. Foi essa a técnica que usei quando entrevistei Charles Manson. A única forma de extrair alguma informação de seu palavrório incessante era parafrasear e reafirmar suas declarações, para então tentar aprofundar a conversa e pedir que explicasse melhor o que queria dizer.

Aquele telefonema da quinta-feira à noite confirmou a nossa análise de perfil e nos proporcionou um retrato psicológico mais completo do suspeito.

A primeira voz na gravação era a da telefonista e, depois que Beverly atendeu, o homem assumiu o comando da conversa:

— *Chamada a cobrar para Dawn Smith.*

— *Dawn não pode atender no momento. Quem gostaria, por favor?*

— *Por favor, coloque Dawn na linha.*

— *Dawn não pode falar agora. Aqui é Beverly, tia dela.*

— *Muito bem, posso falar com a sra. Smith? É uma emergência.*

— *Bem, eu sinto muito. Ela está sedada e não pode vir até o telefone. Está dormindo.*

— *Certo. Posso falar com Bob Smith?*

— *Bob está na agência funerária. Você sabe o que aconteceu com a filha dele? Espere um pouco... você pediu para falar com a sra. Smith?*

— *Ou Dawn. Prefiro falar com Dawn.*

— *Com Dawn.*

— *Aham.*

— *Bem, vou ver se consigo encontrá-la.*

— *Certo. Não demore.*

Beverly foi procurar Dawn, que estava do lado de fora, passeando com o cachorro. Ela voltou para atender ao telefone:

— *Alô?*

— *Dawn?*

— *Sim.*

— *Estou ligando para falar de Shari Faye. Você está sabendo que vou me entregar amanhã cedo?*

— *Não.*

— *Ora, você não conversou com o xerife Metts nem com Charlie Keyes?*

— *Não.*

— *Pois bem, fale com eles e escute com atenção. Vou dizer uma coisa a você; Shari pediu que eu me entregasse depois do quinto dia, depois que a encontrassem.*

Ele continuou se explicando:

— *Eu, hã, preciso me resolver com Deus e me entregar completamente a Ele, então tenho que me voltar para Ele. Charlie Keyes, ele vai saber do que estou falando quando vocês conversarem. Ele não vai poder fazer uma entrevista exclusiva comigo de manhã. Vai receber uma carta que já foi enviada, uma cópia idêntica para você e para ele, e com fotos.*

— *Uma cópia para mim?*

— *Sim, e para a casa dele: fotos de Shari Faye de quando, inclusive, eu a fiz entrar no carro e tirei duas fotos, e durante toda a situação. E a carta vai descrever exatamente o que aconteceu do momento em que eu a peguei até quando liguei e contei para vocês onde encontrá-la.*

Ele deu os detalhes de como e quando se entregaria, e falou que, apesar de estar armado, não ofereceria perigo. Dawn perguntou o que aquilo queria dizer.

— Bem, Shari Faye disse que, se eu não conseguisse conviver com o que fiz, ela não iria me perdoar se eu não me entregasse ou não me voltasse para Deus, então eu vou ter que...

Então ele fez uma pausa e, quando voltou a falar, nos forneceu a estratégia que se tornaria o foco principal da nossa operação de busca e apreensão.

— Essa coisa saiu do controle, e só o que eu queria era fazer amor com Dawn. Estava de olho nela fazia algumas semanas...
— Com quem?
— Desculpa; com Shari. Estava de olho nela fazia algumas semanas e, hã, a coisa simplesmente saiu do controle. E, Dawn, Dawn, espero que você e sua família me perdoem por isso.

Nós já havíamos notado a semelhança impressionante entre as belas irmãs Smith e, pelo jeito, o suspeito também. Em suas fantasias de estupro, ele misturava as duas.

Em reação à empatia simulada por Dawn, ele falou em se matar:

— Eu não posso viver na cadeia e ir para a cadeira elétrica. Essa é a única forma de me redimir.

Ela lhe disse para não fazer isso, que Deus poderia perdoá-lo — o que eu não diria de jeito algum, mas a fé da família Smith era fortíssima, e sei que essa era a única coisa que os mantiveram de pé durante aquela provação terrível.

Quando ouvi na gravação o que ele falou a seguir, ao mesmo tempo que senti o estômago se embrulhar diante de tamanha crueldade e autoindulgência, também fiquei impressionado com o que aquilo indicava sobre a coragem e a firmeza de caráter de Shari.

> — *Então, quero contar a você uma coisa que ela me disse.*
> — *Certo.*
> — *Puxa vida... Shari Faye disse que, hã... Ela não ficou chorando o tempo todo, Dawn. Era muito determinada, e disse que não queria arruinar a vida de vocês, que era para vocês seguirem a vida como a carta dizia. E eu nunca menti para vocês, não é? Tudo o que eu falei era verdade, não era?*
> — *Sim.*
> — *Certo, então ia ter que ser do jeito que foi. E ela disse que não estava com medo, que sabia que ia virar um anjo. E que se eu fizesse a escolha que ela sugeriu, ela iria me perdoar. Mas Deus vai ser o juiz supremo, e ela provavelmente vai me encontrar no céu, não no inferno.*

Ele repetiu o plano de se entregar pela manhã, e então mudou de assunto, dizendo que Shari não queria que Richard, seu namorado, ficasse com o colar que ela estava usando quando foi raptada. Entendemos isso como uma indicação de que, em sua mente, ele havia substituído Richard como o namorado de Shari e que, já que estava morta, era ela só sua.

Dawn o fez voltar ao que tinha dito antes.

> — *Mas Shari não estava com medo, e não chorou nem nada?*
> — *Não, ela não fez nada. E, hã, você consegue aguentar o tranco se eu contar como ela morreu?*
> — *Sim.*
> — *Certo, seja forte, então.*

— Certo.

— Ela disse que você era forte. Me contou sobre a família e tudo mais. Nós conversamos e... ai, Deus... e eu sou um amigo da família. Essa é a parte triste.

— Você é um amigo da família?

— Sim, e é por isso que não consigo encarar vocês. Vocês vão descobrir pela manhã ou no dia seguinte. Mas me perdoe. E, Dawn, Shari... Não sei se você deve contar isso para a sua mãe ou não, mas Shari Faye não era virgem. Ela começou a transar com um cara em janeiro. Você sabia disso?

— Nós sabemos disso agora, sim.

— Certo. E eu fiz amor com ela e nós fizemos sexo oral em três vezes diferentes. E ela morreu. Você aguenta ouvir isso, então?

— Sim.

Tenho certeza de que o único motivo para que Dawn tenha suportado ouvir tal absurdo era porque sabia que nada do que ele dissesse sobre uma relação sexual consentida com Shari merecia algum tipo de crédito. Ela se preparou para o que viria a seguir, sentindo a dor e a raiva explodirem dentro de si ao se dar conta do quanto ele estava gostando daquilo.

— Certo. Eu a amarrei na cama e, hã, com um fio elétrico, e ela, hã, não resistiu, nem chorou, nem nada. Ela deixou, voluntariamente, do pescoço para cima, sabe? Certo, eu vou contar para você. E eu peguei a fita isolante e enrolei a cabeça dela inteira e a sufoquei. E pode falar com o legista ou pegar a informação, foi assim que ela morreu. E eu não sabia que ela tinha essa doença; provavelmente, nem a teria levado.

Como já havíamos concluído a partir das ligações anteriores, as afirmações de que era um amigo da família eram claramente mentirosas, inconsistentes com a alegação de que "não sabia que ela tinha essa doença". (O que acreditávamos que fosse verdade.) Em um determinado nível, tratava-se de um personagem complexo, envolvido em um mundo de fantasia surreal sobre a relação com Shari e com os Smith, mas, em termos práticos, era organizado e pragmático. O ponto de intersecção entre esses dois traços distintos de personalidade era para onde direcionaríamos a nossa atenção ao montar a armadilha para capturá-lo.

A conversa continuou por um bom tempo. A única coisa em que acreditamos de fato foi quando ele disse a Dawn que voltaria a ligar. Ele não se cansava daquela fantasia de exercer o poder absoluto.

Antes que ele desligasse, Dawn lhe disse mais uma vez para não se matar, que Deus poderia perdoá-lo, e até chamou a mãe para reiterar a mensagem. E, enquanto tinha a atenção das duas, ele aproveitou para exercer mais um pouco de autoindulgência e crueldade.

> *[Hilda] — Você precisa se encontrar com alguém para conversar.*
> *— Bem, eu tenho muito em que pensar e eu... A minha vida acabou, sra. Smith. Sei que isso pode parecer egoísta, mas, hã, por favor, façam uma prece especial por mim. Sua filha falou que não estava com medo, e ela era bem determinada. Ela sabia que iria para o céu, que viraria um anjo e, como eu disse a Dawn, que ela iria cantar à vontade.*
> *— Ela...*
> *— Quando ela falou isso estava sorrindo.*
> *— Você disse que iria matá-la?*
> *— Sim, eu disse. E dei uma escolha a ela, como está na gravação. Perguntei a ela se queria uma overdose de drogas, uma injeção, ou, hã, hã, sufocada. E ela escolheu o sufocamento.*
> *— Meu Deus, como você pôde fazer isso?*
> *— Bem, que Deus perdoe a todos nós.*
> *— Nós, não. Você.*

Mais uma vez, quando as autoridades rastrearam a ligação, que vinha de um posto de parada de caminhões na intersecção entre a rodovia interestadual I-77 e a estrada estadual SC 200, em Great Falls, na Carolina do Sul — a meio caminho entre Colúmbia e Charlotte, a cerca de oitenta quilômetros da residência dos Smith —, o suspeito não estava mais lá. E, de novo, não havia deixado evidências no local.

Mais um elemento ficou claro a partir dessa ligação. Em sua mente, ele poderia até ter considerado três formas de matá-la, mas nós duvidávamos de que tivesse dado a Shari uma escolha, e, mesmo que tivesse feito isso, que ela pudesse ter escolhido o processo longo e agoniante do sufocamento. O suspeito escolheu o método para prolongar a excitação sexual pelo poder que exercia sobre a vítima, e por causa do tempo que isso lhe proporcionaria para vê-la morrer.

Em nossas entrevistas nos presídios, nós descobrimos que, se não todos, pelo menos os homicidas sexuais, embora encarcerados, reviviam mentalmente a gratificação que sentiram ao cometer seus crimes. Aquele indivíduo estava fazendo isso em liberdade, e com a ajuda involuntária das próprias pessoas cuja vida ele destruiu.

7

exta-feira foi o dia em que recebemos o teletipo do escritório local de Colúmbia requisitando, formalmente, o envolvimento da Unidade de Ciência Comportamental no caso Smith. Isso, na prática, não mudava coisa alguma, porque vínhamos analisando o caso e prestando consultoria à polícia do condado durante toda a semana, mas, a partir daquele momento, a nossa colaboração com as autoridades locais era oficial, então não haveria questionamentos sobre o envolvimento do FBI, nem por parte dos policiais da Carolina do Sul nem de nossos superiores na sede do bureau. Isso também significava que os investigadores locais nos enviariam as evidências assim que as obtivessem, para podermos ajudar na investigação em tempo real. Àquela altura, já tínhamos um perfil bem robusto à disposição.

Além das características que já havíamos constatado, estávamos quase certos de que o suspeito morava sozinho ou com os pais — ou talvez com alguma parente de mais idade, que nada saberia sobre os crimes. Com base em nossa expectativa de que haveria algum tipo de ficha na polícia envolvendo crimes sexuais, deduzimos que, onde quer que ele morasse, além da pornografia, encontraríamos uma coleção oculta de souvenires de seus feitos anteriores: bijuterias, roupas íntimas e outros pertences pessoais retirados das vítimas — inclusive, itens roubados de mulheres que ele observara escondido antes de se tornar criminoso, invadindo suas casas quando estavam fora, porque ainda não tinha a sofisticação necessária para realizar um sequestro.

Cada telefonema, com as menções precisas de horários e depois as instruções detalhadas para chegar ao corpo, reforçava a nossa crença de que ele era rígido e ordeiro nos hábitos pessoais, e limpo e bem-arrumado de maneira obsessiva. O dispositivo de alteração de voz que usou nas primeiras ligações indicava que, provavelmente, trabalhava com sistemas elétricos ao invés de, digamos, carpintaria, e sentíamos que era alguém sofisticado demais para ser um trabalhador sem qualificação.

Somando todos os elementos, ele apresentava um perfil de personalidade mista, que incluía traços organizados e também desorganizados, uma sensação de onipotência que lhe dizia que não precisava seguir as mesmas regras que os demais cidadãos e que, em algum nível, achava-se mais esperto que todo mundo. Por outro lado, era afetado por sentimentos de inadequação e uma percepção clara de que não era considerado atraente nem interessante pelas mulheres. Isso, por sua vez, desencadeava fantasias de possuí-las e controlá-las.

Com base no que ouvimos na conversa com Dawn na noite anterior, avisei Lewis McCarty pelo telefone que, independentemente do que tivesse dito, o suspeito não tinha a menor intenção de se matar ou de se entregar. Assim como a insistência na ideia de que era um "amigo da família", aquela era apenas mais uma arma de sua psicopatologia narcisista, uma tentativa de fazer com que os Smith o compreendessem e se solidarizassem com ele, apesar de ter assassinado um ente querido da família a sangue frio. Aquilo era parte da fantasia de ser alguém próximo e querido por Shari. Quanto mais aquilo se estendesse, expliquei a McCarty, e quanto mais reações obtivesse dos familiares, mais ele se sentiria confortável com a experiência como um todo. Seria difícil para quem precisasse ouvi-lo ao telefone, mas cada conversa era uma oportunidade de descobrir mais a seu respeito e, possivelmente, de fazê-lo cometer um lapso involuntário e fornecer uma pista que ajudasse na captura.

Mas havia também outro aspecto, mais sinistro, avisei. Quando ele se cansasse daquele jogo de manipulação, dominação e controle, provavelmente voltaria à sua personalidade normal — desconfiada, inadequada e deprimida — e haveria o perigo de raptar e matar de novo. Ele procuraria uma pessoa parecida com Shari, que determinamos ser sua vítima de preferência, mas, se não encontrasse uma moça como ela, se contentaria com outra vítima de oportunidade — talvez menor, mais frágil e mais fácil de controlar.

Na cobertura jornalística do caso, o *Columbia Record* tinha publicado, no dia anterior, uma matéria detalhando como e onde o corpo de Shari fora encontrado. Na mesma primeira página, vi uma reportagem sobre uma afirmação do diretor-geral da Polícia Federal do Brasil, em São Paulo, sobre ter 90% de certeza de que o corpo encontrado enterrado em uma cidadezinha próxima era o do dr. Josef Mengele, o temível "Anjo da Morte", que conduzia experimentos médicos sádicos e hediondos em prisioneiros do campo de concentração de Auschwitz, na Polônia, durante a Segunda Guerra Mundial, e que, como muitos outros nazistas que fugiram ao final do conflito, acreditava-se que vivia em algum lugar na América do Sul. A matéria informava que o homem em questão tinha se afogado em uma praia em Bertioga, às margens do Atlântico.

Foi impossível não comparar as histórias sobre a descobertas desses dois corpos. Um pertencia a um dos homens mais cruéis que o mundo moderno havia conhecido; o outro era o de uma pessoa completamente inocente, como boa parte das vítimas de Mengele. A expressão "sangue do cordeiro" me veio à mente, como às vezes acontecia quando eu precisava trabalhar em crimes violentos contra crianças. Em um certo sentido bíblico, isso pode se referir ao assassinato dos puros e sem máculas. Em outro, remete ao sacrifício que limpou os pecados do mundo. Embora não com a mesma devoção da família Smith, eu procurava manter alguma fé, mas sempre era atormentando pela questão de como seria a morte, no fim das contas. Em um determinado nível, não parecia fazer o menor sentido — e eu esperava que não fosse esse o caso, pois seria a indicação de um universo sem o menor senso de justiça divina, o que era difícil de aceitar e assimilar. Mas, toda vez que começava a pensar assim, eu me lembrava de que tais abstrações estavam bem acima das minhas capacidades. Havendo justiça celestial no universo ou não, a minha responsabilidade era ajudar a garantir a justiça terrena à qual todas as vítimas tinham direito. E isso me ajudava a manter o foco.

A noite de sexta-feira foi de velório na agência funerária Caughman-Harman. Enquanto os Smith recebiam os amigos e membros da comunidade, os agentes da lei filmavam todos os que entravam no local. Como Shari havia requisitado em seu "Último Desejo & Testamento" — e como o assassino tinha instruído nos telefonemas e como suas ações exigiam —, o reluzente caixão prateado, adornado com rosas do tom rosado favorito de Shari, estava fechado. Em uma mesa ao lado, havia uma foto emoldurada da turma de formandos. Do lado de fora, apropriadamente, tempestades violentas atingiam a região, e o Serviço Nacional de Meteorologia emitiu um alerta de tornado para Lexington e os condados vizinhos.

Às onze horas da manhã seguinte, mais de mil pessoas lotaram a Primeira Igreja Batista de Lexington. Além dos 825 assentos disponíveis, todos os espaços dentro das quatro paredes do local de culto estavam preenchidos. Os policiais esquadrinharam a multidão e filmaram o rito funerário. Entre os carregadores do caixão estava Andy Aun, que cantaria o hino nacional junto com Shari na cerimônia de formatura. E, entre os carregadores honorários, havia membros aposentados e da ativa da polícia rodoviária, da Divisão de Aplicação da Lei da Carolina do Sul e do Departamento de Polícia do Condado de Lexington. O pastor da família Smith, o reverendo Lewis Abbott, foi quem presidiu a cerimônia, assistido por seus pares Ray A. Ridgeway Jr. e Graham Lyons, que vieram do Texas para participar do culto. Graham e Nancy, sua esposa, tinham sido vizinhos dos Smith em Colúmbia e eram os melhores amigos da família antes de se mudarem para o Texas.

Ao se dirigir aos Smith, o reverendo Abbott reconheceu que não havia respostas capazes de explicar o que havia acontecido, e aconselhou aos enlutados que não colocassem a culpa em Deus.

— Deus não é responsável pelo que aconteceu aqui. É por causa da confusão, do pecado e da depravação do homem que chegamos a uma situação como esta.

Muitos dos colegas de classe de Shari estavam de mãos dadas, chorando em silêncio.

Ridgeway citou a tragédia que havia abatido o vilarejo de Aberfan, no País de Gales, em 1966, quando as chuvas de primavera saturaram e desestruturaram uma pilha de resíduos de mineração, que deslizou quase setecentos metros montanha abaixo e fez uma escola desaparecer em meio à lama e aos detritos, matando 116 crianças e 28 adultos. O reverendo comentou que um repórter americano, ao contemplar a devastação, falou: "Não consigo acreditar em Deus depois de ter visto isso". Um agricultor galês que procurava pelo filho, respondeu: "Amigo, o Deus que eu conheço está aqui, chorando conosco. Nunca se esqueça de que Ele também perdeu Seu filho um dia".

— E eu acredito que hoje nosso Deus está aqui chorando conosco — concluiu Ridgeway. — Nosso Deus está aqui. Ele se importa. Ele compreende.

Enquanto Hilda, Bob, Dawn e Robert saíam da igreja, agentes da Divisão de Aplicação da Lei se mantinham sempre por perto, os olhos atentos a qualquer sinal de perigo. No trajeto de 35 quilômetros até o cemitério, fitas e laços cor-de-rosa foram amarrados em caixas de correio, portas e placas de sinalização, por sugestão de uma emissora de rádio.

Outra cerimônia foi realizada no Cemitério Memorial de Lexington, diante de centenas de presentes. Perto do fim, quando a família estava voltando para a limusine, um homem de trinta e poucos anos, usando terno escuro e sentado perto do xerife Metts, gritou:

— Me desculpem. Eu peço sua licença. Vocês podem me dar um minuto de sua atenção? Quem quer que seja o responsável por isso, acredito que esteja aqui. Eu amo você e não vou lhe fazer mal. Mostre sua cara agora mesmo. Não existe amargura nem ódio.

Então ele abriu os braços naquilo que a repórter do *State* Debra-Lynn Bledsoe caracterizou como "uma pose evangélica".

Surpresos, os presentes ficaram sem reação, a não ser por uma amiga de Shari, que se jogou no chão gritando que estava com medo de que o homem fosse pegá-la. Metts pegou o sujeito pelo braço e o levou para longe, enquanto os Smith foram conduzidos para a limusine.

O homem foi levado para a delegacia de polícia, onde foi interrogado por duas horas e se mostrou colaborativo. Originalmente, estava na lista de suspeitos, pois era um membro da igreja e tinha um Oldsmobile de um tom de vermelho parecido com um dos carros que havia sido visto perto da entrada da casa dos Smith quando Shari chegara. Mas a voz não era parecida com a das gravações telefônicas e, no fim, os investigadores concluíram que ele não tinha envolvimento algum com o caso.

— Acho que ele se vê como uma espécie de evangelista. Está perturbado com essa coisa toda — comentou Metts. E continuou: — Isso foi estranhíssimo. Essa coisa toda me deixou em choque, assim como todo mundo.

Embora o departamento de Metts se limitasse a afirmar que estava trabalhando dia e noite em uma longa lista de suspeitos e pistas, àquela altura a mídia já sabia dos telefonemas recorrentes à residência dos Smith e do contato feito com Charlie Keyes. As afirmações do suspeito de que "só queria fazer amor com ela" e que as coisas "saíram de controle" estavam em todos os jornais e noticiários.

O capitão Bob Ford declarou que a tensão relacionada ao caso havia deixado os membros do departamento de polícia do condado abalados física e emocionalmente, além de sujeitos a uma enorme pressão autoimposta. Ninguém escapou ileso da carga emocional do caso. Rita Y. Shuler foi a fotógrafa forense da Divisão de Aplicação da Lei da Carolina do Sul acionada para fazer imagens detalhadas e de alta qualidade do "Último Desejo & Testamento" de Shari para análises mais minuciosas, além de boa parte das demais evidências físicas. Em seu impressionante livro sobre o caso, *Murder in the Midlands*, ela descreveu sua experiência ao revelar as fotos tiradas na loja maçônica onde o corpo de Shari foi encontrado:

> *"Havia momentos em que eu trabalhava com fotos e evidências e precisava segurar as lágrimas. Aquela foi uma das ocasiões, enquanto eu revelava o filme e imprimia as fotos. Eu perdi a batalha. Caí no choro.*

Sempre pensei que a pior coisa que poderia acontecer a uma mãe e a um pai fosse perder um filho. Os Smith estavam muito esperançosos, e essa pessoa os colocou em uma montanha-russa de emoções por cinco dias à espera de um telefonema, elevando suas esperanças apenas para no fim reduzi-los de volta ao desamparo total."

Metts explicou que os detetives estavam tentando reconstruir a rotina de Shari nas semanas anteriores ao rapto.

— Nós temos uma noção bem clara de quem eram seus amigos, o que ela fazia e com quem estava até o momento em que desapareceu.

Um dos focos de atenção era o Mercado Popular de Lexington, um mercado de pulgas a pouco mais de um quilômetro da casa dos Smith, onde Shari trabalhava meio período em uma barraca de comidas e bebidas. Os colegas de trabalho a descreveram como uma pessoa inteligente, animada e sempre disposta a ajudar, mesmo nas tarefas que ninguém mais queria fazer.

— Está todo mundo apreensivo por aqui, porque não sabemos quem fez isso, nem se ainda está aqui, nem se vai atacar de novo — disse uma funcionária do mercado que preferiu não se identificar ao *Columbia Record*.

— Estamos nos concentrando no mercado como um local de possível contato entre Shari e a pessoa que a sequestrou — afirmou Metts. — Temos uma lista completa das pessoas que vendem produtos por lá e estamos verificando cada uma.

Entre os incidentes investigados estava um relato de que, cerca de duas semanas antes do rapto, um homem foi colocado para fora do mercado por importunar Shari e outras jovens. Uma denúncia anterior de que alguém na escola a havia ameaçado na manhã em que fora sequestrada não tinha levado a lugar algum.

— Meu palpite pessoal é que estamos procurando por alguém mais velho que um estudante secundarista; talvez entre 25 e 35 anos — comentou o xerife.

— Nós queremos muito pegar esse sujeito — garantiu Ford.

Nesse meio-tempo, Raymond Johnson, de 23 anos, um morador de Darlington, na Carolina do Sul, estava sendo mantido no Centro de Detenção do Condado de Darlington sob acusação de extorsão, pela suspeita de ser o indivíduo que telefonou para Bob Smith cinco ou seis vezes no sábado, antes e depois do funeral. Ele afirmou saber quem tinha matado Shari e que, por 150 dólares, poderia ir à Flórida assassinar o responsável pelo crime. As ligações foram insistentes o bastante para os homens de Metts acionarem o Departamento de Polícia do Condado de Darlington, que apreendeu Johnson por volta das nove da noite em um telefone público diante do mercado Piggly Wiggly, na Pearl Street. O sargento Henry Middleton informou que, naquele momento, Johnson estava à espera de uma audiência para determinação de fiança e de uma avaliação de competência mental.

— Ele ligou para o presidente [Ronald Reagan] um mês atrás e ameaçou matá-lo — contou Middleton. — O sujeito é maluco. Enquanto está tomando o remédio direitinho, não dá trabalho. Mas, quando não toma, faz esse tipo de coisa.

Às 14h21 de sábado, os Smith voltaram do cemitério, e Dawn tinha acabado de trocar de roupa quando o telefone tocou. Ela desceu correndo a escada para atender, sem acreditar que o assassino poderia ligar de novo justamente naquele dia.

A telefonista informou que era uma chamada a cobrar de Shari. Dawn ficou incrédula com a audácia dele, mas aceitou a ligação.

— Hã, Dawn, estou com muito medo agora e tudo mais e...

— Você está o quê?

— Com muito medo e preciso, hã, tomar uma decisão. Eu vou ficar aqui na região até Deus me dar força para decidir qual o caminho... E eu fui ao funeral hoje.

— Você foi?

Isso nós considerávamos possível, porque ele iria querer, pelo menos em sua cabeça, manter a ilusão de que tinha uma proximidade emocional com Shari e de que era um amigo da família. Por outro lado, já havia mentido tanto que aquilo poderia ser só parte da fantasia.

> *— Sim, e eu, aquele policial ignorante... o cara até me mostrou onde estacionar. Uniforme azul... do lado de fora, e eles estavam anotando as placas e tudo mais. Por favor, diga para o xerife Metts que eu não estou de palhaçada com quem quer que seja. Não estou fazendo joguinho algum; essa é a realidade, e eu não sou idiota. Quando ele descobrir o meu histórico, vai ver que sou uma pessoa muito inteligente.*

De acordo com a minha experiência, quando alguém diz que não está fazendo palhaçadas nem joguinhos, é porque está. E pessoas muito inteligentes não sentem a necessidade de sair afirmando a inteligência para os outros. Entre todos esses indicadores psicolinguísticos, porém, o que esperávamos que fosse verdadeiro era que ele esteve no funeral, já que os policiais do condado haviam registrado todos os presentes e estavam entrando em contato com cada um.

Em seguida, ele continuou a fazer joguinhos e palhaçadas com a família.

> *— Quero preencher algumas lacunas aqui entre hoje e o sábado que vem, o aniversário da data em que Shari Faye...*
> *— Sim?*
> *— Eu vou morrer de uma forma ou de outra, ou se Deus me der forças antes disso, quando acontecer, eu ligo para você.*
> *— Entre hoje e o sábado que vem?*
> *— É.*
> *— Acho que você precisa tomar uma decisão antes disso.*

Dawn estava aceitando e assimilando as instruções que passávamos para ela através de Metts e McCarty — reafirmando ou questionando as afirmações que ele fazia e respondendo com uma declaração potencialmente relevante.

— Tudo bem. E, hã, eu vi que o caixão dela estava fechado, mas vocês honraram o pedido de Shari de entrelaçar as mãos dela?

— Sim. Nós fizemos isso, claro.

— Certo, ela... ela vai gostar disso. Vai ficar satisfeita. Certo e, hã, diga ao xerife Metts e ao FBI... Droga, isso é de meter medo, com certeza. Estão tratando isso como se fosse Bonnie e Clyde. Vão vir para matar, e se eu decidir, se Deus me der força para me render nessa situação, eu ligo para você, como falei. Quando eles vierem, quando Charlie Keyes e o xerife Metts descerem do carro, vão me reconhecer. Eu vou até eles, e eles podem me abordar sem atirar em mim nem nada, certo?

Durante essa conversa, pela primeira vez, detectamos um medo real no suspeito e a possibilidade de que estivesse encarando as consequências de suas ações. Sem remorso algum, certamente, mas temendo por seu destino. O fato de ele demonstrar preocupação com o FBI e mencionar que poderia ser tratado como Bonnie e Clyde, destroçados a bala dentro de um carro na década de 1930, era uma indicação positiva para nós, e uma pista comportamental importante. Significava que ele poderia estar demonstrando sinais de tensão para as pessoas com quem convivia: bebedeira ou uso de drogas, perda de peso ou compulsão alimentar, conversas incessantes sobre o caso e interesse obsessivo em saber o que os outros sabiam a respeito. Assim que ouvimos a gravação, avisamos McCarty pelo telefone que aquela seria uma das características-chave do perfil.

O suspeito continuou falando, dessa vez se fingindo de colaborativo:

— Eu a entreguei para o condado de Saluda. Contei exatamente como ela morreu e tudo mais, e, quando tirei a fita isolante dela, saiu muito cabelo e tal, isso vai ser útil para eles. O legista disse que eles estavam com problemas para determinar como ela morreu. E, hã, bem, espere um minutinho e vejamos...

Ele perdeu a linha de raciocínio de novo, e Dawn imediatamente se aproveitou:

— *Onde está a fita isolante?*

— *Hã?*

— *Onde está a fita isolante?*

— *Só Deus sabe, porque eu não sei. Certo, certo, agora escute. Você recebeu o negócio e as fotos pelo correio?*

— *Vai chegar?*

— *A não ser que o FBI intercepte. Está endereçado a você. Fiz Shari Faye endereçar três ou quatro coisas, e está escrito para você com a letra dela.*

Ele disse que haveria um bilhete que "está escrito para você com a letra dela", em que, segundo o suspeito, Shari dizia que pretendia terminar com Richard, o que nós previmos que seria dito. Pelo estudo da vitimologia, sabíamos que aquilo não era verdade, apenas mais uma tentativa desesperada de criar um relacionamento fictício com Shari.

— *Nós conversamos das, hã... na verdade ela escreveu o "Último Desejo & Testamento" às 3h12 da manhã. Ela meio que brincou e disse que ninguém iria se incomodar se fosse arredondado para 3h10. Então, de mais ou menos duas horas da manhã até o momento em que ela soube de verdade, até ela morrer, às 4h58, nós conversamos muito e sobre tudo, e ela aproveitou esse tempo. Disse que estava pronta para partir. Deus estava pronto para aceitá-la como um anjo.*

Depois de enfim expressar um medo genuíno, ele estava tentando mitigar seu terror sugerindo que Shari fez brincadeiras com ele, que os dois conversaram muito sobre todos os assuntos, e que ela estava pronta para morrer. Mas Dawn não o deixaria se desviar da realidade do que fez tão facilmente.

— *Então, o tempo todo, você ficou dizendo que ela iria morrer, certo?*

— *É.*

Ele continuou tagarelando a respeito de mensagens escritas para Dawn sobre o aniversário de Shari, e afirmou que também participou das buscas. Isso não é incomum. Nós descobrimos que os assassinos, muitas vezes, voluntariam-se para participar dos esforços para a localização das vítimas desaparecidas. Eles podem se misturar à multidão, dirimir dúvidas sobre suspeitas a seu respeito e desfrutar da excitação de saber de algo que todos desconhecem, além de sentir que são mais espertos que todo mundo, porque estão saindo impunes.

Naquele momento, Dawn o pressionou ainda mais:

— Você vive me falando que está me contando a verdade. Mas, hã, você me disse que iria se entregar às seis da manhã. Muito bem, o que aconteceu?

— Eu não tive forças.

— O quê?

— Eu não tive forças. Fiquei assustado. Estou muito assustado. Mal consigo ler a minha própria letra.

Então ele estava *mesmo* lendo um roteiro. Dawn continuou pressionando, de forma gentil, mas insistente.

— Não importa o que tenha feito, você sabe que Cristo morreu por você e que pode ser perdoado, e que se você se entregar...

— Você sabe o que aconteceria, Dawn? Você entende que o xerife Metts... o xerife Metts me ajudaria por um ou dois meses e depois descobriria que eu não sou louco, e então eu seria julgado e mandado para a cadeira elétrica, colocado na prisão pelo resto da vida. Eu não vou para... hã... para a cadeira elétrica.

Esse foi mais um exemplo de como ele estava ficando mentalmente descompensado, perdendo a capacidade de reagir de uma forma racional ou metódica, em razão do estresse cada vez maior que vinha sofrendo. O pensamento lógico envolve uma progressão de ideias. Dizer que seria mandado para a cadeira elétrica e depois colocado na prisão pelo resto da vida era um pensamento ilógico, regressivo. Ele começava a desmoronar sob pressão. Nós torcíamos para que cometesse um erro que o entregasse, mas aquele tipo de descompensação emocional também o tornava mais imprevisível e perigoso. Naquele momento, era como se estivesse se agarrando a Dawn como uma boia salva-vidas. Ela, por sua vez, como o tom de voz indicava, ganhava mais força e resiliência. Por causa da explicação que demos a McCarty, Dawn sabia que ele se sentiria intimidado por mulheres dominantes, então passou a desafiá-lo:

— *Você vive pedindo para nós perdoarmos você. Simplesmente não percebe pelo que nos fez passar. Como pôde pensar só no que aconteceria com você?*

A essa pergunta ele não tinha como responder, porque, por ser um psicopata, não tinha noção de empatia.

— *Certo, mais alguma pergunta? Eu preenchi todas as lacunas e tudo mais. O único motivo para você não receber aquela carta hoje, ou talvez na segunda, é se o FBI interceptá-la.*

Naquele momento, o capitão Gasque, da Divisão de Aplicação da Lei da Carolina do Sul, estava no local, escutando tudo. "Anel?", ele anotou em um papel e o entregou a ela. A dúvida era se o suspeito tinha guardado a joia de formatura de Shari como um souvenir.

— *Você pode me dizer onde está o anel? Não sabe mesmo onde está?*
— *Não, eu não sei, Dawn. Mandaria para você se soubesse. Não tenho motivo. Não estou pedindo dinheiro, coisas materiais. Não tenho razão para... Ela não estava usando um anel de formatura quando entrou no carro, então talvez tenha deixado na festa na piscina de onde estava vindo.*

Talvez a última afirmação significasse que tínhamos razão em especular que ele passou toda a tarde de sexta-feira seguindo Shari depois que a viu no shopping. Mas, como havia a certeza absoluta de que ele estava acompanhando a cobertura da imprensa, poderia simplesmente ter lido a respeito da festa.

— *Hã, você pode me dizer onde Shari morreu?*

— *Eu já disse: 4h58 da manhã.*

— *Não, a hora eu sei. Onde?*

— *Sábado de manhã no, hã, condado de Lexington.*

— *No condado de Lexington?*

— *Aham.*

— *Onde no condado de Lexington?*

— *Tem alguma outra pergunta que você queira me fazer?*

— *Eu já estou fazendo! Onde?*

— *Hã, alguma outra coisa?*

— *Você não vai me responder?*

— *Não.*

— *Você disse que, qualquer coisa que eu quisesse saber, iria me contar.*

— *Certo, eu vou contar. Hã, primeiro: eu não sei exatamente a localização. Não sei o nome da estrada, 391 ou algo do tipo, mas bem perto da divisa com o condado de Saluda. Isso é tudo o que eu posso contar. Certo, alguma outra coisa? Preciso desligar daqui a pouco. Às 4h58 da manhã, programe seu despertador, onde quer que esteja, e eu vou ligar para você. Está me ouvindo?*

— *Estou. Nesta madrugada?*

— *Não, no sábado que vem, no aniversário da data. Certo? Eu vou ligar para você e falar a localização exata, assim como fiz com Shari Faye.*

— *Não acredito nisso, porque você não me disse a verdade em momento algum.*

— Ora, disse, sim! E você acredita em tudo, porque é a verdade! Pense melhor e relembre tudo.

— Acho que a melhor coisa que você pode fazer é se...

— Muito bem, Dawn, Deus abençoe a todos nós.

Naquele momento, a ligação foi interrompida.

O telefonema foi rastreado até um posto de serviços RaceTrac em Augusta, na Geórgia, a quase cem quilômetros de Lexington. Mais uma vez, ele não deixou para trás evidência alguma.

O trabalho da polícia do condado e da Divisão de Aplicação da Lei da Carolina do Sul continuava. Quase todos que compareceram ao funeral foram entrevistados. Hilda, Bob, Dawn e Robert passaram horas na sala de estar da família com os investigadores, vendo os vídeos gravados na cerimônia, identificando todos os que conheciam e apontando qualquer um que parecesse suspeito. Como o suspeito tinha falado para Dawn várias vezes que poderia se suicidar, as autoridades investigaram também todas as mortes suspeitas na região, mas não encontraram algo que fosse relevante para o caso. Não havia um vínculo óbvio que levasse aos presos e ex-presidiários para quem Bob Smith tinha pregado como capelão nem alguém que parecesse obcecado por Shari ou Dawn. Os detetives verificaram centenas de veículos que correspondiam às descrições das testemunhas, e concluíram que o mais suspeito era um sedã GMC vinho de um modelo mais recente. A caçada ao assassino de Shari estava sendo noticiada como a maior operação de busca e apreensão da história da Carolina do Sul.

Apesar do que o suspeito tinha dito sobre conhecer a família e ter comparecido ao funeral, os policiais que trabalhavam no caso chegaram à conclusão de que o homem que estavam procurando era um desconhecido sem contato anterior com Shari até o dia em que a raptara.

— Estamos trabalhando com a hipótese de que o sujeito nem sequer a conhecia — anunciou Metts em 8 de junho, uma segunda-feira. — Acho que, se ele a conhecesse, nós já teríamos descoberto alguma coisa a esta altura.

Dois dias depois, ele ainda tentava manter o ânimo:

— Estou otimista — declarou Metts. — Preciso estar. Não vamos desistir, mesmo com o fator tempo trabalhando contra nós. Ainda temos muitas pistas para seguir, e algumas suspeitas bem fortes. Só vou ficar pessimista quando acabarem as pistas e mesmo assim não tivermos descoberto nada.

Ele admitiu que a investigação, que já durava dez dias, vinha sendo um turbilhão de emoções para ele e os detetives, e explicou:

— Em qualquer investigação como essa, você começa com uma lista de teorias e vai trabalhando, descartando o que for possível e conseguindo mais informações sobre o restante.

Metts também declarou à imprensa que estava trabalhando em colaboração direta com o xerife George C. Booth, do Departamento de Polícia do Condado de Saluda, e que o FBI elaborara um perfil que levou seus investigadores a elevarem a estimativa de idade do suspeito de um estudante do ensino médio para alguém na casa dos vinte, trinta e talvez até quarenta anos.

— Os especialistas deram algumas informações que nos convenceram de que estamos à procura de um homem mais velho.

Ele também desafiou publicamente o suspeito, como Dawn havia feito em privado, sobre a questão do suicídio.

— Não acho que ele tenha coragem. Se fosse verdade, já teria feito a esta altura. Ele vem falando sobre isso há cinco dias. Uma pessoa que está prestes a se matar não fica enrolando por tanto tempo.

Era uma boa estratégia a que Metts estava seguindo. Em primeiro lugar, porque era de baixo risco. Apesar das repetidas ameaças do suspeito de se matar ou se entregar, nós não esperávamos nem uma coisa nem outra. Se por um lado os homicidas em massa, como atiradores que promovem massacres em escolas ou locais de trabalho, sabem que as ações vão terminar com a própria morte — seja pelas próprias mãos ou por "suicídio através da polícia" —, o mesmo não valia para o tipo de criminoso em questão, inerentemente covarde e que não tem a menor intenção de sair de cena de forma tão dramática. Além disso, era uma abordagem que chamaria a atenção dele. Nós sabíamos que estava acompanhando a cobertura da mídia, e era importante que continuasse se sentindo sob pressão. Nessas situações, um porta-voz que transmita mensagens com firmeza e um rosto que represente as forças da lei é o que queremos, para que o suspeito perceba o que está enfrentando. As gravações telefônicas tinham deixado mais que clara sua obsessão por Metts, e nós queríamos manter o discurso de que era apenas questão de tempo até que o xerife capturasse a presa.

Em paralelo, o agente especial Tommy Davis, coordenador do programa de análise de perfis no escritório local do FBI em Colúmbia, deu mais detalhes sobre nosso trabalho ao *Columbia Record*:

— Basicamente, eles [os analistas de perfil de Quantico] estão tentando chegar ao retrato de um indivíduo que demonstre todos os traços de alguém que cometeria o crime em questão.

— De forma alguma estamos sem pistas para seguir — acrescentou Metts. — Queremos ter isso [o perfil] como uma ferramenta para usarmos enquanto continuamos indo atrás das nossas pistas.

Várias vezes por dia, Metts se reunia com o xerife Booth, de Saluda, e com o capitão Gasque, da Divisão de Aplicação da Lei, para compartilhar informações e coordenar os esforços. Todas as folgas e licenças foram canceladas até a resolução do caso, e as refeições eram entregues na própria delegacia para os investigadores não precisarem sair para almoçar.

Metts também entrou em contato com os produtores do programa de TV local *Crime Stoppers*, uma parceria entre a imprensa comunitária e as forças da lei, com o objetivo de filmar uma reconstituição do sequestro para tentar obter mais pistas e informações adicionais de eventuais testemunhas.

— Alguém em algum lugar o viu — explicou o xerife. — Alguém em algum lugar o conhece. Precisamos encontrá-lo antes que volte a matar. — E alertou: — Sempre que existe um assassino à solta com esse perfil, a minha opinião é a de que, quando o indivíduo mata uma vez, vai matar de novo.

A recompensa por informações àquela altura estava em trinta mil dólares.

Não houve mais telefonemas do suspeito naquela semana, e começamos a temer que a combinação do tom mais agressivo de Dawn com as declarações públicas de Metts o tivessem levado a se esconder ou fugir para um lugar ainda mais distante da região do que o estado vizinho da Geórgia. Ao mesmo tempo, havia várias famílias relatando o que esperavam ser apenas trotes com ameaças a seus filhos. Os pais assumiram uma postura de vigilância extrema, e as vendas de armas cresceram.

— Sempre que acontece um caso assim, isso estimula imitadores a entrarem em cena — esclareceu Metts. — Uma coisa que descobrimos é que existem muitos psicopatas e sociopatas por aí.

Ele pediu para que todos os que recebessem telefonemas desse tipo informassem seu departamento.

— Estamos indo atrás dessas coisas. As informações de que precisamos para resolver o caso podem estar em uma delas.

A reconstituição para o *Crime Stoppers* foi produzida por uma equipe da WIS-TV em 14 de junho, sexta-feira, duas semanas após o rapto de Shari, e programada para ir ao ar nas emissoras locais a partir da segunda-feira seguinte. As filmagens foram feitas no estacionamento do shopping Town Square e na entrada da residência dos Smith. A estudante do segundo ano da Universidade da Carolina do Sul, Tracy Perry, de 21 anos — uma loira bonita, filha de um agente da Divisão de Aplicação da Lei — fez o papel de Shari. O próprio Chevette azul que a vítima dirigia foi usado, e o namorado, Richard, também participou.

— Nós ficamos conversando um pouco e depois ela saiu do estacionamento e acenou para mim — disse Richard para a equipe de filmagem, contando sobre a última ocasião em que ela foi vista antes do encontro com o assassino.

Na casa dos Smith, o investigador da polícia do condado Al Davis relatou para Tracy — vestindo um biquíni, um short branco e um top amarelo parecidos com os de Shari e comprados na mesma loja, a J.C.

Penney — o que acreditava ter acontecido, e a instruiu a descer do carro descalça. A cena terminava com Tracy indo até a caixa de correio.

Quando perguntada por um repórter sobre o que a levou a participar, Tracy explicou:

— Eu faria qualquer coisa para pegar esse cara. Isso deixou todo mundo morrendo de medo.

Depois da filmagem na entrada da casa dos Smith, os membros da equipe foram para a loja maçônica do condado de Saluda, onde o corpo de Shari foi encontrado. Uma vez lá, encontraram um par de luvas de borracha usado pelo dr. Sexton, o patologista, caído sobre a grama.

NO MESMO DIA, DEBRA MAY HELMICK ESTAVA BRINCANDO COM O IRMÃO E A IRMÃ NA FRENTE DO trailer em que morava no Shiloh Mobile Home Park, com acesso pela Old Percival Road, a cerca de oito quilômetros de Colúmbia, no condado de Richland, que faz divisa com o condado de Lexington, a leste, no lado oposto ao de Saluda, outro condado vizinho. A família Helmick vivia lá fazia uns dois meses. Como Shari Smith, Debra May era loira, bonita e tinha olhos azuis. Mas, ao contrário de Shari, que era uma adolescente, tinha só nove anos. Becky, a irmã, tinha seis, e Woody, o irmão, apenas três anos. Debra May vestia um short branco e uma camisa xadrez. Foi descrita como uma menina quietinha e inteligente que se saía muito bem na escola.

Eram cerca de 15h30, e Debra Louise Helmick, mãe de Debra May (que era chamada assim porque as duas tinham o mesmo primeiro nome), estava se arrumando para ir trabalhar no restaurante Lever's Bar-B-Q Hut, para onde iria de carona com a nova vizinha, Vicky Orr, que morava em um dos outros doze trailers brancos do local com o marido Clay e seus dois filhos. As duas levariam as crianças Helmick, que ficariam com Vicky até que Sherwood, o marido de Debra, de 32 anos, chegasse em casa de seu trabalho como operário de construção. Mas, quando elas estavam saindo, Sherwood chegou, então Debra May e Woody ficaram por lá e continuaram brincando. Becky foi junto com a mãe e Vicky.

Cerca de meia hora depois, um carro prateado com listras esportivas vermelhas apareceu pela única entrada do local e percorreu o curto caminho de acesso aos trailers, que terminava em um bosque. O veículo parou, fez a volta lentamente e foi retornando na direção da saída em baixa velocidade. O motorista parou perto do trailer dos Helmick e, com o motor ainda ligado, abriu a porta.

Ricky Morgan, que trabalhava com instalação e manutenção de telhados e morava do outro lado do caminho, a quatro trailers dos Helmick, estava na cozinha. Embora fosse mais um dia de calor atípico, com a temperatura na casa dos 35 graus, Morgan, de dezenove anos, tinha aberto as janelas em vez de ligar o ar-condicionado. Ele ouviu um barulho que não conseguiu distinguir direito, olhou para fora e viu um homem branco descer do carro, abordar Debra May, agarrá-la pela cintura, arrastá-la para o carro e fugir com a menina aos berros.

— Ai, meu Deus! — exclamou Morgan para a esposa, enquanto o carro partia em alta velocidade. Ele saiu correndo e foi até o trailer dos Helmick.

Sherwood Helmick estava se trocando no quarto com o ar-condicionado ligado, então só conseguiu ouvir gritos abafados. Pensou que fossem as crianças brincando. Mas Johnny Flake, seu colega de trabalho, que havia lhe dado uma carona de volta para casa, gritou para ele do cômodo da frente do trailer:

— Uma das suas crianças está armando o maior berreiro lá fora.

Sherwood saiu às pressas no momento em que Ricky Morgan apareceu correndo. Woody, de três anos, estava escondido em uma moita na lateral do trailer, tremendo de medo e gritando palavras ininteligíveis.

— Você viu que aquele cara levou sua filha? — gritou Morgan, ofegante.

Sherwood contornou o trailer e correu para a estrada, onde não encontrou sinal de Debra May nem do carro. Ele voltou às pressas até onde estava Johnny, e os dois saíram para a Old Percival Road. Quando chegaram à intersecção com a Alpine Road, Sherwood desceu do carro e começou a parar os veículos que passavam, perguntando se alguém tinha visto um automóvel prateado. Uma viatura do Departamento de Polícia do Condado de Richland estava passando, e o pai fez um sinal para que parasse, debruçou-se sobre a janela e gritou para o policial:

— Levaram a minha filha!

O policial pediu reforços, e em pouco tempo uma operação de busca foi organizada.

Debra Helmick estava no depósito dos fundos do Bar-B-Q Hut quando ouviu o telefone tocar. Enquanto caminhava para a cozinha com a lata de carne de porco e feijão que tinha ido buscar, o gerente veio correndo até ela e avisou:

— Pegue a bolsa. Sua sogra está vindo buscar você.

Minutos depois, a mãe de Sherwood chegou e contou a Debra o que havia acontecido. Quando vieram de Canton, em Ohio, os Helmick moraram com ela até se instalarem no Shiloh Mobile Home Park.

Assim que foi notificado, Frank Powell, o xerife do condado de Richland, começou a se perguntar se o caso não teria relação com o rapto de Shari Smith. Fazia exatamente duas semanas que Shari havia sido sequestrada na frente de casa; as duas eram meninas loiras de olhos azuis, e os Helmick moravam a cerca de quarenta quilômetros dos Smith. Powell entrou em contato com os xerifes dos outros dois condados e convocou todos os seus policiais para conduzir as buscas. Pouco depois, um avião e um helicóptero já estavam sobrevoando a área para ajudar.

Ricky Morgan era a única testemunha ocular do incidente, e forneceu aos detetives e ao artista de retratos falados da polícia a descrição de um homem branco, entre trinta e 35 anos, com mais ou menos 1,75 metro de altura, por volta de noventa quilos, barriga de chope, barba curta, bigode castanho e cabelos com entradas de calvície na testa. O carro, que ele achava que podia ser um Chevrolet Monte Carlo ou um Pontiac Grand Prix, era prateado e de um modelo recente. Morgan conseguiu ver que a placa era da Carolina do Sul, mas só conseguiu enxergar a letra "D", a primeira da sequência. O suspeito estava de short e uma camiseta clara sem mangas. Quando se aproximou das crianças, parecia estar conversando com os dois, mas então agarrou Debra May de forma repentina. O vizinho contou também que a franzina menina de nove anos reagiu, esperneando, gritando e apoiando os pés no teto do carro até o criminoso conseguir colocá-la para dentro.

Quando foi entrevistado pelos policiais, o pequeno Woody, ainda apavorado, falou:

— O homem mau falou que ia voltar para me pegar.

— A esta altura, não sabemos qual é a situação que temos aqui — declarou o xerife Powell à imprensa. — É uma ironia que seja exatamente o aniversário de duas semanas, por assim dizer, de quando Shari Smith desapareceu. Mas, no momento, eu preciso enfatizar que não temos qualquer coisa que indique uma relação entre os dois casos, a não ser que a menina está desaparecida e nós achamos que se trata de um crime.

A família ficou à espera de notícias, nem que fosse um telefonema ou uma carta pedindo resgate. O trailer não tinha telefone, mas Debra May sabia de cor o número do escritório da gerência do Shiloh Park. A linha foi monitorada noite e dia, mas nem a menina nem o responsável pelo desaparecimento entraram em contato.

II

NA CENA DO CRIME

9

Na segunda-feira, 17 de junho, a foto de Debra May Helmick já estava na mídia, junto com a de Shari Smith. A agência de notícias *Associated Press* soltou uma matéria com a manchete POLÍCIA PROCURA SUSPEITOS EM ONDA DE RAPTOS com as imagens das duas lado a lado. Retratos falados do homem de barba apareceram em todos os jornais locais e regionais, além de serem exibidos na televisão.

A polícia logo tratou de esclarecer que essas imagens, em geral criadas com a ferramenta Smith & Wesson Identi-Kit, não foram feitas para ser uma reprodução exata da aparência do suspeito, e sim uma ferramenta usada para ajudar as testemunhas a descartarem o máximo possível de suspeitos. Meses mais tarde, o Identi-Kit ganharia fama pela eficácia na identificação do assassino Richard Ramirez, o Perseguidor Noturno, em uma loja de bebidas em Los Angeles. Curiosamente, alguns artistas de retratos falados afirmam que mulheres e crianças se saem melhor na tarefa de gravar e descrever rostos do que os homens, e que, às vezes, é permitido que crianças pequenas brinquem um pouco com o kit para criarem um esboço de imagem.

Com dois raptos possivelmente relacionados nas mãos, o vice-xerife Lewis McCarty viajou até Quantico para uma reunião conosco. Conforme declarou o xerife Powell, do condado de Richland, nós não tínhamos certeza de que os crimes tinham alguma conexão, mas havia similaridades suficientes para as autoridades não ignorarem essa possibilidade. Havia a preocupação de que o assassino de Shari fosse atacar de novo e, entre outras coisas, nós da Unidade de Ciência Comportamental éramos especialistas no reconhecimento de padrões. O intervalo de duas semanas entre os dois crimes era uma coincidência grande demais para não ser levada em consideração.

Logo depois do almoço, Ron Walker e eu fomos receber McCarty no saguão da Academia, em frente ao balcão da recepção. Ele era um homem de boa constituição física, altura mediana e cabelos claros, e estava usando óculos escuros no estilo aviador. Foi cordial e parecia contente por voltar a Quantico, mas percebi, pelo tom de voz e pela linguagem corporal, que estava passando por um período de grande estresse. Nossa expectativa era a de que, em sua visita, ele sentisse que poderia dividir conosco o peso da pressão a que estava submetido junto a seus colegas de uniforme. Nós o informamos de que tínhamos reservado um quarto privativo VIP com banheiro em nossos alojamentos, para ele não precisar dividir as acomodações com ninguém.

Seguimos pelo longo corredor até o prédio de ciência forense, onde ficavam os nossos escritórios, e o levamos à sala de Roger Depue, para apresentá-lo ao chefe da unidade. Roger sempre foi um grande apoiador nosso e, quando recebíamos alguém de um departamento de polícia a quem prestávamos consultoria, ele fazia a pessoa se sentir bem-vinda e lhe garantia que podia contar com o apoio do bureau. Em seguida, conduzimos McCarthy até o nosso local de trabalho e o apresentamos aos demais agentes da Unidade de Ciência Comportamental. Terminadas as formalidades, fomos direto à sala de reuniões, onde Jim Wright e outros quatro analistas de perfis já estavam trabalhando. Também contávamos com dois agentes da Seção de Ciência Forense, o que havia se tornado uma prática rotineira para casos prioritários, pois eles poderiam responder as nossas dúvidas sobre evidências e testes científicos que haviam sido conduzidos ou que seriam recomendáveis.

Tive que admitir que era difícil manter a objetividade naquele caso. Minha filha mais velha, Erika, tinha nove anos, a mesma idade de Debra

May, e também era loira de olhos azuis. Sua irmã, Lauren, tinha apenas cinco, e elas brincavam sozinhas na frente de casa, assim como Debra May e Woody faziam naquele dia. Não havia como eliminar a sensação de que "Poderia ser a minha filha!", que estava o tempo todo martelando no fundo da minha mente.

Caso se tratasse do mesmo criminoso, nós estávamos quase certos de que, considerando a intensidade das sensações que surgiram dentro dele depois da gratificação que obteve com o rapto e o assassinato de Shari, e a inevitável ressaca emocional que se seguiu, a vontade de fazer a mesma coisa se tornaria cada vez mais forte. Ele não queria se matar, nem se entregar; queria outra Shari para chamar de sua. Caso não conseguisse encontrar uma, recorreria à vítima de oportunidade mais próxima que pudesse — nesse caso, uma menina de nove anos que não ofereceria muita resistência e estaria completamente à sua mercê. Ele devia ter ficado surpreso ao ver o quanto Debra May lutou para não ser levada.

McCarty nos forneceu a vitimologia. Todos com quem os investigadores haviam conversado descreveram Debra May como uma menina meiga, obediente e comportada, um tanto tímida em comparação com as outras crianças. Não mostrava apreço pelo perigo, e aquele era um crime de baixo risco para ela e de alto risco para o perpetrador, já que o pai estava a menos de cinco metros do local e havia apenas uma entrada de veículos que dava acesso aos trailers.

Embora os Helmick morassem lá havia apenas dois meses, eram pessoas benquistas, que tinham feito amizade com vários de seus vizinhos. Quando a mãe de Debra May chegara do restaurante, havia um grupo de pessoas reunidas diante do trailer para oferecer apoio e aguardar por notícias.

Se o assassinato de Shari Smith já tinha colocado a comunidade de cabelo em pé, contou McCarty, o rapto de Debra May Helmick deixou todo mundo à beira de um ataque de nervos. Coisas como aquelas não deveriam acontecer em cidadezinhas tranquilas do interior do país. E, além dos casos de Shari e Debra May, ainda havia o homicídio não solucionado de Marilee Whitten, de dezessete anos, cujo corpo despido e parcialmente decomposto fora descoberto ao sul do condado de Richmond quatro dias depois de seu desaparecimento e poucas semanas antes dos crimes cometidos contra Shari Smith. Marilee havia sido espancada com o que mais tarde se descobriu ser um pedestal metálico de abajur, e morreu em virtude dos traumas contundentes. A polícia já interrogara um jovem que trabalhava com ela em meio período em uma clínica veterinária, mas ainda não havia elementos suficientes para prendê-lo, então era preciso considerar a hipótese de que o assassino poderia ser o mesmo suspeito que atacou Shari e Debra May. (Mais tarde, o colega de trabalho de Whitten, James Fossick, foi julgado e condenado pelo homicídio.)

A população local estava abalada também pelo desaparecimento de Arthur Hess, ex-chefe de polícia de Columbia, cujo carro com manchas de sangue fora encontrado em um shopping em 6 de junho, e de Mary McEachern, sócia da imobiliária em que Hess trabalhava, cujo sumiço fora notificado algumas semanas depois.

A situação ficou ainda mais assustadora com a notícia de que uma estudante de dezenove anos da Universidade da Carolina do Sul fora sequestrada sob a mira de uma arma por um homem que entrara em seu carro quando ela estava parada em um semáforo a caminho da lanchonete fast-food onde trabalhava em Colúmbia. O criminoso apontara um revólver para ela e tinha exigido que o levasse para Charleston. Seis horas depois, quando chegaram lá, ele fugira, deixando-a sã e salva, depois de uma viagem que demorara muito mais que deveria por causa das fortes chuvas que caíram na estrada. A vítima o havia descrito como um homem de cerca de vinte anos, 1,80 metro, mais ou menos oitenta quilos, com cabelos loiros cortados curtos e uma tatuagem do Corpo de Fuzileiros Navais no braço esquerdo.

As autoridades não achavam que esses casos tivessem relação com os de Shari ou Debra May, porém se tratava de uma situação cada vez mais estressante, que levava as pessoas a questionarem os pressupostos mais elementares sobre a segurança do lugar onde viviam.

A população estava furiosa. Como Robert Gillespie, um funcionário de uma loja no condado de Lexington, declarou ao *Charlotte Observer*:

— Quase todo mundo diz que se ele [o assassino de Shari] fosse pego por alguém antes da polícia, as pessoas teriam o maior prazer em poupar o Governo do gasto extra na conta de luz [com a cadeira elétrica].

O xerife Powell, do condado de Richland, informou que, na segunda-feira, o departamento já havia verificado 186 pistas sobre a identidade do sequestrador de Debra May, todas infrutíferas. Ele também expressou, em uma nota oficial, sua preocupação com o fato de que o número crescente de raptos e pessoas desaparecidas na região poderia incentivar a ação de imitadores:

"Em razão da enorme publicidade recebida pelos sequestros recentes na região central do estado, outros indivíduos podem se sentir tentados a cometer o mesmo ato. Infelizmente, existem indivíduos depravados que podem pôr em prática suas fantasias bizarras imitando as ações perpetradas por outros."

Ele também assinalou que o medo disseminado entre a população estava prejudicando o trabalho das forças da lei, porque as pessoas se apressavam em acionar a delegacia caso seus cônjuges ou filhos estivessem quinze minutos ou meia hora atrasados em relação ao horário em que chegavam em casa. A realidade chegou ao ponto de as autoridades da Igreja serem acionadas em busca de conselhos para acalmarem os paroquianos.

McCarty nos contou que havia uma testemunha promissora. Uma mulher que passara na frente da casa dos Smith momentos antes de Shari ser raptada contou ter visto um homem que parecia estar conversando com ela quando se aproximava da caixa de correio. Ele se encaixava na descrição do criminoso que levou Debra May, e batia parcialmente com os relatos fornecidos por outras duas testemunhas que estavam na Platt Springs Road por volta do mesmo horário. Um minuto ou dois mais tarde, a mulher viu um carro de modelo recente da Chevrolet, vinho, a ultrapassando em alta velocidade, e então reduzindo de repente. O motorista não parecia estar prestando atenção no trânsito, e sim preocupado em falar com a garota no banco do carona, que parecia ser a mesma vista junto à caixa de correio. A mulher buzinou, e o carro vinho mudou de pista. Ela seguiu seu caminho e não pensou mais a respeito do incidente até que a história do sequestro e assassinato começou a dominar o noticiário, o que a levou a fazer a associação entre uma coisa e outra.

Metts ainda se mostrava resistente em relacionar os dois raptos, porque, no caso de Debra May, o suspeito a levara à força, em vez de ameaçá-la com uma arma, e não fez telefonemas à família da vítima. Além disso, as descrições dos veículos usados também eram diferentes. Dissemos para McCarty que isso não bastava para tirar conclusões definitivas; um indivíduo com o tipo indicado pelo perfil que elaboramos não se sentiria confiante de que conseguia colocar uma adolescente à força em seu carro e concluiria que poderia controlá-la de forma mais eficiente com uma arma. Já uma menina de nove anos e 1,20 metro poderia não reagir conforme ele queria a uma arma, podendo até pensar que se tratava de um brinquedo, porém seria bem mais fácil subjugá-la. E a diferença de idade entre as vítimas não era surpresa alguma. Se ele fosse raptar outra jovem, como já havíamos mencionado, procuraria alguém como Shari. Mas, se não encontrasse sua vítima de preferência, levaria quem fosse possível, desde que fosse fácil de controlar. Nós achávamos que o fato de Debra May também ser uma garota loira e bonita era relevante para sua escolha como vítima.

Não havíamos registrado o nosso perfil por escrito, o que era de praxe em casos em andamento quando não queríamos que algum documento vazasse. Ao invés disso, McCarty fez anotações detalhadas enquanto estávamos sentados ao redor da mesa de reuniões.

Principalmente depois do caso Helmick, se fosse o mesmo indivíduo e ainda estivesse com Debra May, ele deveria estar sob extrema pressão mental. Uma mudança de aparência seria notada pelas pessoas com quem convivia. Caso usasse barba e bigode, como o retrato falado indicava, provavelmente iria raspá-los, e poderia estar ganhando ou perdendo peso. O suspeito acompanhava de perto a cobertura da imprensa, inclusive recortando e guardando matérias de jornal. Se fosse meticuloso e compulsivo em seus hábitos, como presumíamos, era provável que arquivasse tudo em ordem cronológica. Além disso, não resistiria à tentação de discutir o caso em detalhes com qualquer um que se mostrasse disposto a ouvir. Os amigos e familiares deviam estar surpresos por sua obsessão com o assassinato de Shari Smith e o desaparecimento de Debra May Helmick, sem entender o motivo dessa fixação.

Ron Walker e Jim Wright revisaram todos os aspectos decisórios que levaram à elaboração do perfil que estávamos apresentando a McCarty e afirmaram que os novos desdobramentos não implicavam necessidade de alteração alguma. Em seguida, expandimos o escopo da discussão para fornecer a McCarty exemplos concretos de como os elementos presentes nos perfis poderiam ser úteis em outros aspectos da investigação. Considerando nossa pressuposição de que o suspeito teria uma coleção de material pornográfico com foco em práticas como *bondage* e sadomasoquismo, aconselhamos que, caso identificassem alguém relevante, isso era algo a ser incluído no pedido de mandado de busca na residência.

Embora a cronologia de cada assassino seja diferente, explicamos que a nossa pesquisa sobre a mentalidade dos serial killers revelara que o crime começa como uma fantasia em sua mente, que em termos gerais pode ser interpretada como alguma forma de empoderamento pessoal e sexual. A fantasia ganha corpo até ele se sentir pronto para agir. No entanto, a realidade nunca é tão satisfatória quanto a imaginação, e ele se decepciona e passa por uma espécie de período de resfriamento emocional antes que o ciclo comece de novo. No caso desse suspeito, que já tinha matado pelo menos uma vez, da mesma forma que havia um conflito entre o senso de engrandecimento pessoal e um sentimento de inadequação profundamente enraizado, também haveria um conflito entre a pressão que estava sentindo e a gratificação obtida como a celebridade vivendo no anonimato, ampliada pela capacidade de manipular a família Smith em meio ao luto. Se conseguisse escapar ileso por mais tempo e em mais ocasiões, seu M.O. se tornaria mais refinado, e ele se sentiria confiante quando atacasse de novo. Isso, por sua vez, tornava-o ainda mais perigoso.

Também alertamos que, além do fato de a família Helmick não ter telefone, poderia haver outra razão para ele aparentemente não ter tentado fazer contato. Se por um lado Shari parecia uma adulta e uma companhia apropriada, alguém que foi morta apenas para ele não ter que perder a liberdade, Debra May tinha apenas nove anos, era uma menina miudinha que não serviria como uma parceira romântica e sexual para o suspeito em circunstância alguma. Ele não deveria estar se sentindo muito bem por sequestrá-la nem poderia amenizar a situação criando a ilusão de que era um amigo da família, ou que tinha algum relacionamento plausível com a vítima. Caso tivesse um resquício de respeito próprio, tratava-se de um crime que lhe causava vergonha.

Nosso objetivo, conforme explicamos para McCarty, era atrair sua atenção de alguma forma enquanto Debra May ainda estivesse viva — e antes que ele pudesse voltar a matar.

Depois de cerca de cinco horas de reunião, subimos até o Boardroom para beber alguma coisa e descontrair um pouco depois de uma discussão tão intensa. Boardroom era o nome oficial do bar e lounge da Academia, um lugar bastante procurado no fim do expediente. Continuamos a conversar sobre o caso com McCarty enquanto bebíamos, e durante o jantar no refeitório.

Ao longo do dia, senti que havia desenvolvido uma boa relação com McCarty — em parte, talvez, porque ele já tivesse passado pelo programa da Academia, mas também pela forte empatia que percebia nele pelas vítimas e por suas famílias, além de uma dedicação intensa à profissão. Um xerife ou vice-xerife está sempre se dividindo entre a parte administrativa e política do trabalho, além da investigativa. Eu sabia que, assim como o xerife Metts, McCarty era um bom gestor. Mas, depois de muitas horas de convívio, percebi que era ele quem estava tocando a investigação no dia a dia, e Ron e eu queríamos estar a seu lado nisso, se pudéssemos.

McCarty foi embora no dia seguinte, depois de se despedir de cada um dos agentes que conhecera e de agradecer a Roger Depue pela hospitalidade. Foi para casa com o que relatou ser uma lista de 22 pontos com conclusões e características relacionadas ao suspeito.

— Eu conheço o sujeito — anunciou ao voltar. — Agora só precisamos descobrir o nome dele.

E, como parecia ser um caso em andamento envolvendo um serial killer que estava atraindo atenção da mídia e gerando enorme medo na região central do estado da Carolina do Sul, Robert Ivey, o chefe do Conselho Consultivo Estudantil de Colúmbia, e o xerife Metts requisitaram que oferecêssemos consultoria às forças da lei no próprio local.

Aquilo significaria deixar de lado todos os outros casos em que eu estava trabalhando, mas achei que deveria, sim, ir para lá, e solicitei que Ron me acompanhasse.

— Houve uma série de ligações — contou Ron Walker —, e a conclusão foi: "Certo, nós precisamos ir para lá agora mesmo". Decidimos, então, levantar acampamento e partir. Lembro que foi uma coisa bem em cima da hora, fazer a viagem no dia em que fizemos.

Tanto Ron como eu sabíamos que se tratava de um caso — mais de um caso, àquela altura — que estava afetando uma comunidade inteira; então, talvez, se estivéssemos no local, poderíamos ajudar mais. Arrumamos nossas malas e pegamos um avião para Lexington.

10

McCarty foi nos buscar no Aeroporto Metropolitano de Colúmbia e tratou logo de nos familiarizar com a região. Ele nos levou a cada uma das cenas de crimes — a entrada para a residência dos Smith e a caixa de correio, a loja maçônica do condado de Saluda e o Shiloh Mobile Home Park. Ele não tinha exagerado sobre o calor. Estava quente e úmido demais, mesmo para os padrões dos verões terríveis que tínhamos na Virgínia. Aquela foi a principal razão para eu optar por uma roupa mais causal, em vez do traje padrão de agente do FBI, com um terno escuro e bem passado, camisa branca e gravata discreta.

No caminho entre um local e outro, McCarty explicou alguns problemas relacionados a uma investigação que envolvia diferentes jurisdições. Desde o caso Helmick, tinha surgido um certo grau de conflito entre os xerifes de Saluda e Richland. Parecia que cada um estava tentando atrair as manchetes para si e usar de influência política na condução dos casos.

Aquela região mostrava um contraste profundo com o lugar onde Ron e eu morávamos na Virgínia, onde tudo era tão urbanizado que, para onde quer que se olhasse, havia um novo condomínio ou centro comercial em construção. Lexington era uma cidadezinha sulista de tamanho razoável; na verdade, quase um subúrbio de Colúmbia. A área ao redor, porém, era bem rural, dominada por propriedades agrícolas e bosques, mas também com muitas áreas desmatadas, em boa parte cobertas por *kudzu*. Talvez fosse porque nós vínhamos do ambiente de pressão implacável do FBI, mas a impressão era a de que se tratava de um local onde a vida seguia um ritmo mais lento e tranquilo. Por outro lado — e talvez fosse só uma projeção minha, ou algo induzido pelo que Lewis McCarty vinha dizendo —, havia uma tensão no ar, em razão da sequência de casos criminais não resolvidos.

Mais cedo naquela semana, alguém tinha encontrado ossos em um bosque do condado de Richland, e começaram a circular boatos de que eram os restos mortais de Debra May ou alguma outra vítima desconhecida. A equipe do xerife Powell investigara e apurara que eram restos mortais de um cervo. Diane Beardslee, a diretora de jornalismo de uma rádio de Colúmbia e mãe de três adolescentes — responsável pela campanha das fitas cor-de-rosa em homenagem a Shari — estava organizando uma Cruzada de Fitas Cor-de-Rosa, que promoveria palestras e seminários de autodefesa.

— Esses crimes recentes horrorosos nos afetaram muito — explicou Beardslee. — Como a comunidade de Colúmbia é muito unida, estamos vendo essas coisas terríveis acontecendo com pessoas que conhecemos. Justamente quando você pensa "Isso nunca vai acontecer comigo", acontece com seus vizinhos.

Ela falava por toda a comunidade quando declarou:

— Toda vez que um dos meus filhos sai pela porta, rezo a Deus para que volte para casa em segurança.

Pessoas desconhecidas começaram a ser encaradas com ressalvas, veículos de fora tinham as placas anotadas, como uma pessoa que morava no condomínio de trailers North Gate, em frente ao Shiloh Park Mobile Home, disse em entrevista à imprensa:

— Não tem mais muita gente deixando os filhos brincarem sozinhos lá fora. É um resultado direto do sequestro. Isso assustou muita gente e me deixou com medo pra cacete, com o perdão da palavra.

À espera de notícias, os Helmick estavam em um estado de aflição semelhante ao dos Smith. Em uma matéria escrita por Aad van Kampen para o *Columbia Record*, Sherwood Helmick declarou que estava se recuperando do "colapso" que sofreu depois que Debra May foi raptada na frente de seu trailer na sexta-feira anterior e que vinha se agarrando a esperanças e orações para que ela fosse encontrada com vida. Mas acrescentou que estava preparado para o pior, e que a esposa, terrivelmente deprimida, não conseguia mais trabalhar e estava sob acompanhamento médico.

— Na verdade, nem sei se ela está totalmente consciente da situação — declarou. Tudo era bastante compreensível. — Estamos ouvindo muita coisa ultimamente — relatou ao jornalista. — Ontem apareceu uma história que encontraram a minha garotinha em uma mata em algum lugar. E esta semana recebi três telefonemas de gente dizendo que sabia onde ela estava. Essas pessoas são doentes.

Ele contou que também não estava indo ao trabalho naquela semana, e que não perdia os outros dois filhos de vista nem por um minuto.

— Tem um maluco à solta por aí, e nunca se sabe o que ele pode fazer.

Mas, assim como no caso dos Smith, as manifestações de amor e apoio da comunidade estavam sendo importantíssimas para ele, e esse tipo de reação sempre me deixava comovido e impressionado. Existem muitos clichês sobre o estilo de vida nas cidadezinhas do interior, mas eu testemunhei pessoalmente vários exemplos de pessoas fazendo de tudo para apoiar umas às outras em momentos de turbulência ou de crises.

— Sou muito grato à comunidade, de verdade — declarou Sherwood Helmick. — Todo dia, aparecem aqui até oitenta pessoas oferecendo comida e dinheiro. É uma coisa fantástica, e eu gostaria de agradecer por esse apoio.

Assim como havia acontecido com os Smith, amigos e vizinhos se organizaram para fornecer a alimentação da família, e o reverendo Max Pettyjohn, ministro associado da Igreja Batista de Woodfield Park, em Dentsville, abriu uma conta para doações em benefício dos Helmick, apesar de a família não frequentar sua congregação, e incentivava os paroquianos e o público em geral a contribuírem. Outros amigos organizaram um jantar beneficente.

Pettyjohn relatou que estava visitando a família com frequência, tentando proporcionar um pouco de "alívio da enorme tensão estando ao lado deles".

Sherwood expressou admiração pelo esforço que o departamento do xerife Powell vinha fazendo e, também, uma visão otimista de que "ele vai resolver esse caso em questão de alguns dias".

CIRCULANDO PELO BOSQUE ATRÁS DA LOJA MAÇÔNICA, ME CONVENCI AINDA MAIS DE QUE O suspeito só poderia ser um morador local que conhecia muito bem a região. Não é possível encontrar um lugar como aquele por acaso. E o fato de as três cenas do crime ficarem em condados distintos nos fez questionar que ele poderia ter sofisticação criminal suficiente para saber que até departamentos vizinhos de aplicação da lei muitas vezes enfrentam dificuldades de comunicação e de coordenação de ações, e que, portanto, era vantajoso espalhar os delitos por diferentes localidades. Lembrei-me de um caso em Idaho em que ocorreram assassinatos bem semelhantes em condados vizinhos mais ou menos na mesma época, e a polícia de nenhum dos dois estava ciente disso. Não é uma questão de incompetência no estabelecimento de vínculos entre os crimes — quando os investigadores não são capazes de relacionar dois ou mais casos. Naquela situação específica, os policiais não tinham conhecimento do que havia ocorrido no outro condado.

McCarty nos deixou no hotel de beira de estrada onde ficaríamos hospedados. Era uma construção de apenas um andar e, pelo que me recordo, nem um pouco luxuosa, mas atendia às nossas necessidades básicas, que eram tomar banho e dormir.

Na manhã seguinte, ele nos buscou e nos levou a uma lanchonete próxima, onde insistiu para que tomássemos um verdadeiro "café da manhã sulista". Comemos filé de frango empanado, ovos, creme de milho, torrada com manteiga e mais um monte de outras coisas. Foi a primeira vez que Ron e eu encaramos um bife logo no café da manhã. Havia um policial fazendo uma refeição parecida em outra mesa, e acho que foi meu parceiro que perguntou a Lew se eles comiam assim todas as manhãs.

De lá, fomos direto para o Departamento de Polícia do Condado de Lexington, para conhecer todas as pessoas-chave que trabalhavam no caso. Jim Metts pareceu feliz em nos ver; era um daqueles tipos que exalavam carisma, com uma postura de autoridade e aquela capacidade comum a todos os políticos com carreiras de sucesso de fazer você se sentir a pessoa mais importante no recinto, não importa com quanta gente tenha acabado de falar. Em uma observação rápida da dinâmica do departamento, pareceu claro que, embora McCarty fosse um investigador de primeiríssima linha e a relação entre os dois fosse boa, Metts era a personificação da lei e da ordem na área. Aquilo me fez lembrar das histórias do Velho Oeste sobre o juiz Roy Bean, do Texas, que era descrito como "a lei a oeste do rio Pecos".

A sala de Metts também era imponente, com uns dez metros de comprimento e um pé-direito de cerca de três metros. As paredes eram cobertas de placas, certificados, fotografias, homenagens por resolver casos de assassinatos e outras lembranças. Ele parecia ter fotos com todo escoteiro ou bandeirante de quem já comprou uma caixa de biscoitos. Do lugar de onde eu vinha, esse tipo de coisa era chamado de "parede do ego". Ron contou que, nos seus tempos de Forças Armadas, era a "parede da carência". Fosse como fosse, ficou evidente que o xerife era uma figura vital para a região e como foi inteligente da parte dele se tornar o rosto público da lei naquele caso.

Também era óbvio que, independentemente de quais fossem seus sentimentos em relação à jovem assassinada e à menina desaparecida no condado de Richland, ele tinha um respeito profundo por Bob Smith pelo trabalho que fazia com presos e jovens problemáticos, e que o considerava um amigo de verdade. Claramente, ele faria tudo que pudesse dentro do que a lei permitia.

Metts se sentou a sua mesa enorme. McCarty, Bob Ivey, Ron e eu nos acomodamos em um semicírculo ao redor.

Meu parceiro e eu repetimos que eles poderiam esquecer a ideia de que o suspeito pudesse se matar. Ele estava gostando de receber tanta atenção e do poder de manipular todo mundo em tamanha escala. As demonstrações de depressão e desânimo que expressou nos telefonemas a Dawn já teriam sido aliviadas pela excitação e satisfação de ter raptado Debra May. Embora achássemos que não estivesse se sentindo muito bem com esse crime, àquela altura ele já teria desenvolvido a confiança de que poderia sequestrar outra garota quando quisesse e sair impune. Também deveria estar fortalecendo sentimentos de animosidade e desprezo pelas forças da lei, que consideraria justificados pelo fato de não ter sido capturado. E, embora fosse possível que Debra May ainda estivesse viva e que ele estivesse tentando abusar dela, não havia a possibilidade de que fosse libertada, já que, nesse caso, forneceria uma descrição completa do criminoso.

Considerávamos que a nossa melhor chance era descobrir a localização do cativeiro e montar uma operação relâmpago com a participação da SWAT para resgatá-la. Mas, por mais que Metts se sentisse obrigado a fazer declarações para a mídia, não queríamos alimentar grandes esperanças em alguém naquela sala.

Os telefonemas do suspeito para os Smith foram extremamente dolorosos para a família, e eram parte do jogo de gato e rato que ele vinha fazendo com as autoridades e a imprensa, mas continuavam sendo a melhor possibilidade para obter o máximo possível de informações e de forçá-lo a cometer um erro. Portanto, era preocupante para a investigação que ele tivesse interrompido as comunicações.

— Ele parou de ligar para os Smith — lamentou Metts.

— Eu vou fazê-lo ligar de novo — afirmei.

Para mim, aquele era um dos motivos para eu estar lá.

11

A residência dos Smith era uma construção de tijolos com duas janelas que se projetavam do telhado inclinado na parte principal da casa. Da porta da frente, a caixa de correio, localizada na Platt Springs Road, no início do caminho íngreme de acesso à casa, parecia bem distante. Era possível entender por que o criminoso não estava com medo de que alguém pudesse ver o que ele estava fazendo.

McCarty nos levou até o local e nos apresentou aos quatro membros restantes da família. Estavam todos claramente abalados, com um sentimento que eu descreveria como desamparo e desesperança no olhar. Mas não estavam chorando, mantinham alguma medida de controle emocional. Os policiais e agentes da Divisão de Aplicação da Lei da Carolina do Sul que permaneciam na casa colaboravam para a atmosfera de desconforto e ansiedade. Não falei muito com Robert, que parecia preferir que os pais conduzissem toda a comunicação comigo e com Ron. Mesmo em seu momento de luto, Dawn continuava muito bonita, e com uma semelhança notável com as fotos que tínhamos visto da irmã. Parecia jovem e ao mesmo tempo madura, e me perguntei o quanto dessa maturidade não deveria ter se desenvolvido à força nas duas semanas anteriores.

Era uma casa mobiliada ao estilo tradicional e bem conservada. O perfil que tracei dos proprietários foi o de pessoas cuidadosas e atentas a detalhes, porém sem exageros. Todos os indícios apontavam para uma família normal de classe média, conservadora nos hábitos e comportamentos, mas não de uma rigidez excessiva.

Perguntei se poderia ver o quarto de Shari, e Dawn nos levou ao andar de cima. Estava tudo intacto, da mesma forma de quando sua ocupante esteve lá pela última vez. Como seria de se esperar, isso não é incomum em famílias que perderam filhos de forma repentina e trágica. Havia cortinas floridas nas janelas, combinando com as cobertas em tons de azul e bege da cama, que Dawn contou terem sido um presente dos avós paternos. Ela revelou que as de seu quarto eram idênticas, e estavam penduradas nas paredes que a própria Dawn havia pintado de cor-de--rosa. Expliquei a ela que era possível, ao analisar o quarto de Shari, ter uma boa ideia de como ela era.

Fora a arrumação impecável, parecia um quarto bem típico de adolescente, ainda que uma de inclinações religiosas. Além das habituais bonecas e lembranças da escola, havia, na parede, uma cruz e quadros com temas bíblicos. O que mais chamava a atenção, porém, era uma coleção de coalas de pelúcia de todos os tipos e tamanhos. Dawn explicou que ela mesma começou a colecioná-los, porque o animal era o mascote do Columbia College, e que a irmã se encarregou de ampliar a coleção. Shari adorava aqueles bichinhos, contou Dawn, e todos os amigos sabiam disso, por isso muitos haviam sido presentes deles.

O plano estava se desenhando na minha mente. Tínhamos dois fatores positivos com que trabalhar: Dawn era parecidíssima com Shari e, a julgar pela maneira como ele continuava procurando por ela em seus telefonemas e pelo fato de ter confundido as duas em uma conversa, o suspeito estava claramente obcecado pela irmã mais velha de sua vítima.

Observei todos aqueles coalas com atenção, imaginando Shari abraçando-os, acariciando-os, arrumando-os na prateleira. E então pensei no suspeito, pegando um deles como um souvenir, como uma outra forma de exercer sua posse sobre ela. Refleti sobre uma maneira de sacudir um daqueles bichinhos diante dele, da mesma forma que se faz com uma isca em uma pescaria. Por fim, peguei na mão um coala bem pequeno. Quando era apertado nos ombros, abria os braços como se quisesse abraçar a pessoa. Era esse o que eu queria. E se o bicho de pelúcia pudesse ser a isca, e Dawn, a pescadora?

Vamos ser sinceros aqui, Douglas, pensei, *o pescador aqui é você, e Dawn, a isca.*

No corredor do andar de cima, puxei Ron de lado.

— Que tipo de estratégia podemos elaborar para tirar o suspeito do esconderijo? — perguntei.

— De repente, colocar o coala no túmulo dela? — sugeriu Ron.

— Era em algo assim que eu estava pensando — respondi.

— Mas precisamos dar um jeito de ele saber que está lá.

— Já sabemos como ele reage à cobertura da imprensa...

Pensei em pedir para Charlie Keyes trabalhar conosco em alguma coisa que atraísse a atenção do público, já que o suspeito tinha entrado em contato com ele. Mas, por isso mesmo, ele poderia desconfiar que era uma armadilha. O sujeito já tinha se mostrado esperto o bastante para escapar da captura. Precisaria ser algo mais sutil, não tão obviamente relacionado ao assassino.

Apesar do luto, havia uma determinação férrea em Dawn, que parecia sugerir que ela faria o que fosse preciso para que o assassino de sua irmã fosse levado à justiça. Se fosse corajosa o bastante, e todos os indicativos de que dispúnhamos através das gravações revelavam que sim, e se Hilda, Bob e Jim Metts concordassem, poderíamos tentar encontrar uma forma de usar Dawn para atrair o criminoso para fora do esconderijo.

Voltamos ao andar de baixo e nos sentamos na sala com o sr. e a sra. Smith, Dawn e McCarty. Falei que, na minha opinião, o perfil que elaboramos se revelaria uma ferramenta valiosa para a investigação policial, que poderia ser útil ou até decisiva a qualquer momento. Mas, diante da situação, em especial com Debra May ainda desaparecida, aquilo não bastava. Precisávamos ser proativos e tentar forçar o suspeito a sair do esconderijo. Os Smith ouviram em silêncio e com interesse, aparentemente dispostos a colaborar com qualquer coisa que pudesse fazer o caso avançar e ajudar os Helmick, por quem vinham fazendo orações fervorosas.

Havia uns bons minutos que eu revirava o plano na minha cabeça. Depois de tudo o que aquela família passou, como eu poderia sequer cogitar fazer de Dawn um ponto central da operação? E se alguma coisa desse errado? Ela correria perigo? Eu achava que não, porque nós e os policiais do xerife Metts estaríamos por perto. Mas também sabia que, em meio a tantas variáveis e fatores desconhecidos, não era possível prever tudo. Só Deus poderia saber quantas vezes eu havia sido surpreendido no passado pelas ações de criminosos violentos, e não foram surpresas agradáveis. Eu tinha o direito de colocar outra pessoa em risco? Se alguma coisa acontecesse com Dawn, a família jamais se recuperaria.

E, embora não seja aconselhável pensar nesses termos, também era impossível ignorar quais seriam as implicações para mim e para o nosso programa ainda relativamente novo de análise de perfis se algo acontecesse com Dawn, mesmo que apenas um abalo psicológico. Por outro lado — e nesse ramo quase sempre existe um outro lado —, se Dawn pudesse nos ajudar a capturar o sujeito antes que voltasse a matar, o risco não valeria a pena?

Só se o plano funcionasse.

Foi por isso que eu estava apreensivo e um pouco hesitante quando falei:

— Minha ideia envolve Dawn.

Uma expressão óbvia de preocupação surgiu no rosto dos pais dela.

Expliquei que a ideia começou a tomar forma ainda em Quantico, quando estávamos ouvindo a gravação em que o suspeito confundiu Dawn com Shari. E então, quando a conhecemos pessoalmente, ficou claro que um sujeito tão atraído por Shari sentiria o mesmo por ela. Expliquei que queria criar um evento público, uma homenagem de algum tipo para Shari que seria amplamente divulgada na mídia, tendo Dawn como o centro das atenções. Virei-me para ela e perguntei como se sentia a respeito.

— Eu faço qualquer coisa para ajudar a pegar o assassino da minha irmã — respondeu, sem hesitação.

Bob não pareceu tão convicto, o que era compreensível. Eu também tinha sérias dúvidas e incertezas a respeito. Na prática, minha proposta era usar Dawn como uma isca em nossa tentativa de capturar o suspeito.

Mostrei o pequeno coala que tinha pegado no quarto de Shari e expliquei que minha recomendação era que dali a alguns dias, só o tempo suficiente para garantir a cobertura dos jornais e da televisão, nós deveríamos organizar uma cerimônia em homenagem a Shari em seu túmulo no Cemitério Memorial de Lexington. Diante das pessoas convidadas a comparecer, Dawn prenderia o bicho de pelúcia a um buquê de flores cor-de-rosa. Eu achava que havia uma boa chance de atrair o assassino de Shari para o evento, e uma probabilidade ainda maior de que ele voltasse ao local mais tarde para pegar o coala como um souvenir de seu "relacionamento" com Shari. No mínimo, eu supunha que a atenção da mídia o faria começar a telefonar de novo.

Com o apoio de McCarty, tentei convencer Bob Smith — e a mim mesmo — de que o suspeito era um covarde e não iria atrás de Dawn em meio a tanta publicidade, ao escrutínio público e à presença policial. Mas a aparição dela poderia levá-lo a tentar fazer alguma outra coisa. Também falei que Ron e eu estávamos certos de que Dawn tinha inteligência e coragem suficientes para executar o papel de forma eficiente.

— Era mais que preocupante — confessou a jovem, mais tarde. — Eu estava me sentindo uma isca àquela altura; uma isca para o homem que matou minha irmã. Mas lembro que eu meio que não tinha o direito de me ver como uma pessoa normal naquelas circunstâncias, porque sentia que aquela era minha obrigação, minha responsabilidade, minha missão, colocar o coala ali e fazer mais isso e aquilo outro. Era o que eu tinha que fazer para dar um fim naquilo, pegar aquele homem, encerrar aquele pesadelo.

Com uma compreensível hesitação, Bob e Hilda concordaram com o plano. Quando mencionaram que o aniversário de Shari seria em 25 de junho, terça-feira, todos concordamos que seria o dia ideal.

* * *

EM 21 DE JUNHO, SEXTA-FEIRA, O CHEFE DO CONSELHO CONSULTIVO ESTUDANTIL, ROBERT IVEY, e o xerife James Metts convocaram uma coletiva de imprensa no escritório local do FBI em Colúmbia. Em uma tentativa de realizar o que na minha unidade chamávamos de "cutucão na bunda" do suspeito, nós fizemos uma tentativa de deixá-lo um pouco mais apreensivo, na esperança de que o estresse adicional o levasse a cometer um erro que revelasse sua identidade ou tornasse seu comportamento errático e inabitual mais evidente para as pessoas ao redor. Além disso, se sentisse que as forças da lei estavam prestes a pegá-lo, sempre havia a possibilidade de acabar hesitando antes de tentar cometer mais um crime de sequestro e homicídio.

Ivey anunciou que "foi desenvolvido um perfil psicológico completo" do homem que raptara Shari Smith:

— Estamos bastante otimistas de que isso vai nos trazer mais recursos para serem usados no caso.

Ele estava se referindo especificamente aos laboratórios do FBI, que Metts explicou estarem analisando "evidências adicionais". Ivey ainda atiçou a curiosidade dos presentes afirmando que o perfil do principal suspeito continha algumas surpresas e, inclusive, contradizia algumas teorias anteriores dos investigadores sobre o criminoso.

Nenhum dos dois falou em detalhes sobre o perfil, que, segundo o xerife, estava ajudando a juntar "as principais peças do quebra-cabeça", assinalando que apenas os policiais com envolvimento direto no caso teriam acesso ao material.

Os boatos a respeito já vinham circulando, inclusive um segundo no qual nós acreditávamos que o assassino era "um esquizofrênico com inteligência acima da média". Embora eu achasse que o suspeito tinha um bom nível de sofisticação criminal, não chegaria a ponto de descrevê-lo como uma pessoa inteligente. E, apesar de demonstrar sérios problemas de caráter, em momento algum o caracterizamos como alguém que sofria de esquizofrenia, um transtorno psicótico que muitas vezes provoca delírios. Esse sujeito tinha uma mente "doentia", mas sabia exatamente o que estava fazendo, e não queria parar.

Quando a imprensa perguntou por que havia sido convocada, já que os dois não iriam divulgar detalhes sobre o perfil, Metts respondeu:

— O perfil deu um tremendo impulso à investigação, mas não seria vantajoso para nós divulgá-lo ao público.

Ivey complementou:

— Em setenta a oitenta por cento dos casos em que o suspeito é capturado, ele corresponde ao perfil elaborado. Existem alguns perfis que foram diretamente responsáveis pela solução de casos.

Ele também explicou que a análise havia sido feita com base em conversas gravadas com o criminoso, um estudo da cena do crime e outras evidências físicas cuja existência não fora revelada. E acrescentou:

— Tenho plena consciência do interesse da mídia pelo caso. Nós acreditamos que a conclusão desse perfil é um fato significativo o bastante para fazer um comunicado à imprensa.

Ele não precisou reafirmar que um dos motivos para aquela comunicação pública era garantir à população que as forças da lei estavam fazendo de tudo para resolver o caso, e não poderia explicar que uma razão adicional para aquilo tudo era cutucar o suspeito para deixá-lo menos cauteloso e levá-lo a cometer um deslize.

Não demorou muito para as declarações de Ivey e Metts fazerem efeito, mas a notícia que chegou não era a que queríamos ouvir.

Ron e eu passávamos bastante tempo na casa dos Smith e, na sexta-feira à noite, Dawn não estava conseguindo dormir. Fazia três semanas que a irmã tinha sido sequestrada, duas que o suspeito havia ligado e uma desde que Debra May estava desaparecida. Além disso, o evento em homenagem ao aniversário de Shari estava próximo. Tudo isso colocava um peso imenso sobre ela. Fosse como fosse, seria impossível sentir que a vida estava voltando ao normal, já que havia sido arrancada de forma súbita do apartamento que dividia com as amigas em Charlotte, e a casa da família estava ocupada por agentes da lei como nós. Rick McCloud, da Divisão de Aplicação da Lei, era o encarregado de vigiar Dawn e Robert o tempo todo e, muitas vezes, era a única companhia disponível aos dois.

Junto com os demais policiais responsáveis pela segurança do local, ele, às vezes, tirava-os de casa para não acabarem enlouquecendo, e levava pizza e outras guloseimas para os irmãos. Os dois passaram a considerá-lo um bom amigo, e gostavam muito dele.

— Como acabamos ficando bem próximos das autoridades que viviam em nossa casa, eles passaram a ser como gente da família de uma hora para outra, porque eram solidários e maravilhosos conosco — comentou Dawn. — Isso é uma coisa que nunca vou conseguir expressar: a gratidão que minha família sente pelos oficiais da lei; e é muito mais que uma questão profissional, porque eles sofreram junto conosco.

Estava claro que o suspeito queria conversar com as mulheres da família, e não com os homens. Isso não nos surpreendeu, pois seu impulso era sempre procurar quem fosse menos impositivo ou intimidador. Hilda se saiu muitíssimo bem nos primeiros telefonemas, mas foi ficando mais abalada quando percebeu que a vida da filha estava em sério risco e depois que soube da morte de Shari. Como era evidente que o assassino estava obcecado por Dawn, perguntei a ela se concordaria em continuar atendendo às ligações, por mais doloroso que pudesse ser. Assim como com todas as coisas que solicitamos, ela aceitou com bravura. Portanto, concentramos a maior parte da atenção em Dawn, ensinando estratégias para mantê-lo falando tanto quanto possível para extrairmos o máximo de informações das conversas. Para isso, minha instrução foi a de que ela parecesse gentil, compassiva e tranquila. Que o deixasse conduzir o diálogo e se mostrasse solidária e compreensiva, mesmo que não sentisse nada além de nojo por ele.

— E foi isso o que nós fizemos — relembrou Dawn. — Ele foi muito cruel, mas eu mantive a cabeça fria, porque sabia que nosso único acesso a ele àquela altura eram os telefonemas.

No início da madrugada de sábado, o telefone tocou na casa dos Smith. Era 00h17, e Ron e eu ainda estávamos por lá. Acordada, Dawn atendeu. A telefonista perguntou se ela aceitava uma chamada a cobrar de Shari Faye Smith. Dawn sabia o que aquilo significava, e, depois de ter sido instruída por nós, estava torcendo para o suspeito ligar. Ela tentou reunir forças para o que sabia ser uma conversa desagradável, e que logo se revelou ainda pior que isso.

— *Você sabe que não é um trote, certo?*
— *Certo.*
— *Encontraram o anel de Shari Faye?*
— *Não, não encontramos.*
— *Certo, mas eu não sei onde está, ok?*

Então veio a declaração que admito que encheu o coração de todos nós de pavor.

— *Muito bem, Deus quer que você se junte a Shari Faye. Neste mês, no mês que vem, neste ano, no ano que vem. Não tem como você ficar protegida o tempo todo. Você já sabe sobre a menina dos Helmick.*

As eventuais ideias de suicídio ou rendição claramente eram coisa do passado. Ele confirmou isso logo em seguida ao perguntar:

— *Você ouviu falar de Debra May Hamrick?*
— *Hã, não.*

Com o jeito tipicamente meticuloso que aprendemos a reconhecer, ele se corrigiu:

— *A menina de dez anos: H-E-L-M-I-C-K.*
— *Do condado de Richland?*
— *É.*
— *Aham.*
— *Certo, então escute com atenção. Pegue a U.S. 1 no sentido norte... bom, no sentido oeste, vire à esquerda na Peach Festival*

Road ou no Bill's Grill. Siga por cinco quilômetros e meio pela Gilbert Road, vire à direita. Na última estrada de terra antes de chegar a uma placa de PARE *na Two Notch Road, passe pela corrente e pela placa* ENTRADA PROIBIDA. *Ande uns cinquenta metros e vire à esquerda. Ande mais uns dez metros. Debra May está à espera. Que Deus perdoe a todos nós.*

Eu estava escrevendo anotações às pressas e entregando-as para Dawn, lembrando-a de tentar mantê-lo falando e fazer perguntas pessoais. Ao testemunhar pela primeira vez uma dessas conversas telefônicas, fiquei ao mesmo tempo comovido e impressionado com seu autocontrole, sem deixar que a turbulência que sentia internamente ou a consciência do que aquele homem desconhecido queria fazer com ela a distraíssem da missão. Dawn estava falando *com* o suspeito, mas *por* sua irmã, por Debra May e por toda uma comunidade ainda ameaçada pelos desejos violentos dele. Isso me fez lembrar imediatamente da impressionante compostura demonstrada no "Último Desejo & Testamento", de Shari. Por maior que fosse a tensão na casa dos Smith, era preciso elogiar Hilda e Bob pela maneira como criaram as duas filhas.

Dawn falou para o criminoso:

> — *Ei, escuta só!*
> — *O quê?*
> — *Hã… só por curiosidade, quantos anos você tem?*

Mas ele não mordeu a isca.

> — *Dawn E., sua hora está próxima. Que Deus perdoe e proteja a todos nós. Boa noite por enquanto, Dawn E. Smith.*
> — *Espere só um pouco! O que aconteceu com as fotos que você ia me mandar? O que aconteceu com aquelas fotos que você ia enviar?*
> — *Pelo jeito, deve estar com o FBI.*

— Não, senhor! Porque, quando eles pegam alguma coisa, nós temos acesso também, sabe. Você vai mandar para eles?

— Ah, sim.

— Acho que você está me enrolando, porque disse que elas iriam chegar, e não estão aqui.

— Dawn E. Smith, eu preciso desligar.

— Escuta só, você disse que ia esperar por uma ordem de Deus.

— Boa noite, Dawn, por enquanto.

— Você não me mandou aquelas fotos!

— Eu volto a ligar.

Ele desligou. Daquela vez, a ligação foi rastreada até um telefone público na frente de uma lanchonete KFC no shopping Palmetto Plaza, em Sumter, na Carolina do Sul, a cerca de oitenta quilômetros de lá. Embora não houvesse pistas óbvias no local, os agentes da Divisão de Aplicação da Lei da Carolina do Sul retiraram o telefone da parede e levaram para o laboratório de Colúmbia para uma análise mais detalhada.

O suspeito ainda estava fazendo tudo à sua maneira, e o medo e a ansiedade que expressou em telefonemas anteriores parecia ter se esvaído com a confiança reconquistada desde o rapto de Debra May. Ele estava se mostrando mais audacioso e abusado, sem se preocupar sequer em usar o dispositivo de alteração de voz. Ao que parecia, achava que não precisava mais dessa proteção.

Assim que Dawn saiu do telefone, ela tirou um tempo para refletir, em vez de demonstrar algum tipo de reação.

— Eu estava apavorada — admitiu ela. — Fiquei apavorada o tempo todo. Era por isso que nós tínhamos proteção policial 24 horas, por causa do medo de que ele viesse atrás de mim também. Então, quando ouvi aquelas palavras da boca dele, me lembro de ter pensado: *Ora, o que essas pessoas vão fazer para me proteger pelo resto da vida se esse homem nunca for preso?* E ele parecia muito bom nisso de não ser pego. Continuava falando até um pouquinho antes de conseguirem rastrear a ligação. E, em todas as vezes, não estava mais lá quando alguém chegava ao local. Não pudemos nem ficar de luto como se deve pela morte de Shari, porque aquele homem ainda estava atormentando nossa família, além de me ameaçar. Foi uma sensação apavorante, terrível. Não existem palavras para descrever o medo que eu senti.

Dawn tentou anotar o local indicado pelo suspeito enquanto ele falava e, assim que o telefonema acabou, ouvimos a fita para verificar. Em seguida, o xerife Metts, o capitão Gasque e outros policiais foram até lá. Dawn falou que estava rezando para que a garotinha fosse encontrada viva, mas nós avisamos que era pouco provável. Então ela perguntou por que o criminoso tinha ligado para sua casa, e não para os Helmick. Explicamos que eles não tinham telefone no trailer, mas que, além dessa questão de caráter prático, como ele achava que os dois tinham estabelecido um relacionamento, era uma forma de compartilhar o último feito com ela e, por extensão, com Shari. Era por isso que ele havia falado que Deus — ou seja, ele mesmo — queria que ela "se juntasse a Shari Faye". Um dos policiais — talvez Rick McCloud — garantiu que Dawn seria protegida o tempo todo, inclusive em público, na cerimônia que planejamos para o aniversário de dezoito anos de Shari. Mas eu ainda estava em dúvida em relação a meu próprio plano, analisando os riscos e os eventuais benefícios. Sabia que a situação podia mudar bem depressa fora de um ambiente totalmente controlado. Mas estávamos todos comprometidos e determinados a ver até onde essa estratégia poderia nos levar.

LESTER "BUTCH" REYNOLDS E MELVIN SEBOE, LEGISTAS DA POLÍCIA DO CONDADO DE LEXINGTON, além do tenente da Divisão de Aplicação da Lei Horace "Hoss" Horton, também se dirigiram às pressas para o local para se encontrarem com os policiais que estavam conosco na casa. A região citada pelo suspeito não era muito distante do perímetro municipal de Gilbert, a menos de 75 metros da rua principal da cidade. Eles encontraram o corpo de uma menina no sopé de um morro, em uma área de mata logo após a corrente e a placa de ENTRADA PROIBIDA citadas no telefonema. Assim como o de Shari, o cadáver estava em estágio de decomposição avançada em razão do calor e do ambiente ao redor, largado sobre uma pilha de folhas e vegetação rasteira. Os cabelos loiros estavam presos por uma presilha cor-de-rosa. O local ficava a cerca de quinze quilômetros do lugar onde Shari Smith fora encontrada.

Embora o estado do corpo tornasse a identificação complicada, se alguém tinha dúvidas sobre o vínculo entre os dois crimes, as instruções igualmente detalhadas passadas para Dawn sobre como encontrar as duas vítimas deixavam claro que estávamos lidando com um assassino reincidente. O tenente Kenneth Habben, especialista em patologia forense da Divisão de Aplicação da Lei, coordenou a remoção do cadáver para o hospital do condado de Lexington, onde o patologista dr. Erwin Shaw deu início à autópsia por volta das dez da manhã. Habben levou as roupas para a sede da divisão para conduzir uma análise mais minuciosa.

Rita Shuler, também da Divisão de Aplicação da Lei, fotografou as roupas e mostrou as imagens para Sherwood e Debra Helmick, a fim de poupá-los de ver pessoalmente os itens removidos do corpo. Os pais reconheceram o short branco listrado e a camiseta cor de lavanda de Debra May. Curiosamente, havia duas calcinhas no corpo: uma infantil, de malha, e outra, colocada por cima da primeira, de tamanho adulto no estilo biquíni, feita de um material parecido com seda. Debra garantiu aos investigadores que apenas a calcinha de malha era de sua filha e que nunca tinha visto a outra, o que acrescentou mais uma dimensão perturbadora ao crime: o suspeito obviamente tinha realizado alguma fantasia sexual perversa com a menina. Com base em nossa experiência com criminosos sexuais, achávamos que a calcinha de tamanho adulto era de outra vítima, e que poderia ter sido usada para que o assassino não se sentisse tão mal por atacar uma criança.

Quando os Helmick viram a presilha cor-de-rosa, a mãe falou:

— Sim, é de Debra May. Mais ou menos às duas horas daquele dia, eu lavei o cabelo dela, escovei e prendi com duas presilhas. Essa é uma delas.

Embora o estado do corpo não permitisse um exame *post-mortem* com conclusões definitivas, o dr. Shaw estabeleceu que, assim como no caso de Shari, a sufocação era a causa mais provável da morte. A identificação formal do cadáver exigiu uma boa dose de trabalho. Sob a supervisão do datiloscopista David Caldwell, foi feita uma comparação com as impressões dos pés de Debra May tiradas no hospital logo depois de seu nascimento. Caldwell também conseguiu obter um conjunto de digitais tirado no Hocking Technical College, quando os Helmick viviam em Ohio. O tenente Earl Wells, perito em Química da Divisão de Aplicação da Lei, comparou fios de cabelo retirados do corpo e da cena do crime com amostras certificadas de Debra May, e determinou que eram consistentes.

As análises dos cabelos também mostraram resíduos de fita isolante ou fita-crepe em alguns fios, o que significava mais um vínculo com o caso Smith.

Como a polícia não tinha acesso imediato aos registros odontológicos de Debra May, que estavam em Chicago, o dr. Ted Allan Rathbun, antropólogo forense da Universidade da Carolina do Sul, realizou uma sobreposição craniofacial, usando uma câmera de vídeo para projetar o crânio da pessoa falecida sobre uma fotografia da pessoa a quem se acredita que o corpo pertencia, para confirmar a identidade. Ao fim do procedimento, o doutor declarou que, com uma dose razoável de certeza, era possível afirmar que se tratava dos restos mortais de Debra May Helmick.

Quando a notícia se espalhou, o que não demorou, a comunidade se viu mergulhada em um estado de tristeza e medo ainda maior. A primeira página da edição de sábado do *Columbia Record* saiu com a manchete CORPO DE CRIANÇA É ENCONTRADO PERTO DE GILBERT. E, apesar do subtítulo XERIFE METTS SE RECUSA A CONFIRMAR IDENTIDADE DA GAROTA ANTES DA REALIZAÇÃO DA AUTÓPSIA, à esquerda do texto havia uma foto de Debra May. O *State* de sábado de manhã deu o mesmo destaque à história, com a quase idêntica manchete CORPO DE MENINA É ENCONTRADO PERTO DE GILBERT. Logo abaixo havia uma foto mostrando as feições carregadas de Metts e Powell ao anunciarem a descoberta. Na coletiva de imprensa que deram, o primeiro falou:

— Peço a todos os que têm filhos que ajam com a maior responsabilidade possível. Não quero assustar as pessoas, mas como xerife do condado é meu dever alertar que tomem precauções extras durante estes tempos difíceis.

A coluna da direita do jornal foi dedicada a dicas aos pais sobre como proteger melhor os filhos.

O capitão Bob Ford, da polícia do condado de Lexington, explicou que o maior desafio do departamento era investigar os casos e, ao mesmo tempo, tentar conter o pânico na comunidade e os boatos que vinham circulando.

— Os rumores são absurdamente insidiosos — declarou à *Associated Press*. — Nossas linhas ficaram congestionadas a ponto de eu precisar solicitar assistência da operadora telefônica.

A ansiedade do público aumentou ainda mais quando as autoridades reconheceram acreditar que o assassino era "alguém da área".

Embora os retratos falados divulgados nos dois sequestros não fossem muito parecidos, em outra entrevista coletiva, realizada na tarde de 24 de junho, segunda-feira, o xerife Metts afirmou:

— Hoje acreditamos que os casos de Shari Faye Smith e Debra May Helmick são um só.

Ele não divulgou a fonte da informação que levou os investigadores ao corpo de Debra, e disse também não acreditar que a morte por espancamento de Marilee Whitten, uma loira de olhos azuis de dezessete anos assassinada no condado de Richland, tivesse relação com os outros dois casos. O homem que procuravam não tinha estômago para esse tipo de homicídio, e havia fortes evidências de que a vítima conhecia a pessoa que a matou.

Naquela ocasião, porém, pela primeira vez em público, Metts usou o termo "serial killer". Fazendo uma comparação com os padrões tão evidentes em casos anteriores, como os Assassinatos de Crianças de Atlanta ou o de mulheres idosas em Columbus, na Geórgia, ele explicou:

— Ao contrário desses casos, esses dois sequestros não demonstram um grande denominador comum: não há um fio condutor assim tão óbvio. É a ausência de um motivo ou uma conexão aparente que vem prejudicando a investigação.

Sem dúvida, nós concordávamos com Metts que estávamos lidando com um assassino reincidente que só pararia de matar quando fosse capturado. Mas o que me incomodava era que o criminoso não se restringia a um tipo específico de vítima. A fixação por Dawn depois de raptar Shari apontava para uma preferência bastante particular. No entanto, o sequestro e assassinato de Debra May nos dizia que, quando o desejo surgisse, ele se contentaria com qualquer vítima do sexo feminino, desde que fosse mais fraca que ele e incapaz de impor uma resistência efetiva. Até os agentes da lei ficam surpresos quando veem o mesmo criminoso de comportamento predatório atacando uma criança, uma pessoa em situação de rua e então uma idosa, pois não parece existir algo em comum nos tipos de vítima. Mas, da perspectiva distorcida do perpetrador, existe, sim. Todas elas eram alvos fáceis, no sentido de serem indefesas. Para alguns assassinos, isso basta. Embora eu esperasse que aquele suspeito continuasse elegendo como alvos garotas bonitas, descobrimos que a idade não era tão importante quanto a facilidade com que elas poderiam ser raptadas e controladas. Se não conseguisse encontrar uma menina ou jovem bonita e loira que se encaixasse em seus critérios, ele se voltaria contra quem estivesse por perto. Mas não pararia de matar.

O medo continuava a se disseminar pela comunidade. Assim como em Lexington, as forças policiais dos dois condados vizinhos estavam recebendo enxurradas de telefonemas e denúncias. Embora sempre seja desejável que as pessoas compartilhem com as autoridades tudo o que veem, ouvem ou pensem saber, o fato é que a proporção de detalhes irrelevantes costuma ser imensamente maior que a de informações úteis. Uma mulher, a vigésima quinta pessoa a ligar para a Departamento de Polícia do Condado de Richland em um período de uma hora, contou que foi despertada por um sonho em que teve uma visão do homem responsável pelas mortes de Shari e Debra May, pegou um lápis e começou a escrever sem pensar. Ela admitiu que não conseguia entender o que anotou, mas sabia que tinha algo a ver com as vítimas.

— Se vocês mandarem alguém aqui para ver, com certeza vão entender o que significa — disse ao detetive que atendeu ao telefone.

— Não, minha senhora. Nós não vamos mandar alguém aí — respondeu o investigador com a maior educação possível.

— Certo, então eu levo até aí. — Ela se ofereceu.

— Por favor, não faça isso — pediu o policial, agradecendo pela preocupação e desligando na mesma hora.

Àquela altura, quatro indivíduos já tinham sido presos por tentar extorquir dinheiro dos Smith ou por fazer denúncias deliberadamente falsas.

RON E EU TIVEMOS UM BREVE MOMENTO DE ALÍVIO DA PRESSÃO RELACIONADA AO CASO NAQUELE domingo, 23 de junho, quando Lewis McCarty foi nos buscar no nosso hotel e nos levou para seu chalé, às margens do lago Murray. Era uma construção rústica de madeira em um lugar bonito e tranquilo, e foi bom relaxar um pouco e apreciar a paisagem em vez de esquadrinhar o tempo todo os arredores em busca de pistas ou ideias para estratégias proativas. McCarty ia até lá, sozinho ou com amigos, para caçar e pescar. Ron também se lembra desse dia como o único refresco que tivemos naquele verão quente e úmido. Nenhum de nós estava disposto a pegar em um rifle ou uma vara de pesca, então passamos a maior parte da tarde na varanda da frente, bebendo o uísque servido por McCarty e desfrutando da brisa do lago. No curto período que passamos na Carolina do Sul, Lewis foi mais que um colega de trabalho, foi um verdadeiro amigo.

Pela primeira vez desde que entramos no caso, o tempo pareceu passar mais devagar, e pudemos direcionar nossos pensamentos para outra coisa que não fosse a perseguição ao suspeito. Mesmo assim, eu não conseguia parar de pensar no evento que planejamos para o aniversário de Shari, na terça-feira, e não era possível nos desligarmos por completo do que estava acontecendo ao nosso redor ou do que era divulgado pela mídia.

— A palavra que define tudo isso é impotência — declarou o psiquiatra dr. David C. Jacobs a Joyce W. Milkie, em uma entrevista ao jornal *Times & Democrat*, de Orangeburg, na Carolina do Sul.

"O *Times & Democrat* e outros veículos de imprensa vêm recebendo relatos de supostas tentativas de sequestro, avistamentos do suspeito, medos e desconfianças", escreveu Milkie. "Os rumores de ameaças e a preocupação dos pais levaram escolas de educação infantil a trancar as portas, para manter as crianças seguras lá dentro."

— É uma situação assustadora — reconheceu o dr. Jacobs. — O tipo de terror que se apresenta quando você sente que seus próprios filhos podem ser levados do quintal de casa é algo a que as pessoas daqui não estão acostumadas. E não é uma reação descabida.

12

Em 24 de junho, segunda-feira, o xerife Metts marcou uma reunião comigo e com representantes de vários veículos da mídia local para falar sobre o evento a ser realizado no dia seguinte. Sem tentar sugerir o que eles deveriam escrever — os jornalistas, compreensivelmente, não reagem bem a esse tipo de conselho —, expliquei nosso objetivo: instigar o suspeito a deixar seu esconderijo, surpreendê-lo voltando ao túmulo para pegar o coala de pelúcia ou no mínimo fazê-lo começar a telefonar de novo. Contei que, alguns anos antes, quando trabalhava em um caso de envenenamento por Tylenol em Chicago, concordei em dar uma entrevista a Bobby Greene, um colunista do *Chicago Tribune* com muitos leitores, republicado em vários jornais do país, para relatar como o FBI estava cuidando do caso. Mencionei, inclusive, a vítima mais jovem, Mary Kellerman, de doze anos. Ele escreveu um texto comovente tendo Mary como foco e, quando li, imaginei que aquilo fosse levar o suspeito a visitar o túmulo dela, que colocamos sob vigilância.

No fim, não conseguimos capturá-lo, apesar de eu achar que tinha sido uma boa estratégia. Porém, enquanto a equipe de vigilância estava a postos, outra pessoa visitou o túmulo ao lado e confessou o atropelamento de uma outra menina, e a polícia o prendeu por isso! Nunca se sabe o que pode acontecer.

Na terça-feira, os departamentos de polícia dos três condados já tinham revisado seus retratos falados para incluir característica relacionadas a ambos os raptos. Embora ainda fosse descrito como um homem de altura mediana, entre 28 e 35 anos, e corpo rechonchudo, o suspeito exibia uma barba escura e cabelos um pouco mais compridos nas laterais e bagunçados na frente, sendo que em um dos desenhos anteriores aparecia barbeado; e em outro, com um princípio de calvície.

À tarde, realizamos a cerimônia no cemitério, conforme sugeri. Um bom número de jornalistas estava presente, em conformidade com o que esperávamos. Mantive distância do túmulo e da família e fiquei perto dos profissionais de imprensa, de onde podia observar os presentes em busca de alguém parecido com o suspeito. Os policiais do condado, que para todos os efeitos estavam lá para controlar o trânsito e o acesso ao local, encontravam-se prontos para fazer a detenção. Minha única preocupação era que a sepultura ficava tão próxima da estrada que, se o suspeito aparecesse, poderia decidir ficar no carro ou observar tudo de uma boa distância.

A cobertura mais comovente da homenagem talvez tenha sido a de Teresa K. Weaver, do *Columbia Record*, publicada na edição do dia seguinte com a manchete LIDANDO COM A DOR. O texto começava com as seguintes palavras:

> *"A loira magra de óculos escuros se ajoelhou com gestos trêmulos junto ao túmulo da irmã e silenciosamente prendeu um coala de pelúcia de cinco centímetros às flores artificiais.*
>
> *O trânsito da tarde na U.S. 1 ficou carregado à medida que os familiares foram chegando aos poucos para se juntar à garota, dar as mãos e ouvir a breve oração feita pelo pai. Ontem teria sido o aniversário de dezoito anos de Shari Smith."*

Foi a primeira vez que a família voltou ao cemitério desde o funeral, e Dawn ficou muito abalada. As lágrimas escorriam por seu rosto enquanto ela acrescentava o pequeno coala ao arranjo de flores. Ela havia me dito que estava se sentindo uma enganadora fazendo aquela encenação planejada, em vez de um gesto espontâneo, e, enquanto a observava, fui obrigado a admitir que a estava manipulando da mesma forma que o suspeito vinha fazendo. Embora a motivação fosse diferente, eu sabia que também a fazia sofrer.

Como a lápide ainda não estava pronta, mandamos fazer um atril branco de madeira com a foto de Shari colocada à frente. Várias coroas de flores cercavam o local do sepultamento; diversas câmeras registraram quando os quatro membros da família deram as mãos ao redor do túmulo e inclinaram a cabeça para rezar. Apesar de não ser espontânea, foi uma cerimônia comovente para todos os presentes, e senti um nó na garganta várias vezes enquanto observava o luto silencioso e digno de cada membro da família — que se tornava ainda mais difícil, com certeza, por estar sendo vivenciado em público. Como fui eu que dei a ideia de organizar o evento, estava torcendo para que todos os familiares de Shari estivessem se sentindo tão envolvidos e tocados quanto nós e, acima de tudo, esperava que o suspeito estivesse assistindo e que conseguíssemos despertar uma reação.

Como parte da estratégia para tentar induzi-lo a se aproximar, eu gostaria que os membros da família falassem com a imprensa, para personalizar o luto e o sofrimento que cada um sentia. Esperava que, pelo menos, conseguíssemos fazer o assassino telefonar de novo e comentar a respeito do que ouviu a família declarar aos repórteres. Sabia que era pedir demais querer que ele se sentisse culpado, mas valia a pena tentar obter algum tipo de resposta.

Fiquei contente ao ler que a cobertura da mídia reproduzia em detalhes as declarações dos Smith, a começar pelo pai, que todos reconheciam que vinha sendo o alicerce da família naquele momento de provação.

— É a única forma como sabemos lidar com as coisas — declarou Bob Smith. — Com fé.

Nós nos valemos também da questão do aniversário.

— É ainda mais difícil hoje, sabendo que é o dia que dei à luz e ela não está aqui comigo — lamentou Hilda —, sabendo que nunca mais vai estar comigo de novo.

Ela mencionou que, junto com o marido, tinha planejado uma festa na piscina no aniversário de Shari e que, como um presente surpresa, havia comprado um pôster de um coala.

Bob fez uma afirmação que eu sabia ser mais que verdadeira, depois de tantos contatos com famílias que perderam entes queridos assassinados:

— A ferida se fecha, mas a cicatriz nunca desaparece, sabe.

Havia outras pessoas presentes além dos familiares e, ao longo da cerimônia, passei o tempo todo em busca de indícios da presença do suspeito — verificando se não havia alguém fazendo alguma movimentação estranha ou tentando não chamar muita atenção. Os policiais do departamento de Metts anotaram as placas de todos os carros que reduziram a velocidade ao passar pela estrada, embora a maioria tenha feito isso só por curiosidade, para ver o que estava acontecendo.

Ao fim do evento, quando as câmeras foram desligadas e os jornalistas guardaram os blocos de anotações, vi o preço da encenação nos membros da família. Pareciam todos em choque, como se preferissem estar bem longe dali, sem precisar falar com quem quer que fosse.

Dawn, que teve um papel de protagonista, estava particularmente abalada. Mais tarde, ela nos contou:

— Estava furiosa por ter que atuar com aquele negócio do coala e mais um monte de coisas para fazer aquele homem importunar minha família, mas nós achávamos que era a única forma de fazer com que fosse capturado. Então, apesar de estar me sentindo muito mal por dentro, não dava para perceber isso vendo de fora, porque aquela era a minha função. Só que, claro, depois de tudo, nós desabamos. Minha família desmoronou quando não tinha mais ninguém olhando. Fui para o meu quarto e só conseguia chorar. Mas nós tínhamos amigos e parentes incríveis, e gente por perto para nos dar apoio, para nos ajudar e não nos deixar passar por tudo aquilo sozinhos.

Eu não estava contente por ter colocado Dawn e seus familiares naquela situação, mas fiquei sinceramente admirado pela maneira como ela levou tudo, e a elogiei por isso. Quando alguém de sua família é vítima de um crime violento — e o assassinato, claro, é o pior deles —, um mundo de dor se abre sob seus pés. Mas, muitas vezes, a única forma de deixá-lo para trás é mergulhando nele e o *atravessando*. Eu sabia que, por pior que fosse o que eles estavam passando naquele momento, o processo de luto só se completaria de fato quando o assassino de Shari fosse levado à justiça. E o que fizemos no cemitério sem dúvida foi um esforço nesse sentido.

O FUNERAL DE DEBRA MAY FOI REALIZADO NA TARDE SEGUINTE, NA IGREJA BATISTA DE WOODFIELD Park; e o enterro, no cemitério Jardins da Memória de Colúmbia. Os pais adiaram o sepultamento em um dia para que não coincidisse com o aniversário de Becky, a irmã mais nova. Havia policiais por toda parte, abordando e interrogando qualquer um que estivesse agindo de forma suspeita, enquanto um avião da polícia do condado sobrevoava a área. Não sabíamos se o suspeito compareceria — ainda não tínhamos nem como confirmar se ele esteve em meio ao enorme número de pessoas que acompanharam o funeral de Shari —, mas queríamos estar preparados.

Havia cerca de trezentas pessoas na igreja. Seis dos tios de Debra May, alguns deles vindos de Ohio, foram os carregadores do pequeno caixão, adornado com uma coroa de margaridas amarelas e cravos roxos e cor-de-rosa. Entre os presentes estavam os Smith, que não conheciam os Helmick, mas vinham rezando por eles e sentiram demais sua perda.

No breve discurso fúnebre, o reverendo Max Pettyjohn mencionou o efeito daquela situação ao se dirigir à congregação:

— É um momento difícil para todos nós. Estamos assustados, furiosos e confusos. Estamos todos tristes e desolados... temendo por nossos filhos. Não nos sentimos seguros no quintal de nossas próprias casas. Encaramos todos os desconhecidos com desconfiança. E nos perguntamos: "Quando isso vai acabar?".

Depois da cerimônia, Ron e eu acompanhamos os policiais do condado de Richland e os agentes da Divisão de Aplicação da Lei da Carolina do Sul no trajeto de pouco mais de quinze quilômetros até os Jardins da Memória. Albert Lowe, um tio de 23 anos de Debra May, leu um poema junto ao túmulo, e os Helmick pegaram as pás e cobriram o caixão eles mesmos. Eu continuei observando os demais presentes, procurando por alguém que pudesse se encaixar no perfil.

Mas, estivesse presente ou não, eu sabia que o suspeito leria sobre o evento nos jornais e veria a cobertura televisiva, e tinha certeza de que, dali a um ou dois dias, voltaria a entrar em contato com Dawn.

13

O dia 26 de junho, a quarta-feira do enterro daquela garotinha meiga e adorável, foi o mais triste de toda a investigação. A imagem de minhas duas filhas pequenas não saía de minha mente. Mas também se revelou o dia mais importante para a resolução do caso.

Enquanto os Helmick se preparavam para se despedirem de Debra May, os agentes do laboratório da Divisão de Aplicação da Lei da Carolina do Sul em Colúmbia anunciaram uma possível descoberta durante o minucioso exame do "Último Desejo & Testamento" de Shari — a única evidência material concreta no caso, excluindo o corpo e as roupas das duas vítimas.

Por meio do aparato de detecção eletrostática (ESDA, na sigla em inglês), um aparelho que consegue detectar vestígios do que foi escrito nas páginas anteriores de um bloco, os peritos conseguiram revelar marcas quase microscópicas deixadas pelas folhas usadas anteriormente. Uma delas parecia ser uma lista de compras, na qual era possível distinguir alguns itens. E também acreditaram ter encontrado uma sequência de números. Em uma análise extremamente detalhada, os investigadores conseguiram confirmar nove numerais de uma sequência de dez números: 205-837-13_8. De acordo com o padrão imaginado, provavelmente, era um número de telefone.

Caso realmente fosse, os três primeiros dígitos seriam o código de área — 205 era o do Alabama — e 837 era um prefixo de Huntsville.

Trabalhando em parceria com a divisão de segurança da companhia telefônica Southern Bell, os agentes da Divisão de Aplicação da Lei investigaram todos os dez números de telefone possíveis em Huntsville, e verificaram os registros para apurar se algum deles poderia ser associado de alguma forma à região de Colúmbia e ao condado de Lexington através dos registros de chamadas.

Eles apuraram que, semanas antes do sequestro de Shari, um dos números possíveis na sequência tinha recebido diversas chamadas de um telefone residencial instalado a cerca de 25 quilômetros da residência dos Smith. Parecia ser a melhor pista surgida até então, ou poderia ser o tipo de coincidência bizarra que muitas vezes encontramos em investigações criminais complexas.

Uma autoridade policial ligou para o número de Huntsville. O indivíduo que atendeu soava como um homem branco na casa dos vinte ou trinta anos. Não parecia ser o suspeito, mas ele já havia modificado a voz em telefonemas anteriores, então era uma possibilidade plausível. Seria possível que tivessem acertado na mosca logo na primeira tentativa?

Em vez de confrontá-lo diretamente e questionar se estava envolvido ou sabia alguma coisa sobre os dois sequestros e assassinatos na Carolina do Sul, o agente perguntou a ele se conhecia alguém que vivia por lá.

Sim, ele respondeu sem hesitação. Os pais moravam perto do lago Murray, no nordeste do condado de Saluda. Seus nomes eram Ellis e Sharon Sheppard.

O filho se chamava Joey, e estava em serviço militar em uma base do exército em Huntsville. Era um homem cordial e prestativo. Os agentes logo constataram que ele não se encaixava no perfil, e que não estava em qualquer um dos três condados quando os crimes ocorreram.

O passo seguinte foi verificar a outra ponta da linha. Os registros fiscais municipais comprovavam que, de fato, Ellis e Sharon Sheppard eram proprietários de uma casa no condado de Saluda, na Carolina do Sul.

Era hora de fazer uma visita aos Shepard.

* * *

NA MESMA TARDE EM QUE OCORRIA O FUNERAL DE DEBRA MAY, LEWIS MCCARTY FOI ATÉ A RESI-
dência dos Sheppard, e, como não sabia o que esperar, levou consigo
vários policiais. O bloco de papel em que foi escrita a carta de Shari,
aparentemente, tinha saído da casa dos Sheppard, e McCarty levou em
consideração diversas possibilidades. Se Ellis fosse o assassino, talvez
com a esposa como uma colaboradora ou até uma cúmplice involuntária
que poderia ter tomado conhecimento dos crimes antes ou depois de
acontecerem, o vice-xerife precisava estar preparado.

Mas, assim que a porta se abriu e o destacamento policial foi convi-
dado a entrar, ele percebeu que havia alguma coisa errada; o que estava
vendo ali não fazia sentido.

Ellis e Sharon Sheppard eram um casal na casa dos cinquenta anos,
pessoas simpáticas e hospitaleiras que não pareciam se sentir nem um
pouco ameaçadas pela presença dos oficiais da lei. Eram casados havia
muitos anos e tinham um ótimo relacionamento. Quanto mais informações McCarty extraía dos dois, menos eles se encaixavam em nosso perfil.
Nenhum deles tinha o histórico ou as características que esperávamos
encontrar no suspeito. O único aspecto condizente com o perfil era que
Ellis era eletricista. Mas, o que era tão relevante quanto, ao perguntar sobre sua rotina e os lugares onde estiveram no mês anterior, McCarty soube
que, àquela altura da vida, o que eles mais gostavam de fazer era viajar,
e estavam fora da cidade quando os sequestros ocorreram. Sim, tinham
ficado sabendo daqueles assassinatos terríveis, claro, e sentiam muito
pelas famílias, mas desconheciam os detalhes relacionados aos casos.

Quando McCarthy perguntou se sabiam alguma coisa sobre as ligações para o número encontrado no bloco de papel, eles imediatamente
reconheceram que era o telefone do filho, Joey, que estava em serviço
militar em Huntsville e com quem conversavam com frequência. Mas o
número de telefone descoberto usando o aparato de detecção eletrostática, que levava a uma conexão direta com a região central da Carolina do
Sul, parecia uma pista tão promissora que não fazia sentido ser só uma
coincidência. McCarty tinha experiência o bastante para saber que na
maioria dos casos surgem pistas que levam a becos sem saída, porém foi

uma decepção profunda constatar aquilo depois de parecer que a polícia estava tão perto de identificar o criminoso. Eles continuariam investigando os Sheppard, mas McCarty e Metts acreditavam firmemente na validade do perfil que elaboramos; além disso, Ellis Sheppard simplesmente não parecia ser o tipo de sujeito que cometeria dois homicídios terríveis e depois se manteria tão calmo e "normal".

Mas o vice-xerife não estava disposto a desistir. Ao combinar as informações do perfil e os retratos falados, perguntou se por acaso os dois conheciam alguém que se parecesse com a pessoa que descrevera: homem branco na casa dos trinta anos; corpo rechonchudo e altura mediana; entre oitenta e noventa quilos; não muito atraente; barba curta descuidada e cabelo desarrumado; inteligência um tanto acima da média, mas que não era usada para muita coisa; divorciado, talvez com filhos com quem não mantinha contato; no momento morando sozinho ou com uma pessoa mais velha da família; carreira malsucedida nas Forças Armadas e dispensa antes do término do serviço militar; emprego em trabalho manual, provavelmente com sistemas elétricos e/ou manutenção residencial; dono de um automóvel antigo, mas bem conservado; consumidor de pornografia do subgênero *bondage* e sadomasoquismo; meticuloso na elaboração de listas e na anotação de tudo o que gostaria de se lembrar; e alguém que, caso se distraísse em meio ao que estava dizendo, recomeçava tudo do início.

McCarty não mencionou outro aspecto relevante do perfil — o fato de acreditarmos que o suspeito havia tido problemas com a lei relacionado a crimes sexuais, mesmo que só tivesse sido acusado de assediar mulheres —, pois se tratava de algo que nem todos os conhecidos do criminoso necessariamente saberiam, e o vice-xerife não queria que esse detalhe criasse uma distração em uma identificação que pudesse estar indo na direção certa.

E, o mais importante, informou McCarty, a aparência desse indivíduo teria mudado perceptivelmente nas semanas anteriores; ele poderia parecer mais agitado e irritadiço que o normal, e o comportamento seria mais errático; estaria bebendo mais ou recorrendo a algum tipo de abuso de substâncias; estaria também preocupado e interessado em excesso na cobertura dos casos Smith e Helmick na imprensa. Essas coisas ficariam bem óbvias para todos que o conhecessem.

Os Sheppard se entreolharam e responderam quase simultaneamente que o vice-xerife McCarty tinha feito uma descrição quase perfeita de Larry Gene Bell.

Bell tinha 36 anos, por volta de 1,80 metro, cabelos castanhos acobreados e estava um pouco acima do peso. Vinha trabalhando esporadicamente como ajudante de eletricista para Ellis desde o início do ano, na maior parte das vezes instalando fiações em residências. Os Sheppard não gostavam de deixar a casa vazia e não vigiada quando viajavam. Como era um bom trabalhador e um homem meticuloso e cuidadoso com relação aos mínimos detalhes, Gene, como era conhecido, parecia perfeito para cuidar da residência enquanto estivessem fora. O filho dele, de doze anos, vivia com a ex-mulher em outro estado, e Gene estava morando com os pais, Margaret e Archie Bell, portanto poderia passar longos períodos na casa dos Sheppard sem maiores problemas.

Eles sempre mantinham um bloco pautado com folhas amarelas perto do telefone da cozinha e, antes de partirem para a primeira das viagens, Sharon anotou todas as informações que julgou necessárias para Gene enquanto estivessem fora. Dos vários números de telefone que deixou para o caso de uma emergência, um deles era o de Joey, seu filho, em Huntsville, que sempre saberia como contatar os pais.

Os Sheppard se lembravam exatamente de quando viajaram pela primeira vez deixando Gene cuidando da casa, porque foi no Dia das Mães, o domingo de 12 de maio. O rapaz os levou até o aeroporto e na época usava barba e bigode. Quando voltaram, cerca de três semanas depois, no dia 3 de junho, segunda-feira, ele foi buscá-los. Na ocasião, repararam que a barba estava bem mais curta, e Sharon Sheppard perguntou a ele o motivo para ter raspado.

Ele respondeu que era por causa do calor e, logo em seguida, segundo o relato do casal, mencionou o sequestro de Shari Smith, que foi o assunto durante todo o trajeto de volta até a residência.

Bell passou aquela noite na casa dos Sheppard, e a conversa sempre acabava retornando ao assunto Shari Smith. Ellis disse a McCarty que Gene havia perguntado:

— Você acha que a família iria querer encontrar o corpo, para providenciar o funeral?

— Bem, como ela foi sequestrada, tomara que ainda esteja viva — respondera Ellis.

A esposa mencionou outra coisa que considerava estranha. Quando conheceu Gene, ele a chamava respeitosamente de sra. Sheppard. Conforme foram se tornando mais próximos, ele passou a tratá-la por Sharon. Mas, quando voltaram de viagem naquele 3 de junho, reparou que ele a chamava de Shari, algo que nunca tinha feito.

Na manhã seguinte, 4 de junho, terça-feira, ele foi ao trabalho com Ellis e voltou para a casa dos pais na ilha de Shull, no lago Murray, a vários quilômetros de distância.

No dia seguinte, um dos vizinhos dos Sheppard apareceu por volta das 13h30 e contou que o corpo de Shari Smith havia sido encontrado atrás da loja maçônica perto da rotatória de Saluda. Era uma informação devastadora para a família Smith e preocupante para Ellis e Sharon e seus vizinhos, que moravam a cerca de cinco quilômetros do local.

Gene chegou cerca de meia hora depois, a fim de levá-los ao aeroporto para mais uma viagem. Sharon perguntou:

— Você ficou sabendo que encontraram o corpo da menina dos Smith perto da rotatória de Saluda?

— Não! — respondeu. Em seguida, acrescentou: — Que pena.

Sharon contou que ele só queria falar sobre aquilo durante todo o trajeto para o aeroporto. Repetiu várias vezes que se sentia muito mal pela família. Toda vez que ela ou Ellis tentava mudar de assunto, Gene voltava à questão, especulando sobre todas as circunstâncias imagináveis, sobre o que o assassino poderia ter feito com Shari ou com o cadáver. Era como se quisesse discutir todas as possibilidades com os dois. Sharon comentou que a obsessão por um assunto tão mórbido a deixou muito incomodada, e ela ficou aliviada quando chegaram ao destino.

* * *

NO QUE ME PARECIA SER O MEIO DA MADRUGADA, OUVI ALGUÉM ESMURRANDO A PORTA — SIM, esmurrando. Por um instante, me imaginei em Seattle, caído no chão do quarto, incapaz de me mover. Então, quando despertei e minha mente voltou a funcionar, me dei conta de que naquela ocasião não escutei um barulho sequer, porque estava inconsciente. Dessa vez, com certeza, eu tinha ouvido algo. Olhei para o relógio digital na mesinha de cabeceira, que marcava pouco mais de duas da manhã.

Fui cambaleando da cama até a porta e a abri. Dei de cara com Ron Walker, completamente vestido.

Antes que eu pudesse dizer qualquer coisa, ele falou:

— Ei, John, acabei de falar ao telefone com Lew McCarty. Eles têm um suspeito, e nos chamaram para ir até a delegacia.

Eu estava mesmo ouvindo direito? Pedi para Ron repetir o que tinha dito. Assim que assimilei a informação, corri para me vestir. Sabendo que provavelmente teria que usar as mesmas roupas por um bom tempo e que o calor voltaria com tudo assim que o sol nascesse, vesti uma camisa de manga curta branca e uma calça da mesma cor. Quando me olhei no espelho, achei que estava parecendo um sorveteiro ou um auxiliar de enfermagem de hospital, mas não havia tempo para me preocupar com as aparências. Se o suspeito mencionado por McCarty fosse plausível, nós teríamos muito trabalho a fazer.

OS SHEPPARD CONCORDARAM EM DAR UM DEPOIMENTO FORMAL AOS DETETIVES DA POLÍCIA do condado, e McCarty os levara à delegacia no início da manhã do dia 27 de junho, terça-feira. Ron e eu já estávamos lá, na sala de Lewis McCarty, ainda com cara de sono, começando a compilar informações sobre o tal Larry Gene Bell para determinar como se encaixava em nosso perfil e para que pudéssemos estabelecer estratégias de interrogatório e instruções para os pedidos de mandado de busca e apreensão. Fomos recebendo atualizações regulares conforme o depoimento era colhido.

Sharon contou que, quando eles voltaram da viagem mais recente, na segunda-feira, 24 de junho, Bell foi buscá-los no aeroporto de novo. Ela logo percebeu que ele parecia mais magro, como se tivesse perdido uns cinco quilos desde a última vez que o tinham visto. A matriarca também mencionou que sua aparência não estava bem-cuidada, como de costume, e que ele parecia "um pouco aéreo".

No trajeto de volta para casa, no assento traseiro logo atrás dele, ela se inclinou para a frente, deu um tapinha em seu ombro e comentou:

— Você parece cansado. Está tudo bem?

— Pois é, não — respondeu. — Estou me sentindo meio fora de mim.

Considerando que Gene tinha passado boa parte das semanas anteriores cuidando de sua casa, Ellis falou:

— Você precisa voltar para casa, para a comida de sua mãe.

Quando chegaram, Bell juntou as roupas, organizou os demais pertences pessoais e avisou que iria passar a noite na casa dos pais e que voltaria na manhã seguinte para ir ao trabalho com Ellis. Os Sheppard consideraram o comportamento um pouco estranho. Das últimas vezes que estiveram fora, ele deixara a maior parte de suas coisas na casa, já que o casal viajava com bastante frequência. Bell sabia que os dois pretendiam fazer outra viagem na sexta-feira e iriam querer que continuasse cuidando da residência, então não entenderam o motivo para ele partir de mala e cuia.

Outra atitude dele chamou sua atenção, com base no que McCarty mencionara do perfil. Apesar de terem ficado incomodados com a insistência de Gene em praticamente só querer falar sobre o assassinato de Shari Smith, eles também ficaram abaladíssimos por um crime tão terrível ter ocorrido tão perto de onde moravam, e lhe pediram para guardar os jornais enquanto estivessem fora, para que pudessem se informar sobre os desdobramentos do caso em sua ausência. O que não esperavam era que ele recortaria e organizaria em ordem cronológica todas as matérias sobre os casos Smith e Helmick — e não só dos jornais locais, o *State* e o *Columbia Record*, mas de veículos de imprensa de todas as regiões das Carolinas, do Sul e do Norte.

Quando Sharon viu o retrato falado nos jornais, disse que sentiu um arrepio: aquele com certeza parecia Gene.

— Ai, meu Deus — comentou com Ellis. — Será que ele tem alguma coisa a ver com essa coisa horrível?

Ellis respondeu que não, mas contou aos investigadores que a ideia ficou martelando em sua cabeça. Ele deu mais uma boa olhada na reprodução do retrato falado no jornal. De fato, parecia haver uma certa semelhança com Larry Gene Bell.

Então outra coisa lhe veio à mente: como vivia em uma região rural e bem próxima do lago, Ellis mantinha uma pistola calibre .38 sempre carregada em casa, para proteção pessoal. Ele se lembrou de ter contado a Gene sobre a arma, caso pressentisse algum perigo enquanto estivesse sozinho na casa. Algumas matérias especulavam que Shari Smith teria sido forçada a entrar no carro do sequestrador sob a mira de uma arma de fogo. Então, Ellis foi checar o local onde guardava a sua.

A pistola não estava lá. Ele falou que isso o deixou com uma péssima sensação.

Incomodado com a história da arma, o homem ligara para Gene na casa dos pais por volta das 23 horas daquela noite. O rapaz explicou que, sim, sabia onde estava a arma. Tinha colocado embaixo do colchão onde dormia, do lado mais próximo da parede. Ellis respondeu que tudo bem, falou que os dois se veriam na manhã seguinte e desligou. Então foi verificar a cama. Lá estava a arma, no lugar onde ele havia mencionado, e o mais velho a pegou e a examinou. Tinha sido disparada, mas não foi devidamente limpa depois disso e parecia estar emperrada.

Sob o colchão também havia uma edição da revista *Hustler*, com uma mulher loira e bonita amarrada em posição cruciforme na capa. Mais um aspecto que se encaixava no perfil.

Àquela altura, Sharon já estava dormindo, e Ellis não quis acordá-la só para falar da arma e da revista. Ainda assim, pensou que pudesse ser só uma coincidência; que talvez eles tivessem entendido tudo errado. Mas, então, por que a arma foi tirada do lugar e disparada? E Gene só contou quando foi questionado a respeito? Como isso se encaixava na coincidência? E a foto da mulher loira toda amarrada? Era exatamente o que McCarty dissera que o FBI esperava encontrar. Os dois moradores da casa eram pessoas boas e honradas, e todos sabiam disso. Poderiam, involuntariamente, ter se associado a um assassino cruel e deixado a casa a seus cuidados? Parecia inacreditável.

Na manhã seguinte ao dia em que foi buscá-los no aeroporto, Gene chegou à casa dos Sheppard no horário de sempre e, no trajeto para o trabalho, Ellis comentou que o retrato falado no jornal era um pouco parecido com ele, e perguntou como se sentia a respeito.

— Ora — respondeu em um tom bem casual —, eles me pararam duas vezes na blitz, mas me liberaram em seguida. Tinham outros carros sendo parados também.

Ellis tentou se convencer de que a explicação fazia sentido. Ele não conseguia acreditar que o Larry Gene Bell que conhecia poderia cometer aqueles crimes terríveis.

Depois de ouvirem sobre a conversa no trajeto de volta para a casa dos Sheppard após a viagem mais recente, sobre o comportamento estranho de Bell e sobre seus temores cada vez maiores, os investigadores mostraram a eles um trecho da gravação do último telefonema do suspeito para Dawn — na madrugada de sábado, quando ele disse que Deus queria que ela se juntasse a Shari Faye e deu instruções sobre onde encontrar o corpo de Debra May Helmick, tudo sem o modulador de voz.

Ellis e Sharon se entreolharam, assustados. Ela caiu em prantos.

— Esse é Larry Gene Bell. Sem dúvida alguma — garantiu o marido. Ele fez uma pausa para pensar nas implicações do que havia acabado de confirmar. — Deus do céu, ele largou o corpo perto do Bill's Grill.

Aparentemente, Bell havia desovado o cadáver de Debra May perto de um dos lugares onde mais gostava de comer.

14

Quando Ron e eu chegamos à delegacia naquela madrugada, Jim Metts já estava lá, e, junto com McCarty, começou a nos passar as informações sobre Larry Gene Bell. O xerife mostrou uma fotografia que seus policiais haviam tirado enquanto vigiavam o túmulo de Shari Smith, que, conforme já mencionado, ficava perto da estrada. Aquela imagem em particular mostrava um carro registrado no nome de Bell perto da sepultura, mas o motorista não havia descido. Aquilo confirmou minha desconfiança de que o assassino visitaria o local, mas tinha sofisticação criminal suficiente para saber que os arredores provavelmente estavam sendo monitorados, e que era melhor não se arriscar a uma aproximação de caráter mais pessoal, como gostaria.

Quanto mais os investigadores apuravam sobre o sr. Bell, mais certeza tínhamos de que era o homem que procurávamos.

Larry Gene havia nascido em 30 de outubro de 1949 em Ralph, no Alabama, a sudoeste de Tuscaloosa. Era o quarto de cinco filhos, três meninas e dois meninos. Ironicamente, James, o irmão, era um advogado que atuava em Colúmbia. Archie, o pai, era engenheiro mecânico. A família se mudava bastante, e Bell cursou parte do ensino médio em Colúmbia e se formou em Tupelo, no Mississippi. A partir de uma foto de um anuário, era possível descobrir que ele jogou no time de beisebol da Eau Claire High School, conhecido como os Shamrocks. Depois de estudar por um tempo para ser eletricista, mudou-se de volta para Columbia, onde se casou com uma estudante secundarista de dezesseis anos. Curiosamente, considerando o que aconteceria depois, uma loira de olhos azuis.

Bell se juntou ao Corpo de Fuzileiros Navais em 1970 com a intenção de lutar no Vietnã, mas não durou nem um ano nas Forças Armadas — sofreu um ferimento acidental no joelho enquanto limpava uma arma de fogo e foi dispensado do serviço militar. Em 1971, trabalhou como guarda prisional para o Departamento de Correção Penal da Carolina do Sul em Colúmbia. Durou um mês no emprego. O casal, então, mudou-se para Rock Hill, na Carolina do Sul, perto da divisa com a Carolina do Norte e não muito longe do parque Carowinds, onde Dawn se apresentaria anos depois nas férias de verão e Shari também pretendia cantar.

Dez anos antes dos casos Smith e Helmick, em fevereiro de 1975, Bell foi preso por importunação e agressão em Rock Hill, depois de abordar uma jovem no estacionamento de um shopping e insistir para que fosse com ele "curtir a noite em Charlotte".

Quando ela se recusou, ele sacou uma faca, apontou para a barriga dela e tentou forçá-la a entrar em seu Fusca verde. Ela gritou e resistiu, e ele desistiu de seu intento, pegando o carro e indo embora. Uma mulher que estava nas imediações ouviu os gritos, correu para um telefone público e chamou a polícia. Ele foi capturado não muito longe do centro comercial. Em maio daquele ano, declarou-se culpado, sendo condenado a cinco anos de prisão e recebendo uma multa de mil dólares. A pena foi suspensa sob condição do pagamento da multa e convertida em liberdade condicional. Àquela altura da vida, ele trabalhava como agente de reservas na companhia aérea Eastern Airlines. Ainda estava casado e morando com a esposa e o filho de dois anos, mas o divórcio viria no ano seguinte. Pelo menos duas vezes depois disso, quando ainda estava em condicional, Bell se internou em hospitais psiquiátricos — no Hospital Estadual da Carolina do Sul, em uma instituição pública em Colúmbia, e também no Hospital dos

Veteranos da mesma cidade — por transtornos de personalidade de "natureza psicossexual".

Esse primeiro crime na ficha policial confirmava o que previmos a seu respeito: ele não tinha força, coragem nem condições emocionais de atacar, controlar e dominar uma mulher adulta com a capacidade de reagir. Em uma situação desse tipo, ele simplesmente se afastaria e fugiria. Era por isso que se concentrou em Shari Smith (e precisou de uma arma para controlá-la); e depois, quando o desejo voltou a crescer dentro dele, voltou-se para a ainda mais vulnerável Debra May Helmick.

A segunda acusação criminal só reforçaria esse ponto.

Em outubro de 1975, em Colúmbia, apenas oito meses depois do caso anterior e cinco meses após ter se declarado culpado e conseguido a liberdade condicional, em vez de ir para a cadeia, ele ajudou uma mulher que tinha escorregado e caído a se levantar. Em seguida, avisou que estava armado, mostrou uma pistola e a forçou a entrar em seu carro. Eles entraram em confronto físico, e ela conseguiu se desvencilhar do agressor. Mais uma vez, depois de não conseguir capturar a presa que pretendia, ele voltou para o veículo e fugiu.

Ambas as vítimas reagiram da melhor forma possível. Em uma situação assustadora como essa, recomendamos às possíveis vítimas fazer todo o possível para não entrarem no veículo. As chances de sobrevivência são muito maiores enfrentando-o e fugindo. Uma vez no carro, e sob o controle do criminoso, como demonstram tragicamente os casos Smith e Helmick, as opções diminuem drasticamente. Em um lugar público como uma rua ou um estacionamento de shopping, até quem aborda as vítimas à mão armada fica hesitante em atirar, pois se trata de uma ação que atrai atenção imediata. Mas isso não significa que resistir não implique riscos, e, se o equilíbrio de força entre criminoso e vítima for muito discrepante, como no caso de Debra May, a estratégia pode não funcionar. No entanto, uma pessoa como Bell conseguia entender, ainda que apenas em um nível instintivo, que, quando a vítima estivesse em seu carro, ele assumiria o controle, e as chances de concluir o intuito criminoso cresceriam exponencialmente. Ele também entendia os próprios limites e a própria covardia, portanto, se a vítima conseguisse resistir, era melhor abortar o ataque e partir para a próxima.

No segundo caso, porém, ele não foi tratado com leniência. Assim como na primeira tentativa de sequestro, foi identificado e detido pela polícia. No fim, a pistola que brandia estava carregada com munição não letal, mas a vítima não tinha como saber disso. Em junho de 1976, ele se declarou culpado por importunação e agressão, a condicional foi revogada e o juiz Owens T. Cobb o condenou a mais cinco anos de cadeia, recomendando também avaliação e tratamento psiquiátrico enquanto estivesse encarcerado. Bell acabou cumprindo só dois anos no Instituto Correcional Central, antes de ser colocado em liberdade vigiada, apesar de um relatório médico dizer que: "A chance de ele repetir seus atos é muito alta".

Em outubro de 1979, em Charlotte, na Carolina do Norte, Bell foi condenado por fazer telefonemas obscenos para uma menina de dez anos de idade no condado de Mecklenburg de fevereiro a julho daquele ano. Isso era totalmente condizente com o perfil que traçamos na unidade, e indicativo dos crimes futuros, como o contato telefônico prolongado com a família Smith e a escolha de Debra May, de nove anos, como vítima. A pré-adolescente estava em um nível emocional mais próximo ao dele do que alguém de sua idade e, depois de ser preso duas vezes em confrontos físicos com mulheres adultas, o telefone lhe proporcionou uma proteção que um encontro cara a cara não permitiria. Quando as ligações começaram, a polícia cedeu à mãe da menina um dispositivo de gravação.

Embora os telefonemas obscenos tenham levado a mais uma detenção e confissão de culpa, Bell não voltou à prisão. Em vez disso, recebeu uma sentença de dois anos, que foi imediatamente suspensa, associada a outros cinco anos de liberdade condicional. Em termos de evolução criminal, com esse caso ele aprendeu a disfarçar a voz.

Depois de horas reunindo todas as informações, o dossiê criminal foi enviado durante a noite para o Procurador do Décimo Primeiro Circuito Judicial (nome oficial do promotor público distrital em diversos condados dos Estados Unidos) Donald V. "Donnie" Myers, que analisou o material, sentiu que dispunha de elementos suficientes e apresentou o caso ao juiz LeRoy Stabler, que emitiu o mandado de prisão de Bell.

Por meio de um esforço coordenado do Departamento de Polícia do Condado de Lexington, da Divisão de Aplicação da Lei e do Departamento de Conservação da Vida Selvagem da Carolina do Sul, foi estabelecido um perímetro de vigilância em um raio de mais ou menos um quilômetro do acesso de entrada à casa térrea de cedro dos pais de Bell, em uma rua sem saída na extremidade da ilha Shull, no lago Murray. Os policiais se apresentaram ao raiar do dia, e apareceram no local por volta das 6h15 da quinta-feira.

Cerca de 7h30, Bell se aproximou de uma blitz na estrada. Estava ao volante de um Buick cinza-claro do fim dos anos 1970. Um policial abordou o veículo e pediu ao motorista que se identificasse.

— Larry Gene Bell — respondeu. O oficial pediu a carteira de motorista e solicitou que saísse do carro. Ele obedeceu e disse calmamente: — É sobre aquelas duas meninas. Posso ligar para minha mãe?

Ele foi preso de imediato e teve os direitos devidamente informados no momento da detenção. Em seguida, foi algemado e colocado no banco traseiro da viatura que o levaria à delegacia da polícia do condado de Lexington.

Enquanto a viatura se afastava, o coronel Butch Reynolds enfiou a mão pela janela aberta do Buick para desligar o motor e viu uma faca dobrável com lâmina de dois gumes sobre o assento do carona.

Naquela manhã, Metts, junto com Frank Powell, xerife de Richland, e George Booth, de Saluda, convocaram uma breve coletiva de imprensa para acalmar a população.

— Entre o fim da noite de ontem e a manhã de hoje — anunciou —, nossa força-tarefa apurou informações cruciais que levaram à identificação de um suspeito que se encaixa em nosso perfil.

Ele não citou nomes, afirmando que faria um comunicado formal sobre a prisão mais tarde. Só depois que Bell foi detido, Metts ligou para os Smith e providenciou para que os Helmick fossem avisados.

Antes de saírem da delegacia, os Sheppard assinaram uma autorização para que fosse efetuada uma revista em sua residência, e, logo depois que chegaram em casa, os agentes da Divisão de Aplicação da Lei da Carolina do Sul Keneth Habben, James Springs e Mickey Dawson apareceram para executar o procedimento. Sharon entregou o bloco de papel pautado onde tinha escrito os bilhetes e o número de telefone do filho no Alabama. Os policiais também pediram amostras de envelopes, cadernos e canetas encontrados tanto na casa como no automóvel do casal.

Sharon contou aos investigadores que, quando Ellis e ela voltaram para casa, em 4 de junho, tinha visto um fio de cabelo loiro comprido no sofá da sala de estar.

— Pensei que fosse da namorada dele — explicou. — Ele pediu permissão para levá-la para nossa casa enquanto estivéssemos fora. Eu não dei importância a isso, joguei o cabelo no lixo e não pensei mais a respeito. Até agora.

Quando Habben entrou no quarto de hóspedes, o cômodo ocupado por Bell, encontrou o local, como esperado, limpo e arrumado, com o carpete recém-aspirado. As roupas de cama também tinham sido lavadas pouco tempo antes. Mas, sob os lençóis, havia um protetor para colchão de cor azul que Sharon havia colocado na cama. E, ao contrário do lençol e do cobertor, estava amarrotado e manchado. Entre as marcas havia algumas que poderiam ser de urina, sêmen e sangue. O agente lembrou que Shari sofria de diabetes insípidus, o que provocava uma frequente necessidade de urinar caso não estivesse medicada. Diversos fragmentos de fibras de cor vermelha estavam visíveis sobre o lençol, e Habben os coletou e colocou em sacos plásticos. Em seguida, recolheu os fios de cabelo encontrados no chão, atrás da porta. Uma das descobertas mais significativas feitas no quarto, e de novo consistente com nosso perfil, foi uma sacola com sete calcinhas escondidas sob as roupas de Bell em uma gaveta da cômoda, várias delas com formato e tecido semelhantes à encontrada no corpo de Debra May.

Os investigadores também acharam um short azul que se encaixava na descrição da testemunha ocular do rapto de Debra May Helmick. Entre outros objetos, eles apreenderam uma câmera, fotografias, fitas cassete e uma corda de pular.

Havia um cartão de visitas da Loveless & Loveless, uma empresa na Old Percival Road, em Colúmbia, que vendia terra, areia e cascalho. A companhia era de propriedade de Diane, irmã de Bell, e seu marido, John, e ficava em frente ao Shiloh Mobile Home Park, onde moravam os Helmick. Mais tarde, foi apurado que Bell trabalhava para o casal ocasionalmente, quando precisavam de ajuda extra.

O banheiro usado por Bell ficava do outro lado do corredor. Havia quatro tapetes no chão, todos com fios de cabelos visíveis. Habben acondicionou-os, individualmente, a sacos plásticos separados. Também coletou o que pareciam ser pelos pubianos ao redor do vaso sanitário. Os outros agentes encontraram rolos de fita isolante larga na sala de estar dos Sheppard e na picape azul que Bell usava para ir trabalhar.

Bell deu aos agentes a permissão necessária para revistar o Buick Riviera modelo 1978 que dirigia no momento da detenção. Dele, Habben coletou e embalou a faca, que ainda estava no assento do carona, e, no porta-malas, havia uma toalha e uma colcha dobradas. Quando o agente as pegou, viu uma placa de identificação de veículos dentro de um envelope, além de um documento de registro veicular. A placa do Buick era OCH 241. A que foi encontrada no porta-malas, DCE 604. Estava no nome de Diane Loveless, moradora da Trenholm Road, em Colúmbia — a irmã de Bell. A primeira letra, D, correspondia ao relato do testemunho ocular do sequestro de Debra May. No entanto, as autoridades acreditavam que não havia sido o carro dos Loveless o usado no crime.

Rita Shuler, fotógrafa da Divisão de Aplicação da Lei, e a perita documental Gaile Heath se reuniram com os Sheppard para apresentar o que o aparato de detecção eletrostática havia detectado a partir do "Último Desejo & Testamento". Ficou claro para o casal que a carta de Shari tinha sido escrita no bloco que mantinham em casa, onde Sharon havia feito as anotações nas páginas anteriores.

— Você chegou a desconfiar de Larry enquanto tudo acontecia? — perguntou Shuler.

— Eu fiquei bem incomodada com a sensação que tive quando vi o retrato falado, além da obsessão de Larry com essa história toda, e comentei com Ellis a respeito — respondeu.

Eu sempre acreditei que intuição pode ser uma força poderosa. Ellis jurou para Shuler que nunca mais duvidaria da esposa.

15

Quando Bell foi fichado na delegacia, Ron e eu já estávamos trabalhando havia horas em uma estratégia de condução para o interrogatório. Eu me lembrei de quando dei aconselhamento à polícia de Adairsville, na Geórgia, no caso do assassinato de Mary Frances Stoner — a primeira coisa que me veio à mente quando Ron apareceu em minha sala em Quantico para contar sobre o sequestro de Shari Smith.

— Você acabou de descrever um cara que descartamos como suspeito do crime — contou um dos policiais que participava da chamada telefônica, depois de ouvir meu perfil detalhado do assassino de Mary Frances.

No entanto, ele ainda era suspeito em outro caso. Seu nome era Darrell Gene Devier e, talvez o fato mais relevante a seu respeito, trabalhava com podas de árvores e estava a serviço da companhia de eletricidade na rua da residência dos Stoner cerca de duas semanas antes do rapto de Mary Frances.

Devier era um homem branco de 24 anos, casado e divorciado duas vezes, que morava com a primeira ex-mulher. Tinha largado os estudos depois do oitavo ano do ensino fundamental, apesar de seu Q.I. estar entre 100 e 110 pontos. Alistou-se no exército depois da primeira separação conjugal, mas não se apresentou quando deveria e foi dispensado depois de apenas sete meses. Seu carro era um Ford Pinto com três anos de uso e manutenção em dia. Também era um forte suspeito no caso de estupro de uma menina de treze anos em Rome, na Geórgia, mas não chegou a ser indiciado. No caso Stoner, passou no teste do polígrafo com resultados inconclusivos, o que não me surpreendeu. Nunca depositei muita fé em detectores de mentira, a não ser para cidadãos cumpridores da lei. Para alguém que é arrogante e já cometeu crimes graves, não existe diferença entre mentir para uma caixa ou para um investigador de polícia.

O que sugeri no caso de Devier foi que os investigadores da polícia local e do escritório do FBI em Atlanta conduzissem juntos o interrogatório, para dar a impressão de que a coisa era séria e que todas as instâncias do Governo estavam envolvidas. Também recomendei que fosse feito tarde da noite, quando tudo fica mais silencioso e assustador, e sem a necessidade de um recesso para almoço ou jantar. Deveria haver pilhas de pastas sobre a mesa diante dele, com o nome escrito em cada uma, mesmo que só estivessem cheias de folhas em branco. E o mais importante: sem fazer menção alguma ao objeto, eles deveriam posicionar a pedra ensanguentada em uma mesa baixa a um ângulo de 45 graus do suspeito, para que fosse possível perceber quando ele virasse a cabeça para olhá-la. Se ele fosse culpado, conforme expliquei, isso serviria como um belo cutucão na bunda, e sua atenção não conseguiria se desviar da pedra por muito tempo.

Avisei que era pouco provável que houvesse uma confissão, pois a Geórgia era um estado que aplicava a pena de morte e, mesmo que fosse apenas preso, ele sabia que os demais encarcerados, mesmos os assassinos, não toleram molestadores de crianças. Portanto, expliquei que, por mais ofensivo e abjeto que pudesse ser, a melhor tática para os investigadores era projetar a culpa na vítima: insinuar que ela o atiçou ou o seduziu de alguma forma e ameaçou contar tudo para os pais ou denunciá-lo para a polícia depois de tê-lo induzido a atacá-la. Para mim, essa hipótese que livrava a cara dele era a única coisa que poderia funcionar, considerando que ele estava bem mais confiante depois de ter passado no teste do polígrafo.

Homicídios a facadas ou por lesões provocadas por objetos contundentes tendem a ser bastante sangrentos, e é difícil para o assassino não se sujar com o sangue da vítima. Considerei que poderíamos usar isso a nosso favor. Se houvesse algum indício de que ele pudesse acreditar, o interrogador deveria dizer algo como:

> *"Sabemos que tinha sangue em você, Darrell — nas mãos, nas roupas e no carro. A questão para nós não é se foi você. Isso nós já sabemos. A questão é o porquê. Nós achamos que sabemos, e entendemos a situação. Você só precisa confirmar isso para nós."*

O interrogatório se deu conforme eu esperava. Assim que Devier viu a pedra, começou a transpirar e a respirar com mais dificuldade — uma linguagem corporal bem diferente da demonstrada em conversas anteriores. Os investigadores seguiram o plano que elaborei e, no fim, o fizeram admitir que fez sexo com a menina, afirmando que ela o ameaçou depois disso. O sangue foi mencionado, e o agente especial do FBI Bob Leary comentou que todos sabiam que Devier não pretendia matá-la, porque, nesse caso, um cara inteligente como ele usaria um método bem mais eficiente do que pedradas. O suspeito acabou confessando tanto o homicídio como o estupro no ano anterior.

Darrell Gene Devier foi julgado pelo estupro e assassinato de Mary Frances Stoner, considerado culpado e condenado à morte.

Obter uma confissão para os casos Smith e Helmick seria mais desafiador, mas eu esperava que algumas daquelas mesmas estratégias pudessem ser aplicadas.

NO ESTACIONAMENTO ATRÁS DA DELEGACIA, METTS MANTINHA UM TRAILER APREENDIDO EM uma operação antidrogas, que vinha sendo usado como um escritório auxiliar. Ron e eu sugerimos usar o local como o cenário da suposta "força-tarefa" montada para os casos de sequestro e assassinato. Os policiais recolheram fotografias das cenas do crime, retratos falados e mapas da região e os prenderam nas paredes. Eu também queria fotos de Shari e Debra May felizes e sorridentes, em vez de imagens dos cadáveres em decomposição no meio do mato. Como aconselhei às autoridades que fizessem no interrogatório de Darrell Gene Devier, trabalhamos junto à equipe para lotar as mesas de pilhas de pastas, algumas vazias ou com material não relacionado, mas que ajudassem a compor a cena. Sugerimos a Metts que, quando Bell fosse levado ao trailer, deveria haver vários oficiais lá dentro parecendo ocupados, para transmitir a impressão de que uma montanha de provas tinha sido reunida contra o assassino.

Não seria fácil obter uma confissão, avisei a Metts e McCarty. Assim como a Geórgia, a Carolina do Sul era um estado onde existia a pena de morte e, em um dos telefonemas para Dawn, o suspeito expressara o medo de ir para a cadeira elétrica. Mesmo que não recebesse a pena capital, no mínimo passaria muitos anos ou o resto da vida cumprindo uma pena com o rótulo de molestador e assassino de crianças na testa, e ele sabia que esse tipo de criminoso era visto como a escória da escória dentro da cadeia. Nenhuma dessas opções era uma saída considerada viável para alguém que valoriza a própria vida e integridade corporal.

Eu achava que a melhor alternativa era apresentar a ele uma narrativa para livrar a própria cara, como fizemos com Devier — fosse transferindo parte da culpa para as vítimas, fosse obrigando-o a se justificar alegando algum tipo de insanidade ou capacidade reduzida de autodefesa. Os acusados que se veem sem alternativa, muitas vezes, recorrem a essa tática, embora quase nunca consigam convencer os júris, como mostram as estatísticas.

Depois que o cenário do trailer da "força-tarefa" estava montado, Bell foi levado para lá algemado. O xerife Metts observou sua expressão e contou que "ele ficou branco como papel" quando olhou ao redor e viu tantas provas reunidas, observando cada uma delas.

— Isso o colocou na perspectiva psicológica desejada — comentou o xerife.

Os direitos de Bell foram lidos outra vez, e ele abdicou da presença de um advogado, concordando em depor para os investigadores. No entanto, não aceitou ceder amostras de sangue e saliva, que poderiam revelar se o sêmen no protetor de colchão era de alguém do mesmo tipo sanguíneo.

Os tenentes James Earl "Skeet" Perry, da Divisão de Aplicação da Lei, e Al Davis, da polícia do condado, conduziram a primeira parte do depoimento, enquanto Ron e eu aguardávamos na sala de McCarty, recebendo atualizações regulares sobre o progresso do interrogatório e enviando sugestões que os investigadores poderiam tentar a seguir. Por exemplo, eu queria que eles continuassem insistindo no ponto de que todas as evidências coletadas apontavam para Bell e ninguém mais. Os policiais podiam ser cordiais e até solidários com o suspeito, mas deveriam deixar claro que não havia como ele tentar negar envolvimento nos dois sequestros e homicídios.

Quando Bell foi apresentado aos dois tenentes, Perry perguntou:

— Como você está?

Bell deu uma resposta sarcástica:

— Considerando a situação, não muito bem.

Porém, tentou argumentar com os policiais que não achava certo estar sendo detido ou mesmo interrogado.

— Eu estou preso? — quis saber. — Não vou ter uma chance de me explicar antes de ser preso? Porque é uma alegação bem frágil... alguma coisa sobre a carta ter saído da casa deles [dos Sheppard] ou seja lá o que for. Ora, pode ter sido um monte de gente!

— A prisão foi realizada quando a polícia apresentou o mandado a você — explicou Perry. — O mandado não contém alegação alguma. Não diz que você é culpado do crime que motivou a ordem judicial.

Mas Bell continuou insistindo mesmo assim:

— Eu não acho que deveria ser preso, principalmente porque alguém disse que identificou a minha voz, que poderia ser a de um monte de gente, e por causa de um bloco de papel ou uma coisa do tipo. Qualquer um poderia ter levado isso de lá também.

— Gene, você é inteligente o bastante para saber que o juiz não emitiria o mandado sem uma causa provável e provas para embasar isso.

Bell se agarrou a um álibi, afirmando que estava levando a mãe para uma consulta médica em Colúmbia quando Shari desapareceu.

— Eu garanto que Larry Gene Bell não fez isso com essas pobres mulheres — insistiu. — Não estou mentindo para vocês. Vou fazer tudo o que puder para colaborar, mas não posso confessar o crime de outro. Sinto muito.

E, continuando a se referir a si mesmo na terceira pessoa, complementou:

— Eu não quero que Larry Gene Bell seja executado por uma coisa que não fez.

Um fato que merece destaque é o uso da palavra mulheres, embora Debra May fosse uma criança e Shari, uma estudante de dezessete anos. Mesmo enquanto negava tê-las raptado, agredido e matado, era como se só conseguisse se referir a elas de uma forma que as tornassem apropriadas para um relacionamento com um homem adulto. Ele não conseguia sequer pensar nas vítimas como menores de idade.

— Se fosse a filha de sua irmã e alguém a pegasse à força, você não iria querer que alguém se apresentasse para contar o que aconteceu? — questionou Davis.

— Filho, tenha coração, está na hora de se redimir com você mesmo e com Deus — incentivou Perry. — Não deixe isso acontecer de novo, filho.

— Eu não quero que aconteça de novo — respondeu Bell. — Mas não foi este sujeito sentado aqui que fez isso.

— Você sabe o que acontece com você, e fica tão agoniado para parar de se sentir assim que não sabe o que fazer. Isso está destruindo você — afirmou Perry.

Davis tentou uma abordagem diferente:

— Vamos tentar fazer a coisa de outro jeito. Pegue aqui este papel e lápis. Pense bastante, relaxe. Reflita sobre o que aconteceu e escreva como se fosse outra pessoa narrando. Deixe outra pessoa contar para o meu amigo Gene o que aconteceu.

Mas Bell se manteve irredutível:

— Garanto que eu, Larry Gene Bell, não faria uma coisa tão horrível.

Enquanto isso, policiais munidos de um mandado de busca se dirigiram à residência dos pais de Bell na ilha Shull, onde ele estava morando. O documento, que fazia referência ao que os investigadores esperavam encontrar com base em nosso perfil, na verdade era só uma salvaguarda legal adicional, pois os donos da casa consentiram voluntariamente com a revista. Segundo informações, eram membros benquistos e respeitados da comunidade.

Como seria de se prever, os calçados de Bell estavam todos bem alinhados sob a cama; a escrivaninha, meticulosamente organizada, e até as ferramentas no porta-malas de seu veículo — com três anos de uso e a manutenção em dia — estavam arrumadas da mesma forma. Na escrivaninha, os policiais encontraram instruções escritas com a mesma exatidão daquelas que ele passou ao telefone para que os corpos de Smith e Helmick fossem encontrados. Conforme o esperado, eles localizaram também material pornográfico envolvendo *bondage* e sadomasoquismo. Os peritos recolheram cabelos loiros da cama que mais tarde se revelaram compatíveis com os de Shari. O selo comemorativo com o pato de madeira usado para o envio do "Último Desejo & Testamento" era idêntico aos de uma cartela que estava na gaveta da escrivaninha.

No interrogatório, Bell continuava a esgrima verbal com os investigadores. Quando foram reproduzidos trechos dos telefonemas gravados, ele admitiu que a voz era parecida com a sua, e até que a polícia "não me traria até aqui sem evidências e coisas assim".

— Eu quero ajudar vocês a acabar com isso. Mas, se não existir certeza absoluta, não dá para confessar uma coisa que outra pessoa fez.

Perry então avisou:

— Pois bem, nós vamos provar que a carta saiu da casa dos Sheppard... que a folha de cima foi arrancada do bloco onde a sra. Sheppard escreveu, o que deixou marcas de números e letras nas outras páginas... que foi o mesmo bloco em que Shari escreveu seu "Último Desejo & Testamento", enviado para a família dela. Ninguém além de você poderia ter tido acesso a esse bloco. Só você ia à casa dos Sheppard enquanto eles estavam fora.

No fim da tarde, Bell ainda se recusava a confessar o que quer que fosse, e continuava a dizer que achava errado ter sido preso. Perry fez uma pausa no interrogatório para dar ao suspeito algum tempo para pensar na situação.

— Você está enrolando nós dois do mesmo jeito que fez com aquela moça! — gritou Perry para ele. — Não venha me dizer que não lembra. Você deve ser doente. Só uma pessoa doente, com problemas mentais, faria isso!

Depois de muitas horas de um interrogatório arrastado, Metts e McCarty concluíram que nada de útil poderia sair dali. Pouco depois, o xerife foi até o trailer e se apresentou formalmente a Bell. Consideramos que isso seria importante, porque, em vários de seus contatos, o suspeito tinha se concentrado em Metts como o representante das autoridades. Metts conversou com ele para ver se conseguiria oferecer outra perspectiva para o principal suspeito. Mas, depois de vários minutos no trailer, ele o conduziu de volta ao prédio principal.

Ron e eu ainda estávamos na sala de McCarty, esperando por atualizações sobre o interrogatório, quando o xerife apareceu com Bell, acompanhado por Donnie Myers, procurador do condado. Aquilo foi inesperado. Eu não sabia que Metts pretendia que tivéssemos um contato direto com o suspeito. Também era a primeira vez que nós dois o víamos de perto. Seu corpo era rechonchudo e flácido, e me lembrou o Pillsbury Doughboy, um mascote de comerciais televisivos de massa para cookies.

Metts falou que tocaria algumas das fitas com as gravações dos telefonemas de novo, ao que Bell respondeu:

— Eu já escutei todas.

Sem se deixar abalar, o xerife continuou:

— Ah, já ouviu? Pois bem, vamos começar por esta aqui.

Só o que Bell conseguiu pensar em falar foi:

— Estou nervoso e assustado. Eu não sou um criminoso.

— Por que está tão nervoso? — questionou Metts. — O que está feito está feito. Não tem como desfazer. Fale comigo, Gene.

O oficial começou, então, a tocar uma das fitas. Depois de alguns segundos, parou, olhou bem para Bell e reforçou o que Davis e Perry já tinham dito:

— Esse é você, Gene. Eu já falei que nós temos provas disso.

Enquanto o xerife tocava outra fita, Bell balançou negativamente a cabeça e disse:

— Não, eu não acredito. Isso me deixa abalado demais.

— Isso deixa você abalado, Gene? — retrucou Metts. — Você sabe muito bem que é você nessas fitas. Você conhece a própria voz, não é? E deve concordar comigo que é Gene quem está falando nessas fitas, certo?

Bell respondeu que até parecia um pouco com ele falando, mas que nunca havia ouvido a própria voz gravada, então não tinha como saber. Também insinuou que a pessoa que fez os telefonemas estava disfarçando a voz, o que nós consideramos um comentário interessante.

— Pois é, pode acreditar — declarou, com o que parecia ser uma risada forçada. — Sim, senhor.

A maior parte do interrogatório se concentrou em Shari Smith, mas Metts achava que poderia fazer Bell falar mencionando o outro crime igualmente horrendo — o que ele cometeu depois de dizer a Dawn que iria se entregar ou se matar. O xerife comentou que entendia por que alguém se sentiria atraído por uma bela jovem como Shari Smith, mas que isso não explicava o que fora feito com Debra May Helmick.

— Tem uma coisa que me deixa totalmente perplexo — comentou Metts. — Por que uma menina de nove anos? Me ajuda aqui, facilita as coisas para mim. Não é possível que você não esteja se sentindo culpado por isso, Gene. É impossível não se sentir culpado.

Com a voz trêmula, Bell respondeu:

— Realmente, uma menina de nove anos... Eu vi no noticiário. Ouvindo você falar assim, não consigo acreditar que fiz isso. Deus me fulmine se eu fiz uma coisa como essa com a menina de nove anos ou com a outra garota. Mas não consigo me ver fazendo isso. Não tenho relação com essas coisas, com nenhuma das duas.

Então, pela primeira vez, Myers apontou para Ron e para mim, que estávamos sentados no sofá, observando. Ele falou para Bell, com um sotaque de sulista das Carolinas:

— Sabe quem são esses rapazes aqui? Esses rapazes são do F-B-I — avisou, fazendo questão de assinalar cada letra para dar um maior efeito dramático. — Eles fizeram um perfil do criminoso, sabe, e que bate com o seu até o último fio de cabelo! E agora os rapazes querem conversar um pouquinho com você.

Metts o conduziu até um sofá branco encostado na parede e o mandou se sentar. Em seguida, saiu da sala junto com Myers, deixando-nos sozinhos com Bell.

Sem saber que teríamos uma oportunidade como aquela, eu não tinha preparado algo com antecedência nem discutido a respeito com Ron. Mas não deixaria passar a chance de arrancar alguma coisa de Bell. Sentei-me na ponta da mesinha de centro, bem à frente dele. Meu parceiro ficou de pé ao lado dele, bem sério. Eu ainda estava usando a camisa branca, quase do mesmo tom da calça, que tinha vestido no hotel naquela manhã. Se soubesse que participaria do interrogatório, teria escolhido outra coisa. Além de parecer um sorveteiro, eu achava que aquele era o tipo de visual que um artista extravagante como Harry Belafonte usaria. Mas, naquele contexto, em uma sala com paredes brancas e sofá branco, eu ganhava um aspecto clínico, e o cenário parecia um tanto etéreo.

Comecei detalhando metodicamente alguns fatos sobre nosso estudo sobre serial killers. Ao longo do processo, tentei deixar claro que entendíamos perfeitamente a motivação do indivíduo responsável por aqueles homicídios; que seria impossível para ele nos enganar de algum jeito. Ele estava bem intimidado de início, então decidi reforçar ainda mais o fator "cutucão na bunda", dizendo que, de acordo com a análise feita por mim e o agente especial Walker, acreditávamos que o motivo para as negativas na conversa com os investigadores era que ele estava tentando reprimir pensamentos com os quais não se sentia confortável.

— Nas visitas às penitenciárias e nas entrevistas com todos esses criminosos — expliquei —, uma das coisas que descobrimos é que a verdade sobre o histórico da pessoa quase nunca vem à tona. E, em geral, quando um crime como esse acontece, é como um pesadelo para quem os comete. Eles têm tantos fatores de estresse na vida: problemas financeiros, problemas conjugais, problemas profissionais ou problemas familiares ou com uma namorada. Existem compulsões em seu corpo e em sua mente de que você pode não ter consciência. As pessoas podem sofrer apagões, e ter lados sombrios na personalidade.

Enquanto eu dizia tudo isso, Bell assentiu como se reconhecesse que tinha todos ou a maioria desses problemas. Aproveitei para continuar:

— O problema para nós, Larry, é que, quando o caso vai ao tribunal, seu advogado provavelmente não vai querer que você deponha, e assim você nunca terá a chance de se explicar. Só o que todo mundo vai conhecer é seu pior lado, e nada do que você tem de bom; só que você é um assassino frio e calculista. E, como eu disse, nós descobrimos que, muitas vezes, quando as pessoas fazem esse tipo de coisa, é como em um pesadelo, pois, quando "acordam" no dia seguinte, não conseguem acreditar que cometeram um crime assim.

Bell continuou assentindo discretamente com a cabeça, parecendo concordar comigo.

Não perguntei logo de cara se ele havia cometido os sequestros e homicídios, porque, se colocasse a coisa dessa forma, só o que conseguiríamos seria uma negativa. Ele já havia estabelecido uma armadura emocional ao longo do interrogatório da manhã e da tarde, então, se quiséssemos entrar em sua cabeça, teria que ser por uma "porta lateral". Em vez de confrontá-lo diretamente, eu me inclinei para mais perto e, falando baixo e devagar, questionei:

— Quando foi que você começou a se sentir mal a respeito do crime, Larry?

Tentando não deixar algo transparecer em nossa linguagem corporal, Ron e eu permanecemos em silêncio, prendendo a respiração.

Depois de passar alguns instantes calado, Bell respondeu:

— Quando vi uma fotografia e li uma matéria no jornal sobre a família rezando no cemitério, no aniversário de Shari.

Bingo. Ele só poderia estar se referindo à cobertura do *Columbia Record* do evento que organizamos na esperança de que o suspeito visitasse o túmulo de Shari e, talvez, tentasse levar consigo o pequeno coala de pelúcia. Ainda acho que isso teria acontecido, caso a análise com o aparato de detecção eletrostática do "Último Desejo & Testamento" não tivesse nos levado até ele primeiro. Por mais que o objetivo seja capturar o suspeito o quanto antes, para que não cause mais estragos em termos de vidas humanas perdidas, é preciso estar disposto a apostar no longo prazo também. Naquele caso, isso significava realizar a cerimônia no cemitério, por mais doloroso que fosse para Dawn e a família, na esperança de que rendesse frutos mais adiante. De meu ponto de vista, esses frutos estavam amadurecendo naquele exato momento.

— Como você se sente agora? — perguntei. — Larry, pensando em quem está sentado aqui neste momento, foi você que fez isso? Você seria capaz?

Em nossa pesquisa sobre predadores em série, aprendemos que era melhor evitar palavras acusatórias ou impactantes, como *assassinato* ou *homicídio*.

Ele abaixou a cabeça e, quando voltou a erguê-la, estava com os olhos cheios de lágrimas.

— Só o que eu sei — falou, hesitante — é que o Larry Gene Bell que está sentado aqui neste momento não faria uma coisa dessas. Mas que um Larry Gene Bell cruel seria, sim.

Eu sabia que aquilo era o mais próximo que chegaríamos de uma confissão. Mas tínhamos outra carta na manga para aquela noite. Quando Metts foi buscá-lo no trailer, antes de deixá-lo comigo e com Ron, Bell perguntou se poderia conversar com a família Smith. Ao ouvir o pedido, Donnie Myers considerou que, se o suspeito ficasse cara a cara com os pais e irmãos de Shari, poderíamos obter uma reação mais espontânea. Talvez ele desmoronasse e implorasse perdão, o que seria uma outra forma de admitir o crime. Eu sabia que seria difícil para a família, principalmente Dawn, que já havia se sujeitado a mais que qualquer um deveria ter que suportar, mas concordei com Myers que poderia ser uma estratégia produtiva.

Quando Metts telefonou para os Smith para fazer o pedido e explicar os motivos, Hilda e Dawn concordaram, ainda que demonstrando bastante apreensão a respeito. Bob e Robert não estavam em casa, e o xerife queria aproveitar o momento. Mandou uma viatura buscar mãe e filha e levá-las à delegacia. Analisando em retrospecto, provavelmente era de fato mais efetivo trazer apenas as mulheres, já que Bell se sentia intimidado por figuras masculinas e havia estabelecido uma relação com a mãe e a irmã de Shari nas conversas telefônicas.

— Lembro que minha mãe e eu fizemos o trajeto em silêncio total — contou a jovem. — Não havia o que dizer. Acho que estávamos exaustas demais, esgotadas em todos os sentidos possíveis. E eu não sabia nem se iríamos conseguir acreditar que tudo aquilo acabaria, porque parecia uma coisa sem fim, que ele enfim fosse preso.

Elas chegaram à delegacia do condado por volta das dezenove horas. Foi um momento oportuno; Ron e eu tínhamos conseguido tudo o que queríamos de Bell.

Antes que ele fosse levado de volta à sala do xerife, Ron, Myers e eu preparamos as duas quanto ao que esperar e como agir e reagir. Contei sobre o comentário segundo o qual, embora o Larry Gene Bell do bem jamais faria essas coisas horríveis, o Larry cruel era mais que capaz. Avisamos que nossa expectativa era ver se um encontro cara a cara com a mãe e a irmã de Shari poderia levá-lo a dizer mais do que revelara para nós. E avisei que qualquer uma das duas que tivesse a chance deveria dizer na cara de Bell que reconhecia a voz dele.

Nós as sentamos e nos acomodamos na medida do possível antes que Bell fosse trazido. Era evidente que as duas estavam tensas e apreensivas. Eu só queria que elas conseguissem suportar esse último procedimento, que seria uma das experiências mais dolorosas da vida daquelas mulheres.

Os policiais trouxeram Bell, ainda algemado, e colocaram-no em uma cadeira a poucos passos de Hilda e Dawn. Bell disse algumas palavras e, então, foi como se tivesse assumido o controle da situação. Apesar de sua posição, começou a falar como se estivesse no comando do procedimento, assim como fazia nos telefonemas.

— Obrigado por terem vindo — começou, com uma humildade forçada. — O xerife Metts disse que tem provas, mas esta pessoa sentada aqui, Larry Gene Bell, eu jamais poderia ter feito uma coisa tão profana. No momento, não sei como explicar. Sei que isso afetou muita gente e destruiu muitas vidas. Quando eu entender as razões, explico para sua família.

Embora estivesse, naquele momento, apavorado com a situação, ainda agia como se estivesse analisando objetivamente o ocorrido e tentando conquistar a confiança de Hilda e Dawn. Quando ele começou a falar, a jovem, segundo me contou mais tarde, teve certeza de que era o criminoso, o que foi uma conclusão apavorante. De repente, ela se viu sentada em uma sala com o homem que tinha feito tudo aquilo com sua família.

Ela o confrontou, como pedimos que fizesse:

— Estou reconhecendo sua voz! — afirmou. — Eu sei que é você. Nós conversamos pelo telefone. Está reconhecendo minha voz?

— Reconheço seu rosto da TV e da foto no jornal — respondeu Bell. E então se explicou melhor: — Foi só meu lado mau que causou toda essa destruição terrível na vida das pessoas: sua irmã e aquela garotinha. É uma coisa que existe em mim.

Mas Dawn não o deixaria se safar assim tão facilmente:

— Você não consegue reconhecer minha voz? Porque você sabe que nós conversamos. Não se lembra do que você me chamava pelo telefone?

— Acho que era só Dawn — falou, todo inocente.

— E a inicial do nome do meio? — questionou ela, recordando-se de quando ele a chamou de "Dawn E.".

— Não. Eu requisitei a presença de sua família aqui. Estou tentando dar algum alento a vocês sobre o motivo. Eles têm provas contra mim. Me sinto muito mal por isso, se for um resultado direto de alguma coisa ruim dentro de mim. Se Deus definir que vou ser mandado para o tribunal e condenado à morte, é uma coisa que vou ter que encarar.

O indivíduo sentado diante de nós era doentio, mas também racional. Percebi que ele já estava criando a estratégia de defesa de múltiplas personalidades e buscando compaixão, como se não tivesse controle sobre o lado mau, que teria sido o responsável pelo rapto e o assassinato das garotas — algo que ele afirmava desconhecer.

— Pois bem, por que você queria me fazer mal? — questionou Dawn. Ela havia assumido a frente da situação, poupando a mãe de boa parte da confrontação direta.

Bell continuou a fazer pose de coitado, inocente e confuso.

— Eu não queria lhe fazer mal. Nem conheço você.

Vale lembrar que, nos telefonemas, ele se dizia um amigo da família Smith.

— A pessoa sentada aqui, Dawn, não é uma pessoa violenta. Eu queria poder responder as suas perguntas. Se eu conseguir as respostas, e sei que consigo fazer isso, conto tudo exatamente do jeito que me lembrar. Se tivesse a certeza de que a pessoa sentada aqui tinha algum controle sobre o que aconteceu com sua irmã, eu confessaria na mesma hora. E me sinto culpado por alguma coisa. Quando comprei o jornal uns dias atrás, senti que era direta ou indiretamente responsável por algo desse tipo e, Dawn, foi quando senti que, de alguma forma, me aproximei de sua família... como alguém que faz parte dela... se eu fosse o responsável por levar alguém de sua família. Fico horrorizado com a ideia de que posso fazer uma coisa dessas, Dawn. Espero que você acredite em mim. Refleti muito durante todo o dia, e fico contente por você ter vindo.

Não fiquei surpreso por ele ter repetido muitas ideias sobre as quais conversamos no interrogatório. O que me surpreendeu foi que, apesar de tudo e na frente de todos, era como se ele estivesse fazendo uma encenação para Dawn. O sujeito era um narcisista total, o que ficou ainda mais evidente à medida que o diálogo prosseguia.

— Você disse em uma conversa que você e minha irmã tinham se tornado uma pessoa só — falou Dawn. — Acha que isso pode ter alguma coisa a ver com essa sensação de fazer parte de nossa família?

O que ficou bem claro para mim nesse momento foi que a própria Dawn tinha se tornado uma espécie de analista de perfis, processando o que o criminoso disse e expondo para ele, fazendo sondagens, buscando alguma pista sobre o que o levou a destruir sua família, mas sem deixar de transmitir a impressão de que se importava com os sentimentos dele.

É possível instruir pessoas, submetê-las a anos de estudos e treinamento, e não chegar ao nível de proficiência ao lidar com alguém como Bell que aquela estudante universitária sem exposição prévia alguma à criminalidade estava demonstrando. Era como se Dawn tivesse uma compreensão inata de como tratar o mestre da manipulação que tinha diante de si e adaptar o conteúdo e o tom de suas falas de um modo que não enfraquecesse sua posição nem o pressionasse a ponto de levá-lo a se fechar como uma concha. Mesmo com o nível de sofrimento que certamente estava sentindo, a postura que manteve diante do homem que havia raptado, torturado e assassinado violentamente sua irmã foi muito impressionante, e além do que qualquer um ali poderia esperar.

Ele não respondeu de imediato, como se não soubesse o que dizer ou se estivesse elaborando uma resposta de uma maior profundidade. Por fim, disse:

— Não tenho como responder isso agora, Dawn. O principal motivo para eu querer sua família aqui é que talvez fosse possível chegar a alguma coisa que me ajudasse a me explicar. Eu não queria conversar por telefone, porque tive que passar horas aqui hoje, ouvindo as gravações daquelas ligações horríveis. Isso não estava me ajudando, estava me fazendo mal.

— Mas você ouviu tudo hoje, e ouviu que é você, sua voz.

— Eu diria que em noventa por cento do tempo a ligação estava abafada. Mas, Dawn, a outra parte só pode ser... a não ser que fosse uma imitação boa demais.

— Conversando comigo agora, você consegue dizer que sou eu naquelas fitas? — rebateu a menina.

— Sua voz está diferente agora em relação às fitas, mas, Dawn, seja o que for que causou isso, espero de verdade que não destrua a vida de vocês. — Ele devia ter tirado essa parte diretamente do "Último Desejo & Testamento". — Isso vai destruir minha família também, mas torço para que eles tenham forças para seguir adiante. Existe um mal em mim, mas não posso dizer que foi o diabo que o colocou lá, porque faço minhas preces todas as noites e todas as manhãs.

Em outras palavras, o que aconteceu não era culpa dele, porque se comunicava regularmente com Deus. Ele teve mesmo a audácia de responsabilizar Deus por seus atos? O contraste entre o uso indiscriminado do nome do Todo-Poderoso para livrar a própria cara e a pureza da fé das duas mulheres sentadas diante dele não poderia ser maior.

— Então — continuou Dawn —, você reconhece que poderia ser sua voz.

— Ah, sim. Como eu disse, noventa por cento das fitas estavam abafadas, mas no restante era. — Ele se virou para Hilda. — Como eu disse para sua filha, sra. Smith, se eu for diretamente responsável por esse crime, peço desculpas se provoquei uma tragédia na vida de vocês e na minha. Sua filha pode explicar todo o restante do que disse. Não sei o que dizer para a senhora. Só não consigo acreditar que fiz essas coisas horríveis.

— Você conhecia nossa filha? — quis saber Hilda.

Fiquei interessado em ver como Bell responderia. O suspeito afirmava ser um amigo da família, e falava com Hilda e Dawn como se tivesse proximidade com as duas, fazendo parecer que compartilhavam de uma tragédia que alguma outra pessoa ou entidade impôs sobre todos eles.

— Não, e não conheço sua família — respondeu. — Talvez mais adiante eu chegue ao ponto de ter respostas para vocês.

— Nada do que você disser vai trazer Shari de volta — rebateu a mãe.

— Não, e se pudesse falar hoje com toda a sinceridade que fui eu que fiz isso, eu falaria agora mesmo.

— Eu tenho certeza absoluta de que é você nessas fitas, sem dúvida alguma. Eu falei com você, e você falou comigo, e sobre isso não existe equívoco. Nós só queremos a verdade, nada mais.

— Quando eu conseguir descobrir a verdade, vou contar para vocês.

De repente, uma coisa me veio à mente, e não sei se foi algo que também passou pela cabeça de Metts, McCarty e Walker. E se Dawn ou Hilda estivessem armadas? Eu não as conhecia bem o bastante para descartar essa possibilidade. Elas foram revistadas quando foram pegas em casa ou quando chegaram à delegacia do condado? Não me lembrava de alguém ter dito algo a respeito. A partir daquele momento, fiquei sentado bem na ponta da cadeira, com os pés preparados para entrar em ação, pronto para segurar a arma e desarmar qualquer uma que ameaçasse enfiar a mão na bolsa. Eu sabia o que iria querer fazer em uma situação como aquela se a minha filha tivesse sido assassinada e, por experiência própria, tinha consciência de que outros pais compartilhavam da mesma opinião. Se elas quisessem, aquela seria a oportunidade perfeita para apagar o sujeito, e júri algum no mundo as condenaria por isso.

Felizmente, nem Dawn, nem Hilda tentaram entrar com uma arma na delegacia. Elas demonstraram mais autocontrole e confiança na justiça do que eu mesmo teria. Mesmo assim, Ron perguntou, mais tarde, e nenhuma das duas havia sido revistada.

A mãe de Shari olhou bem para Bell, e o que ela falou em seguida, com vontade ou não de matá-lo, eu sei que jamais conseguiria dizer se estivesse em seu lugar.

— Apesar de estar sentada aqui tão perto de você e de saber que era você que ligava para minha casa, eu não odeio você. Não existe espaço em meu coração para mais sofrimento.

Mais tarde, ela escreveu que foi apenas pela graça de Deus que conseguiu dizer aquilo.

— Eu estava cansada de representar um papel, e não tinha mais um pingo de boa vontade dentro de mim naquele momento — contou Dawn ao se recordar de seu estado de espírito. — Mas então minha mãe mostrou aquela gentileza e bondade incrível com o homem, o que mais tarde serviu como um exemplo impressionante para mim, sobre como superar as coisas.

Dawn voltou a falar, e foi inequívoca em sua mensagem, como nós a tínhamos instruído:

— Você falou que não me conhecia. Eu sou tão parecida com Shari que talvez você possa se lembrar de alguma coisa desse jeito.

— Se eu colocar aquela foto dela ao seu lado, vocês não ficam tão parecidas. — Então ele acrescentou: — Na minha opinião.

Aquilo já havia se estendido por tempo suficiente. Metts levantou e fez um gesto para Hilda e Dawn para avisá-las de que poderiam sair. Enquanto o xerife as acompanhava para fora da sala, Bell, continuando sua tentativa de manipulação, falou:

— Se eu lembrar mais para a frente, podemos conversar de novo, para eu contar o que sei? — Metts continuou andando, para que elas não precisassem responder, e Bell disse com um tom mais alto enquanto as duas saíam: — Muito obrigado. Deus abençoe a nós todos.

16

Mais tarde naquele mesmo dia, o exausto xerife Metts deu outra coletiva de imprensa junto com os outros dois xerifes, diante de mais de trinta jornalistas e duzentos cidadãos locais que esperavam pacientemente no pequeno saguão da delegacia. Daquela vez, Metts anunciou a prisão do suspeito e mencionou o nome dele.

— Não deve haver mais prisões — esclareceu. — Para mim, o caso Shari Faye Smith está resolvido.

Ele ainda disse esperar que a prisão fosse "acalmar os ânimos de nossa comunidade".

O anúncio aconteceu 28 dias — exatas quatro semanas — depois do sequestro de Shari, e catorze dias após o rapto de Debra May.

Teresa K. Weaver, que cobria o caso para o *Columbia Record*, escreveu uma matéria em que citava que a adolescente de dezessete anos Robin Hutta, uma amiga de Shari de Lexington High, se sentia "muito melhor" e "mais segura" depois da prisão.

— Eu estava ficando em casa sozinha, sem fazer nada. Sentia que não estava sendo mais eu mesma desde que isso começou.

Segundo a reportagem, a "srta. Hutta achava que os sequestros haviam alterado para sempre seu estilo de vida".

— Não sei quando vou voltar a me sentir confortável andando na rua de novo.

Em outra matéria, Weaver mencionou que "segundo fontes, o suspeito já havia escolhido a próxima vítima, uma jovem loira que trabalha no Aeroporto Metropolitano de Colúmbia".

— É assustador pensar que ele estava aqui observando tudo — teria declarado uma mulher que trabalhava no aeroporto. O balcão onde ela atendia podia ser visto com destaque da entrada principal do aeroporto.

Segundo Weaver, uma outra funcionária "relatou ter visto um homem no terminal na quarta-feira que considerou parecido com o retrato falado do 'serial killer'. Quando viu a fotografia no noticiário depois da prisão, ficou ainda mais convencida de que era o homem que avistou".

Essa história surgiu de um suposto telefonema do suspeito para uma linha direta de informações sobre o caso no fim de semana anterior, dizendo quando e onde voltaria a atacar — mais uma vez, com um intervalo de duas semanas, como nos casos Smith e Helmick. Se foi mesmo Larry Gene Bell que fez a ligação, nós não sabíamos. Mas os policiais dos três condados e os agentes da Divisão de Aplicação da Lei da Carolina do Sul estavam desesperados para encontrar o criminoso antes daquela sexta-feira, 28 de junho.

Perto da meia-noite, Bell, enfim, consultou um advogado. Nascido em Nova Jersey, o grandalhão Jack B. Swerling, de 1,95 metro, 130 quilos e 38 anos, era conhecido como um dos melhores advogados criminais da região. Até os promotores que o enfrentavam nos tribunais tinham um tremendo respeito por ele. Contratado pela família do suspeito, Swerling anunciou que seu novo cliente "nega ter qualquer conhecimento dos casos e das acusações, e afirma ser inocente".

Enquanto conversávamos sobre os acontecimentos do dia na sala do xerife Metts, concordamos que havia sido a soma de todos os fatores que levou à solução do caso — como deve acontecer em toda grande investigação. As pessoas responsáveis pelos elementos investigativos, forenses e comportamentais tinham trabalhado juntas e usado todas as peças coletadas pelas respectivas unidades em nome da missão que tinham em mãos. Nos tristes anais das investigações de homicídios, isso tornava aquele caso ao mesmo tempo uma tragédia e um triunfo. Na busca pelo assassino daquelas duas lindas e inocentes almas, que foram cruelmente arrancadas de seus amigos e familiares, detivemos um serial killer antes que pudesse levar sua violenta trajetória criminal ainda mais longe.

Mesmo sem o brilhante trabalho dos especialistas da Divisão de Aplicação da Lei na análise do "Último Desejo & Testamento" usando o aparato de detecção eletrostática, seguido pela investigação meticulosa apoiada em um perfil psicológico e comportamental detalhado, ainda assim achávamos que o evento que organizamos no aniversário de Shari com Dawn e a família poderia expor Larry Gene Bell. Mas, felizmente, não foi necessário testar essa teoria.

A verdade era que, sem a ciência e a tecnologia, não teríamos a pista do número de telefone de Huntsville, no Alabama. Sem o trabalho policial de Lew McCarty e sua equipe, não teríamos chegado a Ellis e Sharon Sheppard. Sem nosso perfil, os Sheppard não teriam direcionado a investigação para Larry Gene Bell. E, sem um cenário de interrogatório bem pensado e sem que os investigadores da polícia comandada pelo xerife Metts tivessem passado o dia todo confrontado Bell com evidências convincentes contra ele, eu não teria como utilizar minha vasta experiência obtida com as entrevistas com criminosos violentos encarcerados para aplicar a abordagem psicológica mais apropriada para levá-lo até o ponto mais próximo possível da admissão dos sequestros e homicídios.

Portanto, concluímos, a última carta de Shari, escrita de próprio punho sob as mais terríveis e assustadoras das circunstâncias, foi a peça que levou à resolução de seu próprio assassinato e ao de uma garotinha inocente e amada que ela nunca sequer conheceu. E todos concordamos que era um desfecho satisfatório para o caso, tanto em termos emocionais quanto espirituais.

NO DIA SEGUINTE À PRISÃO DE BELL, DAWN VOLTOU PARA O APARTAMENTO EM CHARLOTTE. LOGO após, Bell foi transferido da Prisão do Condado de Lexington para o Instituto Correcional Central (CCI, na sigla em inglês), em Colúmbia. Ironicamente, essa prisão era uma das instituições onde Bob Smith fazia seu trabalho religioso, e alguns policiais estavam preocupados que alguns dos detentos que o conheciam e admiravam pudessem querer se vingar de Bell. O capitão Bob Ford, da polícia do condado de Lexington, declarou:

— Mantê-lo em nossa prisão possivelmente representa um grande risco em termos de segurança.

No CCI, ele foi colocado em uma cela no corredor da morte — não por ser um condenado à pena capital, mas porque as autoridades prisionais determinaram que era o local onde ele ficaria mais seguro contra o desprezo e a fúria dos demais presos.

No laboratório da Divisão de Aplicação da Lei, os técnicos analisavam as evidências coletadas nas residências dos Sheppard e dos Bell. O químico Bob Carpenter usou um laser para examinar o protetor de colchão do quarto de hóspede dos Sheppard; sob o laser, fibras avermelhadas se destacaram. Quando vistas sob um microscópio com luz polarizada, as fibras se revelaram compatíveis com as do short que Shari usava quando foi sequestrada. O químico Earl Wells comparou microscopicamente amostras de cabelos e pelos pubianos de Shari encontrados no quarto de hóspedes e no banheiro dos Sheppard. Eram consistentes, e alguns revelavam evidências de remoção forçada, que poderia ter ocorrido com escovação, contato com fita adesiva ou outras causas.

O sorologista Ira Jeffcoat analisou uma pequena amostra seca do sangue menstrual de Shari, retirada de uma meia-calça que ainda estava no cesto de roupa suja da casa dela, e a comparou com as manchas de sangue aparentes encontradas em um par de sapatos no quarto de Bell. Uma delas era comprovadamente sangue humano, e do mesmo tipo A de Shari. Três das manchas no protetor de colchão foram identificadas como sêmen e urina.

Os investigadores entrevistaram uma série de testemunhas para falar sobre o comportamento de Bell após os crimes e, como os Sheppard, todos confirmaram o que havíamos previsto em nosso perfil em termos de alterações na aparência e obsessão pelos crimes. Sammy Collins morava perto dos pais de Bell, às margens do lago Murray. Ele contou aos detetives que, na manhã de 1º de junho, o dia seguinte ao desaparecimento de

Shari, Bell lhe contara que estava ficando na casa de um casal de amigos em viagem de férias.

— Então começou a falar: "A filha de um amigo meu foi sequestrada ontem à tarde. Você ouviu falar do caso Smith? Era uma menina muito bonita. Liguei para a casa dos Smith ontem à noite, e adivinha quem atendeu? O xerife Metts". Eu falei que não estava sabendo. Ele, então, se aproximou, entregou uma sacola com pêssegos e disse o seguinte: "Ela morreu". Foi quando percebi que ele estava barbeado. Eu nunca o tinha visto sem barba até aquela manhã.

NOS DIAS QUE SE SEGUIRAM À PRISÃO DE BELL, COMEÇARAM A PIPOCAR OS INEVITÁVEIS RELATOS de que ele parecia ser um sujeito simpático e tranquilo, muito prestativo com os vizinhos, e que ninguém imaginava que pudesse fazer coisas tão horríveis. Já ouvi esse tipo de reação tantas vezes em minha carreira que consigo escrever o roteiro inteirinho de cabeça. A questão é que, seja o que for que se passe na cabeça deles, os serial killers e predadores violentos não se comportam como monstros no dia a dia. Caso fizessem isso, seria bem mais fácil identificá-los e capturá-los. A maior vantagem deles é nossa tendência a subestimá-los.

Uma pessoa que trabalhou com Bell no setor de reservas da Eastern Airlines declarou o seguinte ao repórter John Monk, do *Charlotte Observer*:

> *"Ele estava sempre sorrindo e dando risada. Era o cara mais simpático que você poderia conhecer. Ver as fotos dele na TV e ouvir que cometeu esses crimes horríveis foi como um soco no estômago. Fiquei em choque. Não acredito que seja a mesma pessoa. É como se existisse um médico e um monstro."*

Uma vizinha de seus pais na Old Orchard Road contou que, quando ela e a filha se mudaram para lá, no ano anterior, Bell foi o primeiro morador a dar as boas-vindas e a oferecer ajuda no que precisassem.

Uma matéria escrita por Jef Feeley para o *Columbia Record* relatava:

"Os vizinhos descreveram Bell como um homem prestativo que nunca deu motivo para preocupações e desconfianças.

E um dos moradores da ilha Shull contou que pescava com frequência com Bell.

'Eu saía bastante para pescar com ele', declarou o homem, que preferiu não ter o nome publicado. 'E ainda pescaria com ele agora mesmo nas docas. Era um bom sujeito.'"

Uma pessoa que ia para a Eau Claire High School todos os dias no mesmo carro com Bell e uma das irmãs dele se referiu a ele como "um cara quieto, que nunca tinha muita coisa a dizer sobre o que quer que fosse". Todos no colégio se lembravam dele apenas como alguém que não arrumava confusão, não era muito extrovertido, não "chamava atenção", não tirava notas muito boas e era "muito educado, calado e reservado".

O filho da mulher a quem Bell deu boas-vindas à vizinhança declarou ao *State*:

"Foi uma grande surpresa. Acho que não pegaram o cara certo. Não parece possível que ele pudesse fazer uma coisa dessas."

A irmã de Bell afirmou em entrevista à imprensa:

— Se ele disser que é inocente, que não fez isso... ora, ele nunca deu um motivo para pensar que estaria mentindo. Sempre passava aqui para oferecer ajuda em alguma coisa. Eu entregaria minha vida nas mãos dele.

Embora os departamentos de polícia dos três condados tenham trabalhado juntos e ainda estivessem tentando resolver as questões jurisdicionais para que todo um conjunto de acusações pudesse ser reunido e apresentado contra Bell, o xerife Frank Powell, de Richland, emitiu o seguinte comunicado:

— O caso Helmick deve ser individualizado e separado da investigação do sequestro e homicídio de Shari Smith. — Ele garantiu que a investigação do caso Helmick estaria concluída dentro de duas semanas e declarou: — Estamos partindo do zero para montar nosso caso.

As questões jurisdicionais costumam atrapalhar grande parte das investigações e dos indiciamentos por homicídio. Quando uma vítima é sequestrada em um estado ou um condado, e mais tarde o corpo é encontrado em outro local, é preciso determinar onde o assassinato ocorreu, para que o indiciamento pelo crime mais grave seja feito naquela jurisdição.

Dias depois de sua prisão, um lado menos inofensivo de Bell começou a vir à tona. Além do que já sabíamos sobre as duas prisões por atacar mulheres, e dos telefonemas obscenos a uma pré-adolescente, os detalhes do prontuário no Instituto Psiquiátrico William S. Hall, uma instituição pública de saúde em Colúmbia, foram divulgados. Entre outras coisas, o documento afirmava:

> *"O paciente tem um padrão de longa data de desvio sexual que se manifesta em ataques agressivos contra mulheres. Acredita-se que a chance de recorrência desses ataques seja muito alta. Nossa recomendação é que o paciente seja mantido em ambiente controlado por um longo período, preferencialmente em um local onde haja assistência psiquiátrica disponível."*

Bell tinha consciência disso a ponto de declarar a um profissional da instituição:

— Sinto uma vontade incontrolável de atacar mulheres e quero receber ajuda antes de acabar machucando alguém de verdade.

Trata-se, sem dúvida, de uma declaração extremamente relevante, e boa parte da preparação para o julgamento envolvia determinar como os comentários desse tipo seriam apresentados. A defesa tentaria alegar que Bell agia sob a influência de uma doença mental grave que o impelia a atacar mulheres e que, como estava ciente de que isso poderia levá-lo a prejudicar pessoas inocentes, fez apelos desesperados para obter ajuda e se curar.

A defesa também interpretaria a declaração como uma forma de minimizar os crimes anteriores de Bell, afirmando que, embora tenha cometido tais atos, na verdade ele não queria fazer isso. Um fenômeno semelhante com que já havíamos nos deparado muitas vezes em nosso trabalho era o aparecimento de um laudo de transtorno dissociativo de identidade (TDI) logo depois de uma prisão, como um atenuante em uma acusação de homicídio. Isso não quer dizer que o TDI não seja uma doença psiquiátrica séria, mas o transtorno quase sempre é identificado logo na infância, e na imensa maioria das vezes como resultado de abuso físico e/ou sexual sofrido no ambiente doméstico. Quando vejo um diagnóstico como esse ser atribuído a um homem que acabou de ser preso ou submetido a julgamento por assassinato, minha tendência é desconfiar.

A questão no caso Bell giraria em torno do uso da palavra "incontrolável" e exatamente o que isso significava. Para mim, nunca houve dúvida de que Larry Gene Bell sofria de uma doença mental, e eu diria que isso vale para quase todos os predadores violentos. Mas, em todos os meus anos de trabalho com análise comportamental e investigação criminal, quase nunca encontrei pessoas cujos desejos de fazer mal aos outros fossem de fato incontroláveis.

Uma rara exceção, e um exemplo de alguém que realmente não tinha controle sobre o que fazia, foi Richard Trenton Chase, diagnosticado como esquizofrênico paranoide que sofria de hipocondria severa, que matou seis pessoas em um mês na região de Sacramento, na Califórnia, em 1977. Além de fazer sexo com alguns dos cadáveres, Chase bebeu o sangue deles, o que era a motivação para os crimes. Ele achava que precisava disso para continuar vivo e manter o coração batendo. Como muitos serial killers, começou com crimes menos graves, mas, em seu caso, o ponto de partida foi matar coelhos para beber o sangue. Quando internado, capturava várias aves, quebrava o pescoço e ingeria o sangue. Ele também roubava seringas para extrair sangue dos cachorros do programa de auxílio terapêutico quando essa era a única fonte disponível. Não que eu tenha tentado, mas, a partir de uma ampla pesquisa que conduzi sobre personalidades aberrantes, descobri que beber sangue não diluído sem vomitar é dificílimo; é preciso estar em um estado mental alterado até para tentar. Chase dizia sofrer de um medo terrível de nazistas e óvnis e, apesar de admitir que havia matado, também garantia que qualquer um faria a mesma coisa se fosse necessário para preservar a própria vida. No ano seguinte à prisão, Chase se matou logo após o Natal, ingerindo de uma só vez dezenas de antidepressivos que vinha guardando para esse propósito. Ele tinha trinta anos.

Para mim, claramente não era esse o tipo de compulsão que levava Larry Gene Bell a cometer crimes. Ao contrário de Chase, Bell não fez algo que demonstrasse desespero. Os sequestros e assassinatos de Smith e Helmick, apesar do alto risco representado para o criminoso, foram bem planejados e executados. Ele fez o que quis com as duas vítimas e pareceu extrair o mesmo nível de satisfação dos atos de manipulação, dominação e controle que praticava por meio dos telefonemas para a família Smith e o repórter Charlie Keyes, além do medo que espalhou pela região central da Carolina do Sul. Embora falasse muitas vezes em se matar e se entregar, ficou claro que não faria isso, mas, sim, que continuaria raptando e matando jovens e meninas enquanto permanecesse em liberdade.

Portanto, eu argumentaria que, longe de estar nas garras de uma compulsão incontrolável, Bell raptou, violou e matou suas vítimas porque era a única coisa em sua vida ordinária, pouco notável e em grande parte malsucedida que lhe proporcionava alguma satisfação e senso de realização, além de prazer sexual.

Ele fez sua escolha.

III

EM BUSCA
DE JUSTIÇA

17

Ron e eu pegamos um avião de volta para a Virgínia. Havia muitos outros casos esperando por nós em Quantico. Ao contrário dos detetives das polícias locais, em geral não podíamos atuar em um caso do princípio ao fim; o excesso de trabalho não permitia. Então tentamos nos manter atualizados a respeito dos desdobramentos, e voltaríamos se e quando pudéssemos ser mais úteis para as forças policiais e os promotores públicos.

Enquanto os promotores dos diversos condados começaram a preparar os casos contra Bell, os investigadores da região fizeram aquilo que todas as boas agências de aplicação da lei deveriam fazer: partiram em busca de possíveis associações com outros casos não solucionados.

A polícia de Charlotte, na Carolina do Norte, considerava Bell um suspeito no desaparecimento de Sandee Elaine Cornett, de 26 anos, uma analista de seguros que fazia trabalhos eventuais como modelo e estava sumida havia mais de sete meses. Tinha sido vista pela última vez em 18 de novembro de 1984, usando um agasalho esportivo azul, e poderia ter sido sequestrada enquanto corria perto de casa. Quando a polícia revistou sua residência após o noivo não conseguir entrar contato com ela, a televisão estava ligada e os conteúdos de sua bolsa, espalhados sobre a cama, inclusive o talão de cheques. Contudo, nada que não fossem as roupas do corpo e as coisas que sempre levava consigo, como o cartão do banco, havia sumido. Isso deu margem à hipótese de que o rapto teria ocorrido no próprio local. Sandee poderia ter acabado de voltar da corrida ou simplesmente ter vestido o agasalho para ficar em casa, o que segundo os vizinhos ela fazia com frequência.

Quanto à vitimologia, o fato de ser uma mulher muito atraente era um fator levado em consideração pela polícia de Charlotte. E, para completar, os detetives descobriram que Sandee havia conhecido Bell em uma festa em sua casa alguns anos antes, através de um namorado que trabalhou com ele na Eastern Airlines. Os policiais apuraram que, na época do desaparecimento, o suspeito morava a cerca de seis quilômetros dela, no bairro de Mint Hill, e, de acordo com os registros do Departamento de Veículos a Motor, mudou-se poucas semanas depois.

— Nós estamos investigando o sujeito — declarou Wade Stroud, capitão da polícia de Charlotte. — A esta altura, não sabemos se existe ligação, mas estamos tentando descobrir qual era seu paradeiro na época do desaparecimento [de Sandee Cornett]. Sabemos que era um conhecido dela, mas não o nível de proximidade. Sabemos também que ele já tinha visitado a casa dela e que tinham amigos em comum. Mas não temos algo de concreto que o vincule a ela na época em que desapareceu. Isso é o que estamos tentando esclarecer.

Os investigadores foram, inclusive, atrás dos cabelos encontrados no quarto de Bell para verificar se eram compatíveis com os de Sandee.

Nos dias imediatamente posteriores ao desaparecimento, o cartão do banco foi usado três vezes por um homem e uma mulher, que tentaram sacar mil dólares da conta. Isso não parecia combinar com M.O. de Bell, pois as empreitadas criminosas, ou delitos cometidos por dinheiro ou algum tipo de proveito material, não pareciam fazer parte de sua motivação.

Em setembro de 1985, seguindo uma pista, oficiais do bureau de investigações da Carolina do Norte e do Departamento de Polícia de Charlotte foram até o depósito de areia de propriedade de Diane, a irmã de Bell, e seu marido, John Loveless, onde ele às vezes trabalhava. Com o auxílio de agentes da Divisão de Aplicação da Lei da Carolina do Sul e de policiais do condado de Lexington, fizeram escavações na área à procura dos corpos de Sandee Cornett e de duas outras mulheres desaparecidas. Voltaram de mãos vazias.

Denise Newsome Porch, de 21 anos, administradora do condomínio Yorktown, em Charlotte, tinha desaparecido em 31 de julho de 1975, e não havia pistas sobre seu paradeiro desde então. Na época do desaparecimento, Bell morava a cerca de trezentos metros do local e, como as demais vítimas conhecidas, Denise era uma moça loira e bonita, que estava casada fazia um ano quando sumiu sem deixar vestígios.

Cinco anos e meio depois, em 18 de dezembro de 1980, Beth Marie Hagen, outra garota bonita de dezessete anos, foi estrangulada com um fio elétrico em uma mata próxima de Mint Hill, a mesma vizinhança em que Bell morava quando Sandee Cornett desapareceu. O apartamento dele ficava a menos de um quilômetro de onde o corpo de Beth foi descoberto, no condado de Mecklenburg. Um policial do condado, mais tarde, reparou que Beth era bem parecida com Shari Smith.

As três se encaixavam no perfil de vítima preferencial de Bell: jovens atraentes e extrovertidas de cabelos longos. Ele morava perto de Porch, se hospedava em uma casa próxima à de Cornett e já tinha vivido perto de onde o corpo de Hagen foi encontrado. Em todos os casos, presumia-se que elas tivessem sido raptadas sob ameaça de arma de fogo ou faca em plena luz do dia, como aconteceu com Shari Smith.

O próprio Bell não se mostrou reticente em falar sobre esses casos — pelo menos, não a princípio. Enquanto era transportado do CCI para o Tribunal do Condado de Richland para uma audiência sobre as acusações contra ele no caso Debra May Helmick, o suspeito falou para o tenente Michael Temple:

— Queria que você tomasse as providências para que os policiais de Charlotte viessem falar comigo. Gostaria de contar algumas coisas sobre o desaparecimento de uma garota chamada Sandee.

Temple o alertou de que aquela declaração poderia ser usada contra ele, mas, como Bell continuou falando do mesmo jeito, decidiu deixá-lo falar, sem incentivá-lo nem desencorajá-lo. Bell complementou:

— Na segunda-feira, Deus vai revelar a mim onde está o corpo de Sandee Cornett.

Ele disse que, quando as autoridades encontrassem o cadáver, as mãos dela estariam unidas em posição de oração, assim como as de Shari Smith. Também mencionou duas outras mulheres desaparecidas na região de Charlotte, mas sem citar nomes.

Temple notificou o promotor público do condado de Richland a respeito, o procurador do Quinto Circuito Judicial James C. Anders, que, por sua vez, entrou em contato com o advogado de Bell, Jack Swerling.

— Depois de ouvir isso, imediatamente avisei o advogado de que ele poderia querer se reunir com seu cliente — contou Anders. Em seguida, enviou o caso para ser investigado pelo Departamento de Polícia de Charlotte-Mecklenburg.

Swerling declarou que Bell "nega peremptoriamente ter qualquer conhecimento sobre o caso Cornett", acrescentando também que seu cliente nada sabia sobre os demais incidentes ocorridos em Charlotte. Sem dúvida, já devia estar percebendo como seria difícil trabalhar com alguém tão egocêntrico e narcisista que não conseguia calar a boca mesmo quando não tinha algo de útil para dizer.

Na preparação para o julgamento de Bell, que talvez se desdobrasse em mais de um, Ron e eu concluímos, através de análises psicolinguísticas, que os telefonemas com instruções sobre como chegar aos lugares onde os corpos de Shari e Debra May haviam sido desovados foram feitos pela mesma pessoa. Em um trabalho de caráter mais técnico-científico, os peritos do FBI estabeleceram que as impressões vocais contidas nas fitas eram compatíveis entre si e com as de Larry Gene Bell, mas Donald Haydon, o agente especial do escritório local do FBI em Colúmbia, avisou que esse tipo de prova não era aceito nos tribunais da mesma forma que as impressões digitais, e era usado, principalmente, para ajudar a polícia a identificar um suspeito. Várias outras pessoas, inclusive alguns ex-colegas de Bell na Eastern Airlines, também reconheceram sua voz nas gravações.

Ainda havia o mistério em torno do carro que Bell estaria dirigindo quando raptou Shari Smith, e a hipótese de que a placa DCE 604, encontrada no porta-malas do automóvel — e que estava instalada no veículo que ele usou quando raptou Debra May —, também tivesse sido colocada no carro em que Shari fora levada. Uma mulher que passou perto da residência dos Smith na Platt Springs Road e relatou ter visto o suspeito se inclinando para falar com uma loira no assento do carona logo depois do sequestro havia citado um carro norte-americano vinho de um modelo mais recente.

No dia 4 de julho, quarta-feira, policiais do condado de Lexington e agentes da Divisão de Aplicação da Lei confiscaram um Buick Regal 1984 vinho de uma revendedora em Camden, uma cidade próxima de Colúmbia. Em dezembro do ano anterior, o veículo havia sido alugado para alguém que dera um endereço do condado de Kershaw e dado como roubado em abril. Mais tarde, foi encontrado no estacionamento de um hotel da rede Sheraton, dois dias antes da prisão de Bell. Se fosse o automóvel que ele usara para raptar Shari, a troca de veículos para o crime seguinte revelava certo nível de sofisticação criminal, além de depor contra uma possível alegação de ter agido por um impulso incontrolável provocado por uma doença mental. O Departamento de Polícia do Condado de Richland também estava à procura do Pontiac Grand Prix prateado que se suspeitava ter sido usado no caso Helmick. As marcas de pneus encontradas perto do trailer da família de Debra May eram consistentes com alguns modelos das marcas Pontiac e Buick.

— Quem tiver conhecimento de que Bell estava de posse de um carro desse modelo em 14 de junho, ou que possa ter emprestado esse veículo a Bell, pode entrar em contato conosco — declarou o xerife Powell. — Se descobrirmos mais tarde que alguém cedeu o carro a Bell e não nos comunicou, podemos ser obrigados a fazer um indiciamento por obstrução de justiça.

O promotor público Donnie Myers explicou que estava aguardando o resultado de novos exames de evidências, mas afirmou que esperava e pretendia conduzir a acusação tanto no caso Smith como no caso Helmick, independentemente do local onde Shari tivesse sido morta.

— No que diz respeito a mim, não faz diferença, pois eu sou o procurador do condado de Lexington e também de Saluda — declarou.

Em 2 de julho, as autoridades de Richland fizeram a acusação formal contra Bell pelo rapto de Debra May Helmick. Parte das evidências que embasavam o caso vinha do testemunho ocular de Ricky Morgan, o vizinho que viu o desconhecido barbudo abordar e agarrar Debra May, observou a passagem do carro com a placa com a inicial D e correu para alertar Sherwood, o pai da menina. Também foi ele quem colaborou com a polícia para a composição do retrato falado do suspeito.

NA TARDE DE 14 DE JULHO, DOMINGO, O INVESTIGADOR LAWRENCE WALKER, DA POLÍCIA DE Charlotte, foi ao CCI interrogar Bell.

— Eu vou cooperar 110 por cento — garantiu ele.

Ao longo de mais de onze horas, foi exatamente isso que Bell tentou convencer Walker de que estava fazendo. O investigador mal precisou abrir a boca. Alternando entre a primeira e a terceira pessoa em seu relato, o suspeito falou sobre as visões mandadas por Deus. O oficial reparou que ele gostava bastante de ter uma plateia. Sem admitir que a havia matado, contou que providenciou água para Shari beber e mencionou as mãos entrelaçadas de ambas as vítimas. Disse também que, depois que a jovem morreu, limpou e recolheu tudo, jogou em uma lixeira verde e voltou à casa dos Sheppard para tomar um longo banho frio. Também falou extensamente sobre o assassinato de Cornett e os dois outros casos não solucionados na Carolina do Norte, afirmando que Deus lhe enviara uma visão de como os crimes poderiam ter ocorrido. Mas, apesar de toda a verborragia e teatralidade, Bell não ofereceu confissão alguma, nem ao menos uma pista sólida que Walker pudesse seguir. Àquela altura, eu não sabia ao certo em que acreditar, mas dizia que falsas confissões são fáceis de obter, mas as verdadeiras, não.

Logo depois, os policiais de Charlotte e Mecklenburg começaram também a investigar Bell por outros dois casos não solucionados: os raptos e assassinatos de Amanda Ray, de dez anos, e Neely Smith, de cinco. Amanda desapareceu da própria casa em 18 de julho de 1979, e seu corpo foi encontrado no dia seguinte, no norte do condado de Mecklenburg. Neely sumiu no dia 12 de janeiro de 1981, e seus restos mortais foram localizados em 12 de abril do mesmo ano. Ambas foram raptadas em plena luz do dia, assim como Shari e Debra May. Talvez nós não tivéssemos capturado Bell tão no início de sua trajetória como assassino quanto imaginávamos. Mas, depois de interrogá-lo na prisão, a polícia de Mecklenburg concluiu que ele não sabia de algo que já não fosse de conhecimento público.

— Conversamos com ele, que não nos revelou qualquer coisa que pudesse ter algum vínculo com nossos casos — afirmou o vice-chefe de polícia R.B. Dixon. — Nossa investigação nos levou a descartá-lo como principal suspeito.

No entanto, o policial salientou que havia similaridades entre os raptos de Amanda e Nelly e o de Debra May, e que "ele morava em Charlotte quando nossas duas meninas desapareceram".

— Tudo parecia se encaixar. Nós precisávamos investigar — afirmou. — No que diz respeito a nós, o nome dele vai para o arquivo morto do caso. Verificamos centenas de suspeitos e o nome dele vai ser acrescentado aos demais.

Mas Bell continuava sendo considerado um suspeito no desaparecimento de Cornett.

Os promotores públicos Anders e Myers, além dos xerifes dos condados de Lexington, Saluda e Richland, trabalharam juntos por várias semanas tentando resolver as questões jurisdicionais relacionadas às acusações de assassinato contra Bell. Os indiciamentos por sequestros não eram problema, já que estava claro onde cada garota fora sequestrada. Mas, pela lei da Carolina do Sul, caso a investigação e as provas não esclareçam onde um homicídio aconteceu, presume-se que tenha ocorrido na jurisdição onde o corpo foi encontrado, e é lá que deve ser feito o indiciamento formal. Houve um atrito entre os dois promotores por um tempo, que foi parar na mídia, pois Anders estava disposto a julgar

Bell em sua jurisdição por sequestro, mas não por homicídio, enquanto Myers considerava que um julgamento à parte por sequestro poderia representar uma ameaça para as acusações de assassinato.

— Se o procurador Anders está com tanta pressa em julgar Bell por sequestro, uma acusação que pode comprometer um julgamento posterior por homicídio, deveria levá-lo a julgamento também pelo assassinato no condado de Richmond — declarou Myers.

As matérias de jornal também sugeriam que, em parte, o conflito poderia estar ocorrendo porque Anders era do Partido Democrata e Myers, do Republicano, e vários editoriais pediam o envolvimento da procuradoria estadual para resolver a disputa, talvez estabelecendo um grande júri convocado pelo estado. Perto do fim de julho, os cabelos encontrados no quarto ocupado por Bell na casa dos Sheppard, que os testes laboratoriais confirmaram como consistentes com os de Shari, convenceram todas as partes de que ela havia sido morta no condado de Saluda. Isso encerrou as manobras legais, e a disputa entre as diferentes jurisdições foi resolvida de modo que as acusações de sequestro e homicídio fossem feitas em conjunto e o caso Smith fosse julgado em Saluda. Debra May Helmick foi sequestrada em Richland, mas encontrada em Lexington, então acordou-se que seria lá que o julgamento por rapto e assassinato seria conduzido. A solução era favorável a Myers, cujo circuito englobava ambos os condados. Myers afirmou que ele e Anders trabalhariam juntos sempre que necessário.

A acusação formal de Bell pelo caso Smith foi feita em 23 de julho de 1985, terça-feira.

Em 2 de agosto, sexta-feira, Bell foi acusado oficialmente pelo assassinato de Helmick no condado de Lexington, para onde foi transferido o caso do sequestro, a fim de que pudesse ser apresentado em conjunto com a acusação de homicídio. Embora os dois médicos legistas não tivessem determinado ao certo onde Shari ou Debra May morreram, em razão do estado dos corpos quando descobertos, ambos concluíram que as mortes não foram acidentais ou naturais nem suicídios, e sim homicídios — o que, na prática, significava que aquelas duas vidas humanas tinham sido tiradas por outra pessoa. Como Bell sabidamente havia raptado as duas, as acusações de assassinato poderiam ser apresentadas mesmo sem a comprovação exata da forma de morte.

Em 12 de agosto, segunda-feira, um grande júri do condado de Saluda formalizou o indiciamento pelo sequestro e homicídio de Sharon Faye Smith, com a informação de que, se o réu fosse condenado, seria um caso sujeito à pena de morte. A lei estadual especificava que a sentença capital pode ser aplicada a assassinatos com circunstâncias agravantes. O sequestro e a violência sexual eram duas delas. Entre as demais estavam tortura, assalto à mão armada, roubo e a morte de um oficial da lei.

Myers afirmou que as "circunstâncias abomináveis" do assassinato de Shari e as condições em que foram encontrados seus restos mortais foram decisivas para a decisão pela aplicação da pena capital.

— Decidi pedir a pena de morte no dia em que vi o corpo — declarou.

De acordo com a lei da Carolina do Sul, se o júri considera o réu culpado em um caso de sentença capital, deve ser feita uma votação pela aplicação ou não da pena de morte. O resultado deve ser unânime, caso contrário, a possibilidade de execução é descartada.

Em reconhecimento à cooperação entre os departamentos de polícia dos condados, os gabinetes dos procuradores, a Divisão de Aplicação da Lei da Carolina do Sul e o FBI, o que levou a um desfecho bem-sucedido da investigação, o *State* publicou um editorial defendendo que esse tipo de colaboração fosse formalizado com a criação de uma força especial dedicada a crimes graves. "Nesses casos", concluía o texto, "uma força especial bem-coordenada poderia acelerar o processo de apreensão. E isso poderia salvar uma vida."

Bell foi levado à sede do Circuito Judicial para uma audiência de fiança e colocado no fundo do tribunal enquanto o juiz Hubert E. Long instruía um grupo de potenciais jurados de outros casos. Enquanto o magistrado falava, Bell gritou:

— Eu gostaria de fazer uma solicitação legal e pedir para que as famílias Smith e Helmick possam ter seus amigos no júri quando eu for julgado. Sou totalmente inocente no sequestro de Sharon Faye Smith e Debra May Helmick, e isso vai ser provado sem sombra de dúvidas.

As pessoas presentes ficaram perplexas com a interrupção. Ele deveria querer mostrar que era louco a fim de abrandar a sentença caso condenado, mas tenho certeza de que quem estava ficando maluco de verdade com aquele comportamento era Jack Swerling.

Previsivelmente, Bell continuou falando, depois de atrair toda a atenção para si.

— E, quando a audiência terminar — falou, quando os policiais foram removê-lo do local, com algemas nos pulsos e nas pernas —, gostaria de uma hora de conversa com a imprensa.

Enquanto era arrastado para fora, ele ainda gritou:

— Meus direitos constitucionais foram violados!

Quando o juiz Long concluiu o trabalho com os potenciais jurados, Bell foi conduzido de volta ao tribunal, e Swerling fez uma moção para que a audiência se desse sem a presença do público e da imprensa, para que a publicidade atraída pelo caso não interferisse na lisura do julgamento.

— Em doze anos praticando advocacia — justificou Swerling —, nunca vi tanta publicidade como a gerada por esse caso nem tantos comentários e medos disseminados na comunidade.

— Eu não gosto de sigilo judicial e medidas desse tipo — respondeu Long ao negar a moção. — Nós estamos nos Estados Unidos da América.

O juiz também negou o direito à fiança. Curiosamente, Bell falou que não queria responder ao processo em liberdade, de qualquer forma. Jack Swerling explicou que seu cliente gostaria de se reservar o direito de solicitar liberdade sob fiança em uma data posterior:

— O que o sr. Bell quer dizer é que, apesar de reafirmar sua inocência, não gostaria de ser libertado sob fiança no momento, porque tem motivos para temer pela própria vida.

Em razão do histórico de doenças mentais do réu, Donnie Myers fez uma moção para que Bell fosse internado por quinze dias em um hospital público estadual para uma avaliação psiquiátrica. Swerling se opôs, já que, segundo ele, a defesa ainda não havia decidido se alegaria insanidade durante o julgamento. Myers retrucou que era importante resolver essa questão com antecedência, independentemente de ser citada no tribunal, para que o julgamento pudesse transcorrer sem que isso representasse algum tipo de impedimento. O juiz Long concordou e rejeitou o pedido de Swerling por uma medida protetiva para garantir que nada que Bell dissesse aos psiquiatras pudesse ser admitido como prova no tribunal.

O julgamento do caso Smith foi marcado para 11 de novembro. Nesse meio-tempo, Bell foi examinado por uma equipe de profissionais de saúde mental do Hospital Estadual da Carolina do Sul. Depois de uma série de testes e exames, os médicos concluíram e notificaram à corte que Larry Gene Bell sabia diferenciar entre certo e errado em relação ao rapto e assassinato de Shari Smith e Debra May Helmick, e estava apto a ser submetido ao julgamento e a colaborar com a própria defesa.

A pedido de Donnie Myers, voltei à Carolina do Sul no fim de outubro, acompanhado do agente especial Jeffrey Higginbotham, da Unidade de Treinamento Jurídico, para discutir estratégias. Higginbotham vinha trabalhando conosco para tentar encontrar uma forma de estabelecer os analistas de perfis como uma categoria de especialistas convocados para dar pareceres técnicos nos tribunais, e achava que aquele julgamento, que atrairia tanta publicidade, poderia ser uma boa forma de apresentar nosso processo de elaboração e análise de perfis. A intenção era abrir um precedente para futuras convocações por parte das forças de aplicação da lei e da justiça.

A equipe da promotoria tinha dois objetivos em mente com meu testemunho. Em primeiro lugar, consideravam que o depoimento de Bell para mim e para Ron na delegacia de polícia do condado era o que tínhamos de mais próximo de uma confissão. Em segundo lugar, Myers queria que a defesa mencionasse a questão do perfil criminal, que as normas processuais não permitem que seja apresentado por iniciativa da acusação. Mas, ao me colocar no banco das testemunhas, Myers poderia me fazer perguntas genéricas a respeito e forçar a defesa a falar sobre o perfil quando me interrogasse. Ele acreditava firmemente que a divulgação do detalhadíssimo perfil elaborado por nós seria comprometedora para o réu.

Myers também quisera saber como nós havíamos aconselhado o promotor Jack Mallard no julgamento de Wayne Williams pelas mortes de crianças em Atlanta. Minha sugestão foi que, se Bell testemunhasse, o que eu desconfiava que fosse acontecer, o objetivo deveria ser despi-lo do verniz de excentricidade e loucura e fazer com que o júri o visse como de fato era: um assassino doentio e metódico que sabia exatamente o que estava fazendo. Myers estava confiante de que conseguiria fazer isso.

Quando estava em Colúmbia, fui convocado formalmente a comparecer ao julgamento, o que aceitei de bom grado.

18

A seleção dos jurados do caso de sequestro e assassinato de Shari Smith começou em 4 de novembro de 1985. Por saber que seria um desafio encontrar doze pessoas imparciais para compor o júri, a corte convocou 175 pessoas — três vezes a quantidade habitual. O juiz Hamilton Smith (que não tinha parentesco com Shari), em primeiro lugar, determinou, a partir do laudo dos psiquiatras, que Larry Gene Bell estava apto a ser submetido a julgamento.

— Ele conseguiu responder as nossas perguntas e estabelecer uma relação clara conosco — confirmou o dr. John C. Dunlap para o juiz Smith. — Não houve um momento em que eu ou meus colegas tenhamos cogitado que estivesse em estado psicótico.

Swerling, o advogado de defesa, perguntou se era possível para um indivíduo com histórico de problemas psiquiátricos ter tido surtos psicóticos no passado e parecer mais normal quando entrevistado no presente.

— Como o senhor sabe, existe um histórico de doenças mentais — lembrou o advogado.

— Estou ciente de que ele foi avaliado em razão de problemas psiquiátricos — respondeu Dunlap. — O diagnóstico feito à época, provavelmente, estava alinhado com o quadro observado na ocasião. E o quadro observado na ocasião, provavelmente, estava correto.

Em 11 de novembro, segunda-feira, dia previsto para o início do julgamento, Jack Swerling apresentou uma moção para mudança de foro, em razão da enorme publicidade atraída pelo caso e da dificuldade de garantir que os jurados não haviam sido influenciados pela cobertura da mídia. Existe uma diferença entre ter conhecimento de um caso e não conseguir avaliar os fatos de maneira justa em um julgamento, e essa faca de dois gumes é algo que todo magistrado precisa levar em conta em um processo judicial de alta visibilidade. O juiz Smith respondeu que primeiro tentaria montar um júri no próprio condado de Saluda.

Com uma população de mais ou menos dezessete mil habitantes, tratava-se de um condado majoritariamente rural. A cidade de Saluda, sede do tribunal, tinha 7.500 residentes e era um lugar tranquilo e hospitaleiro, com um índice de criminalidade baixíssimo. Myers conhecia a região bem o bastante para acreditar que, embora tivessem ouvido falar do caso e formado alguma opinião a respeito, as pessoas se mostrariam abertas a ouvir o que fosse apresentado no julgamento ou então seriam honestas o bastante para se declararem incapazes de serem imparciais. Acima de tudo, segundo relatos publicado na imprensa, os locais estavam preocupados com o circo midiático que se instalaria por lá e com a dificuldade de encontrar lugares para estacionar perto do tribunal.

Na manhã do julgamento, o local estava sendo guardado por sete agentes da Divisão de Aplicação da Lei da Carolina do Sul e quatro policiais do condado. A divisão também fez uma varredura em busca de bombas no edifício. Quando Bell foi trazido, usando um terno marrom-claro e com a barba bem aparada, parecia ter perdido, pelo menos, uns dez quilos. A mãe dele estava entre os presentes no tribunal. A família Smith, não.

Depois de dois dias, apenas 23 dos potenciais jurados haviam sido entrevistados e, entre eles, apenas seis foram aprovados. O juiz Smith estava claramente insatisfeito com a lentidão do processo e com a possibilidade de não ser possível montar um júri completo e eleger mais dois ou três suplentes.

Na quarta-feira de manhã, ele surpreendeu muita gente no tribunal ao anunciar:

— Larry Gene Bell não será julgado em Saluda. Depois dos últimos dois dias, estou convencido de que existe a possibilidade de que ele não tenha um julgamento justo em uma cidade tão pequena e uma comunidade tão pouco numerosa como a de Saluda.

Eu considerei uma decisão bem prudente. A última coisa que gostaríamos era uma condenação sendo revertida em apelação por causa da publicidade do caso e de desconfianças quanto à imparcialidade do júri.

Na segunda-feira seguinte, 18 de novembro, o juiz Smith anunciou que o julgamento de Bell pelo sequestro e assassinato de Shari Smith ocorreria a mais de 150 quilômetros dali, no Tribunal do Condado de Berkeley, em Moncks Corner, a norte de Charleston. A nova data estabelecida foi 27 de janeiro.

— Foi lá que encontrei datas disponíveis, e se trata de um local fora do alcance das emissoras de televisão de Colúmbia — justificou o magistrado.

Edith Padgett, funcionária administrativa do tribunal de Saluda, estimou em dez mil dólares o custo pela mudança do local do julgamento. As autoridades se apressaram em garantir à população que, mesmo se as despesas extrapolassem o orçamento alocado, não haveria a necessidade de aumento de impostos, em mais um exemplo de como os atos de Larry Gene Bell afetaram a rotina da região central do estado da Carolina do Sul.

Perto do fim do ano, outro possível sinal indicativo disso foi o relatório do xerife Metts dando conta de um aumento no número de ocorrências em quase todas as categorias de crimes graves e violentos pela primeira vez desde 1979. Ele atribuiu parte dessa piora nas estatísticas à recente libertação de alguns indivíduos que estavam presos, mas também aos assassinatos de Shari e Debra May, que, provavelmente, deixaram os cidadãos mais atentos à questão da criminalidade, o que teria levado a uma maior taxa de notificação.

Quando estou passeando e passo por locais que me fazem lembrar de cenas de crimes ou locais de desovas de corpos — ruas, bosques, escolas, o que for —, é impossível não pensar em todas as famílias que estão tendo uma experiência bem diferente da minha, porque a vida de um de seus entes queridos foi tirada por alguém. Ainda fico com lágrimas nos olhos ao me recordar de um grupo de apoio a amigos e familiares de vítimas de homicídios que Mark e eu frequentamos, quando uma pessoa comentou sobre as estrelas vermelhas, brancas e azuis de papel laminado que levava ao túmulo da filha no Dia da Independência, e da pequena guirlanda que colocava na lápide no Natal. Como Bob Smith mencionou naquele que seria o dia do aniversário de dezoito anos de Shari, o tempo cura as feridas, mas as cicatrizes permanecem para sempre.

Sem dúvida, foi um Natal dificílimo para as famílias Smith e Helmick — o primeiro sem as filhas e irmãs. Dawn Smith contou que Hilda e Bob sequer queriam comemorar a data, mas Robert e ela consideravam ser uma obrigação fazerem isso, em memória de Shari. Colocaram enfeites de boneco de neve com os nomes de Dawn, Shari e Robert na árvore, mas não conseguiram pendurar as meias que tradicionalmente ficavam no aparador da lareira. Como deixar três meias lá se só duas seriam preenchidas com presentes? "O primeiro Natal sem Shari foi medonho", Dawn escreveu mais tarde. "Quando abrimos os presentes na noite da véspera, as risadas de sempre foram substituídas por lágrimas de tristeza."

Para agravar ainda mais a desolação dos Smith, a família precisava repassar cada detalhe com a equipe de acusação, e Myers queria os quatro presentes em todos os dias do julgamento, para que o júri nunca se esquecesse deles e de sua perda.

Em uma audiência pré-julgamento, o juiz Smith ordenou que Bell gravasse a transcrição dos telefonemas feitos para os Smith e Charlie Keyes, a fim de comparar as fitas com as gravações dos contatos feitos pelo criminoso. Swerling argumentou que isso violava o direito de seu cliente de não produzir provas contra si mesmo, garantido pela Quinta Emenda da Constituição, e afirmou que a promotoria estava, "na prática, tentando fazer uma pessoa se incriminar a obrigando a repetir frases que por si só são incriminatórias". O magistrado não concordou.

Depois de um atraso causado por um acesso severo de bronquite sofrido por Jack Swerling, a primeira sessão do julgamento aconteceu em 10 de fevereiro de 1986, segunda-feira. Ciente de que seria convocado a testemunhar, eu vinha acompanhando de perto os desdobramentos do caso, recebendo relatórios quase diários de Lewis McCarty e do gabinete de Donnie Myers. Em uma manhã chuvosa, os ansiosos espectadores começaram a fazer fila diante do tribunal desde as sete horas, na esperança de conseguir um lugar. A maioria não tinha ligação com o caso e seus participantes, mas queria ver o homem que, segundo relatos, havia aterrorizado toda uma região. Um casal tinha uma neta que se recusara a sair de casa durante todo esse período de terror. Os dois queriam verificar qual era o motivo para isso. Uma outra mulher presente declarou:

— Fiquei fascinada pelo caso. É muito esquisito. Eu queria ver essa pessoa que matou a filha de alguém e depois ligou para a casa dela dizendo que se sentia parte da família.

Vários jornalistas compararam aquela multidão a pessoas que enfrentam longas filas para conseguir ingressos para peças da Broadway, shows de rock ou grandes eventos esportivos. As pessoas à espera monitoravam atentamente a presença de fura-filas, e em um determinado momento houve trocas de empurrões entre duas mulheres.

Por questões de segurança, Bell percorreu a curta distância entre a cadeia e o tribunal em um carro de polícia. Ele vestia uma blusa marrom da Lacoste com a tradicional logomarca do jacaré por cima de uma camiseta branca, calça bege e tênis, além da barba muito bem aparada. No centro do peito, um broche improvisado de papel preso à camisa trazia as palavras Eu sou a vítima. Larry Gene Bell. Sou inocente.

Assim que saiu da viatura, gritou para os repórteres aglomerados do lado de fora:

— Meu nome é Larry Gene Bell e sou inocente!

Quando ele entrou no tribunal, um edifício com um pé-direito alto e imponente, os Smith já estavam lá. Ficaram hospedados às custas do governo estadual no hotel Holiday Inn de Charleston. Era a primeira vez que Bob e Robert o viam pessoalmente, e o primeiro reencontro de Hilda e Dawn com ele desde a conversa ao anoitecer na sala do xerife Metts. Os quatro desviaram a cabeça depois de uma rápida olhada. A jovem contou que ele estava com um sorrisinho no rosto enquanto era conduzido para dentro.

Ao notar que havia atraído a atenção de todos, Bell declarou com um tom de voz elevado:

— Eu sou inocente e não vou ter um julgamento justo!

Pouco depois, enquanto o juiz Smith explicava as leis que regulamentavam a pena de morte e o que eram as circunstâncias atenuantes e agravantes, Bell ficou de pé e falou:

— Por que estou aqui diante dos portões do inferno se o xerife Metts sabe que Gene Bell é inocente?

O juiz o ordenou a se sentar e rejeitou uma moção de anulação de julgamento por parte de Swerling, sob a alegação de que aquela manifestação descontrolada poderia causar uma predisposição negativa no júri.

Só depois disso, a seleção dos jurados começou.

Ao chegar para o segundo dia, Bell declarou à imprensa do lado de fora:

— Meus amigos silenciosos, seja qual for o resultado do julgamento, eu rezo todos os dias pela família Smith, pela família Helmick e pela família Bell, para que possam seguir adiante na vida de forma construtiva.

Não contente em apenas ser julgado no tribunal, ele estava também *emitindo juízos* através da imprensa.

Uma vez lá dentro, depois de se desculpar pelo comportamento do dia anterior, Bell pegou um microfone e declarou:

— Excelência, eu gostaria que constasse nos autos que Gene Bell não é um indivíduo violento, cruel e perigoso, e qualquer um que disser isso não me conhece pessoalmente!

Minutos depois, após mais um jurado ser aceito por ambas as partes e ser conduzido à outra sala, Bell se levantou outra vez e, com um tom de voz choroso, falou:

— Não aguento mais! Gene Bell não é o responsável por isso! Não fui eu, e vocês estão querendo me sentenciar à morte ou à prisão perpétua. Isso não é certo!

Como previsto, o juiz Smith mandou o réu se sentar e ficar calado, caso contrário seria retirado do tribunal durante a seleção do júri.

— Essas manifestações são prejudiciais ao senhor — avisou a Bell.

Swerling informou ao juiz que seu cliente se recusava a se comunicar com ele e sua colega de equipe, Elizabeth Levy, e não estava colaborando com a própria defesa. Bell ficou em silêncio pelo resto do dia.

Dois candidatos a jurados foram dispensados por se afirmarem peremptoriamente contrários à pena de morte. Uma outra mulher alegou não ter opinião formada a respeito, "apenas que ela não é usada com a frequência que deveria, que precisamos nos livrar de pessoas que matam crianças inocentes". Ela também foi dispensada, assim como um homem que declarou que, em sua opinião, Bell era culpado e sequer merecia um julgamento.

Policiais do condado vigiavam a casa de Jack Swerling 24 horas, em razão de ameaças de morte recebidas.

— A representação legal de alguém como Larry Gene Bell é o que mantém a legitimidade do sistema — declarou, mais tarde, ao periódico *National Law Journal*. — Garantir que o sr. Bell tenha todos os direitos respeitados também é uma forma de proteger nossos direitos.

19

Na manhã de quarta-feira, Bell apareceu com outra mensagem para a massa de repórteres e câmeras de televisão.

— Bom senso questionável. Gene Bell por acaso já foi julgado? O procedimento da acusação está contaminado? Justiça: *bum*!

A mídia já estava se acostumando a aguardar avidamente por esses pronunciamentos.

À tarde, um júri de sete mulheres e cinco homens havia sido nomeado, com uma proporção homogênea entre pessoas negras e brancas. A seleção se deu com muito mais rapidez do que o esperado, em boa parte, porque os moradores locais não sabiam muita coisa de antemão a respeito do caso ocorrido no estado vizinho.

DEPOIS DAS ALEGAÇÕES INICIAIS DE AMBAS AS PARTES, RICHARD LAWSON, NAMORADO DE SHARI, foi chamado ao banco das testemunhas pela acusação e fez um relato dos acontecimentos daquela fatídica tarde de sexta-feira: os dois se encontraram no shopping, foram à festa na piscina junto com a amiga dela Brenda Boozer e, mais tarde, os três voltaram ao estacionamento do centro comercial para pegar os carros das garotas. Brenda depôs em seguida e confirmou o que foi relatado por Richard.

Depois foi a vez de Bob Smith, que contou que viu o carro de Shari na entrada de casa e desceu para procurá-la ao notar que ela não havia entrado, e falou sobre o pânico que sentiu quando não a encontrou. Relatou também que acionou a polícia, que recebeu um telefonema na madrugada prometendo uma carta de Shari e que foi levado ao correio pelos policiais para assinar a coleta do "Último Desejo & Testamento" de Shari, e que recebeu várias outras ligações telefônicas do mesmo suspeito não identificado.

Myers perguntou a Smith se conhecia Larry Gene Bell e se ele era mesmo, como o próprio dizia ao telefone, um amigo da família.

— Não, senhor.

— O senhor ao menos sabia da existência dele em 31 de maio ou 1º de junho de 1985?

— Não, senhor.

Swerling declarou que não tinha perguntas a fazer ao sr. Smith, o que foi inteligente da parte dele. Um advogado de defesa não teria qualquer coisa a ganhar tentando desmentir um pai enlutado.

John Ballinger, um empresário local que por acaso estava passando na frente da entrada da residência dos Smith naquele momento crítico, descreveu o carro que estava parado perto da caixa de correio onde Shari estava.

Terri Butler, uma dona de casa mãe de dois filhos que morava ali perto, descreveu o motorista e contou que o carro quase bateu no seu antes de fazer uma guinada para a lateral da pista. Apesar de ter sido breve, coisa de segundos, ela se recordou de um momento marcante.

— Eu olhei em seus olhos e ele olhou nos meus.

Pouco antes, ela havia visto o Chevette azul de Shari parado na entrada da casa, e foi quem ajudou a polícia a compor o primeiro retrato falado do suspeito.

— A senhora conseguiria identificá-lo? — perguntou Knox McMahon, o assistente da promotoria.

— Ele está sentado bem ali, de camisa branca — respondeu, apontando para Bell.

— Existe alguma dúvida a esse respeito, sra. Butler?

— Não.

— Alguma coisa nele está diferente de quando a senhora o viu na tarde de 31 de maio de 1985?

— Ele usava barba, e o cabelo agora está penteado.

Na vez de Swerling interrogar a testemunha, ele perguntou:

— Então essa identificação feita pela senhora se baseou em uma troca de olhares que durou uma fração de segundo, certo?

— Não sei por quanto tempo olhei para ele — respondeu Butler. — Mas eu o vi.

Sammy Collins, vizinho dos pais de Bell, contou que conversou com o réu na manhã de sábado, dia 1º de junho, e relatou o interesse excessivo dele no sequestro de Smith. Também mencionou que a aparência de Bell mudou entre os dias 1º e 22 de junho.

Hilda Smith testemunhou em seguida e relatou suas experiências naquela sexta-feira. Então Myers trouxe à tona as ligações telefônicas: o suspeito, a princípio, quis falar com ela, antes de eleger Dawn como sua interlocutora. O promotor se concentrou no segundo telefonema; o primeiro a ser gravado.

— Excelência, gostaríamos de apresentar a fita como evidência — disse.

Os jurados, membros do tribunal e advogados de acusação e defesa foram instruídos a pôr fones de ouvido para ouvir as gravações. Swerling resolveu não contestar a relevância ou a validade do trabalho de aproximadamente três dezenas de oficiais da lei e técnicos da companhia telefônica local que trabalharam para instalar o dispositivo de gravação e rastrear as ligações — uma tática que a promotoria esperava que ele pudesse usar para pôr em xeque a legitimidade das fitas. Isso só teria atrasado o andamento do julgamento e irritado os jurados, sem benefício algum para a defesa. A imprensa também teve acesso a transcrições que comprovavam que Hilda havia mencionado a questão da saúde de Shari para o suspeito.

"Acho que você sabe como me sinto sendo a mãe de Shari e o quanto eu a amo. Você pode me dizer se ela está fisicamente bem sem a medicação?"

A fita continuou tocando, com a outra voz dizendo a ela para providenciar uma ambulância e pedir ao xerife Metts para suspender as buscas no condado de Lexington e em vez disso se concentrar no condado de Saluda. Foi nessa chamada que o UNSUB declarou:

"Quero dizer uma coisa a você. Shari agora é parte de mim... fisicamente, mentalmente, emocionalmente e espiritualmente. Nossas almas são uma só agora."

Embora Bob Smith tivesse declarado que "nós mantivemos até o fim [a esperança] de que ela estava viva", quando Ron e eu ouvimos essa gravação, tivemos quase certeza de que Shari havia sido assassinada. Não era preciso ser um analista de perfis criminais para reconhecer a satisfação que o sujeito estava sentindo ao manipular, dominar e controlar aquela família angustiada.

Myers perguntou a Hilda se a voz na fita era a mesma da primeira ligação. Ela respondeu que sim. A reprodução das gravações continuou. Na quinta fita tocada por Myers, a mãe de Shari não conseguiu mais segurar as lágrimas.

Depois da última gravação, o promotor mencionou o encontro de 27 de junho com Bell na sala do xerife Metts.

— A senhora já tinha visto o rosto dele antes desse dia? — perguntou.

— Não, eu não tinha — respondeu Hilda.

— Quando a senhora conversou com Larry Gene Bell naquele dia, como diria que a voz dele se comparava à da pessoa que fez esses telefonemas?

— Eu ouvia aquela voz sem parar, inclusive quando me deitava à noite para dormir. Não conseguia calar aquela voz, mas ela não tinha um rosto. Quando ouvi Larry Gene Bell falar, associei uma cara àquela voz que estava ouvindo o tempo todo. Larry Gene Bell era a voz, e ele tinha sido preso.

Swerling foi prudente o bastante para não tentar desmentir a mãe da vítima. Só o que perguntou ao interrogá-la foi:

— Não existe dúvida de que a senhora não conhecia e nunca tinha visto Larry Gene Bell antes, correto?

— Eu não o conhecia e nunca o tinha visto.

— Obrigado, sra. Smith. Isso era tudo o que eu tinha a perguntar.

Dawn foi ao banco das testemunhas depois da mãe, e Myers continuou reproduzindo as fitas. A primeira foi a do telefonema de 6 de junho, então Dawn foi obrigada a ouvir que:

"Eu a amarrei na cama e, hã, com um fio elétrico, e ela, hã, não resistiu, nem chorou, nem nada. [...] E eu peguei a fita isolante e enrolei a cabeça dela inteira e a sufoquei."

E em seguida:

"E dei uma escolha para ela [...], uma overdose de drogas, uma injeção ou, hã, hã, sufocada. [...]. Sabia que ia virar um anjo."

Esse também foi o telefonema em que ele disse:

— Essa coisa saiu do controle, e só o que eu queria era fazer amor com Dawn. Estava de olho nela fazia algumas semanas...

— Com quem?

— Desculpa; com Shari.

A alegação de que ele não tinha a intenção de matar Shari logo caiu por terra quando raptou e matou Debra May Helmick. Ou ele também só queria fazer amor com uma menina de nove anos? Não pretendia matá-la? As coisas saíram do controle de novo? Ele fez exatamente o que planejava e queria com ela.

Depois de reproduzir a gravação do telefonema de 8 de junho, um sábado, o dia seguinte ao funeral de Shari, Myers perguntou:

— Pois bem, Dawn, nessa fita ele disse mais uma vez que iria se matar, e que encontrariam fotografias em um saco plástico em seu corpo. Ele não se matou, e as fotografias mencionadas foram encontradas?

— Não.

Em seguida, o promotor público mencionou o encontro na sala do xerife na delegacia. Depois de confirmar que ela nunca tinha visto Bell antes daquele dia, ele perguntou:

— Como a voz que você ouviu saindo da boca de Larry Gene Bell naquela quinta-feira se compara com a voz nos telefonemas que vocês estavam recebendo?

— Era a mesma voz.

— Alguma dúvida a esse respeito?

— Não, senhor, nenhuma.

Uma evidência que o juiz Smith não permitiu que fosse apresentada ao júri foi o suspeito dizendo para Dawn:

> *"Muito bem, Deus quer que você se junte a Shari Faye. Neste mês, no mês que vem, neste ano, no ano que vem. Não tem como você ficar protegida o tempo todo. Você já sabe sobre a menina dos Helmick."*

O juiz Smith decidiu que a gravação de 22 de junho era prejudicial demais e representaria um risco à presunção de inocência do réu. Swerling tentou ir além e não deixar o júri ouvir Hilda e Dawn nas gravações, porque a empatia natural dos jurados em relação a elas poderia se converter em um sentimento de raiva contra Bell. O magistrado negou a moção. Swerling tentou convencer o magistrado de que Bell havia conversado conosco na sala de Metts sem ter respeitado seu direito a um advogado. No entanto, pela gravação do interrogatório, fica claro que Bell havia aberto mão voluntariamente dessa prerrogativa, que estava ansioso para falar e que a família Smith foi levada até lá por um pedido seu. Naquele momento, o xerife disse, com todas as letras, que um advogado recomendaria que ele se calasse, mas Bell quis falar mesmo assim. Metts ainda declarou em juízo que o irmão do suspeito, um advogado, estava o tempo todo no saguão da delegacia, mas o réu afirmou diversas vezes que não queria vê-lo.

Mesmo com a exclusão daquela gravação específica, para mim, as evidências já apresentadas eram inequívocas. Minha principal preocupação, àquela altura, era que o júri considerasse que o comportamento bizarro e narcisista de Bell fosse decorrente de uma doença mental. Conforme afirmei, reconheço que ele sofria de algum problema psiquiátrico, mas que não chegava nem perto de ameaçar sua capacidade de autocontrole, nem de impedi-lo de distinguir entre o certo e o errado. O que a maioria das pessoas às vezes não entende é que sociopatas como Bell compreendem a diferença entre o certo e o errado, mas encaram os próprios desejos e a sensação de onipotência como valores que estão acima da moralidade convencional.

O repórter Charlie Keyes, da WIS-TV, falou em seu testemunho sobre o telefonema em que o suspeito se comprometia a se entregar, o que, como tantas outras promessas, não se concretizou.

Perto do fim do dia, Judy Hill, que trabalhava como operadora de caixa no posto de parada de caminhões da estação Grand Central, na rodovia I-77, de onde foi feito o telefonema de 6 de junho, identificou Bell e afirmou que ele tinha ido até lá naquele dia para comprar café e trocar moedas para fazer uma ligação. Ela o viu atravessar o saguão, verificar se o telefone estava funcionando e depois sair para usar outro orelhão, instalado no estacionamento.

A intenção de um promotor público, com todos esses depoimentos, é apresentar ao júri uma versão incontestável do relato apresentado. A ideia é mostrar a cada jurado que todas as partes da história contada foram comprovadas, e que, portanto, o réu de fato cometeu o crime. Afinal, como seria possível que todas aquelas testemunhas pudessem estar equivocadas?

O dr. Joel Sexton, que vira o corpo de Shari no local onde foi encontrado e realizara a autópsia, também deu seu testemunho no mesmo dia que Hilda e Dawn. Com base nas evidências físicas e na ausência de *rigor mortis*, concluiu que Shari estava morta fazia pelo menos dois dias.

— A decomposição estava avançada — explicou. — Ovos de moscas, vermes e besouros estavam presentes. Esse é o processo normal da natureza de destruição de um cadáver encontrado em uma mata.

Por mais cruel que isso possa parecer, era fato que o assassino tinha consciência quando deixou o corpo de Shari em um ambiente como aquele, pois seria difícil determinar a causa da morte. Poderia ser por sufocamento e/ou estrangulamento ou por desidratação severa em razão do problema de saúde da vítima. Fosse qual fosse o caso, em termos legais, ela morreu em decorrência do rapto e da manutenção em cárcere privado contra sua vontade, portanto o sequestrador era o responsável direto pela morte.

O dr. Sexton também explicou que, em razão do estado severo de decomposição, não era possível determinar se Shari havia sido estuprada. Sobre isso, os jurados poderiam tirar as próprias conclusões com base nas gravações exibidas, em um telefonema no qual Bell afirmara que "fez amor" com ela três vezes. E, por mais terrível que fosse, era uma conclusão mais que óbvia.

20

Em 14 de fevereiro, sexta-feira, quando foi chamado ao banco das testemunhas, Ellis Sheppard contou que combinou com Bell, que foi seu ajudante de eletricista por seis meses antes de ser preso, que cuidasse da casa em sua ausência. Sheppard explicou que ele e a esposa fizeram uma pausa na viagem de nove semanas para verificar o progresso de um trabalho que Bell estava executando no condado de Saluda. E também revelou que, enquanto os levava para casa depois de buscá-los no aeroporto, o funcionário deu início a uma conversa sobre os detalhes do desaparecimento de Shari Smith.

— Ele [Bell] me perguntou se eu achava que a família iria querer recuperar o corpo.

Sheppard afirmou ter respondido que esperava que a garota ainda estivesse viva, ao que Bell falou:

— Mas, se não estiver, você acha que eles vão querer o corpo de volta?

A pistola calibre .38 que Ellis havia mostrado a Bell foi apresentada como prova depois que a testemunha afirmou tê-la encontrada suja e emperrada, em um local diferente de onde a deixara.

Ele identificou a voz nas fitas como a de Bell, mesmo com o uso do dispositivo modulador.

— Eu fiquei enlouquecido — afirmou a testemunha. — Eu sabia que era a voz do sr. Bell [nas gravações]. Não havia dúvida alguma.

— E de quem era a voz que o senhor ouviu na fita em que foi dito o que ele fez com Shari Smith? — perguntou Myers, enfatizando para o júri o horror da situação.

— Era a voz do sr. Bell. Não poderia ser de outro.

Em seu depoimento, Sharon Sheppard confirmou tudo o que o marido havia dito. Os dois descreveram Bell como um bom trabalhador, mas um homem "esquisito" e "estranho". Disseram que ele fazia anotações de forma compulsiva, escrevendo instruções detalhadas para quase toda tarefa que precisava cumprir, e que as revisava várias e várias vezes.

Marvin "Mickey" Dawson, perito da Divisão de Aplicação da Lei da Carolina do Sul em documentos questionados, explicou o funcionamento do aparato de detecção eletrostática, baseado em uma técnica desenvolvida em Londres pela Scotland Yard, e como o dispositivo conseguia identificar marcas deixadas por folhas escritas bem acima da página em questão, além de afirmar que o "Último Desejo & Testamento" foi inequivocamente associado ao bloco em que Sharon Sheppard deixara instruções para Bell.

Por meio de uma imagem fotográfica, Dawson continuou a explicação:

— Realizei uma comparação de uma amostra comprovada da letra de Sharon Faye Smith com a caligrafia presente no "Último Desejo & Testamento" e fiz uma identificação positiva como a caligrafia dela.

Swerling tentou impedir que o documento fosse incluído entre as provas a que o júri poderia ter acesso durante as deliberações, argumentando que as mensagens da vítima para a família e o namorado não tinham relação com o caso em si e que poderiam inflamar os jurados contra o réu. O juiz Smith negou a moção de imediato, assinalando que se tratava da evidência mais importante de todas, sem a qual o crime poderia não ter sido solucionado.

Larry Gene Bell, que naquele dia vestia camisa branca, colete, calça social verde e gravata da mesma cor, sentou-se no banco das testemunhas sem a presença do júri. Ele se queixou de que o xerife Metts o dissuadiu de exigir a presença de um representante legal antes de ter seu carro e sua casa revistados — na verdade, foram os pais que autorizaram, pois a residência era deles —, já que "um advogado teria me mandado ficar quieto".

Metts teria lhe dito que seria mais rápido se ele consentisse em assinar os formulários, mas também avisado que, caso se recusasse a fazer isso, a polícia conseguiria uma ordem judicial para conduzir a revista, o que de fato foi feito para a residência. Portanto, em minha opinião, aquela questão era irrelevante.

Na condição de testemunha depoente, Bell agiu como nas performances ao telefone. Estava em sua zona de conforto. Ele se recusou a se sentar, permanecendo de pé como se pretendesse dominar o ambiente do tribunal, afirmando que era esse o procedimento na Inglaterra do século XIX.

— Não estamos para brincadeiras aqui, a não ser que o senhor considere que a vida de Shari Smith fosse uma grande piada, e a minha também — acusou Myers. — Vamos tentar ser um pouco mais profissionais aqui.

Uma das coisas que mais me incomodou foi a tentativa de vincular sua vida à de Shari, como se os dois fossem vítimas de um mesmo oponente.

O juiz Smith o instruiu diversas vezes a se limitar ao que foi perguntado, quando, por exemplo, ele começava a reclamar que a polícia não devolvera sua carteira, que continha oitenta ou noventa dólares.

— O senhor precisa limitar os comentários ao assunto que está sendo discutido — avisou Smith.

Em resposta à admoestação do juiz, ele respondeu:

— Eu compreendo, mas espero que o senhor também compreenda minha situação.

No início da sessão de sábado, pouco depois de ser conduzido à mesa da equipe de advogados de defesa, Bell se levantou para se queixar de que agentes da Divisão de Aplicação da Lei haviam tomado sua caneta, afirmando que poderia ser usada como uma arma. O juiz explicou que era um procedimento padrão quando um réu é conduzido e retirado do tribunal sem o uso de algemas.

— Eu não aceito as desculpas do senhor! — gritou. — Esse pode ser o motivo, mas eu não aceito.

— Eu não estava me desculpando — retrucou o juiz.

Com a atenção da corte concentrada nele, Bell pareceu querer retomar o que começou na sexta-feira.

— Estou nos portões do inferno há sete meses — falou. — Não me comparo ao que as famílias Smith e Helmick estão passando, mas estou nos portões do inferno e eles, no inferno. Vamos acabar logo com isso e seguir com nossas vidas.

O magistrado já havia determinado que o caso Helmick não poderia ser mencionado, por ser prejudicial ao direito de defesa do réu, mas Bell fez isso mesmo assim. Disse ao juiz que as transcrições do interrogatório e da conversa na sala do xerife Metts não deveriam ser levadas a sério, porque coisas importantes haviam sido deixadas de fora.

— Até um cego pode ver que um falso testemunho foi feito contra mim.

Um pouco mais tarde, depois que Metts rebateu suas alegações e ele desceu do banco das testemunhas para se retirar do tribunal, Bell estendeu a mão para cumprimentar o xerife. Metts se limitou a encará-lo e seguiu adiante.

Em outro momento, Swerling se virou para Bell e perguntou em um tom brusco:

— Você precisa mesmo acenar para todo mundo?

— Só estou mostrando meu respeito pelas forças da lei. — Essa foi a resposta, em mais uma manifestação de seu gosto pela manipulação, pela dominação e pelo controle.

— Quem você pensa que é? — questionou o advogado, irritado. — Um *maître*?

Ainda na ausência do júri, Smith precisou decidir se o que Bell contou aos policiais de Charlotte sobre Shari Smith enquanto era interrogado sobre o caso Sandee Cornett poderia ser admissível como evidência no julgamento.

Swerling descaracterizou o interrogatório, definindo-o como "onze horas de papo-furado". Ao questionar o investigador Lawrence Walker a respeito da alegação de Bell de que tinha visões mandadas por Deus, tentando enfatizar a questão da doença mental do réu, fez a pergunta da seguinte maneira:

— O senhor não achou isso um pouco bizarro? Não ficou intrigado com essas visões mandadas por Deus?

Walker respondeu, de acordo com o que já havíamos constatado em nosso trabalho no bureau, que atribuir um fato a uma visão ou mensagem divina, muitas vezes, é um subterfúgio usado pelo suspeito para admitir seu envolvimento sem dizer isso com todas as letras, uma variação de uma narrativa para livrar a própria cara.

— Não é incomum em meu trabalho como policial alguém me dizer que teve uma visão. É uma forma encontrada para aliviar a consciência.

— O senhor acha que o comportamento dele foi normal? — insistiu Swerling.

— Sim, senhor. Em alguns momentos, durante o depoimento, o sr. Bell atuou de forma estranha, mas devo enfatizar aqui a palavra *atuou*.

Para permanecer naquele ponto, Swerling convocou para depor o psiquiatra dr. Harold Morgan, contratado pela defesa, que tinha lido as transcrições do interrogatório. Ele afirmou que Bell não se encontrava em condições de abrir mão do direito a um advogado, porque estava "psicótico" no momento e "obviamente tão fora de si que não poderia dar um consentimento bem informado. Ele estava fora da realidade".

Morgan afirmou ter entrevistado Bell em 16 de julho, dois dias depois da polícia de Charlotte, e que o encontrou em um estado maníaco:

— Ele expressava delírios de ter certos poderes e se dizia em contato com Deus. Estava desconexo. Ficou claro para mim que não estava em juízo perfeito.

É por isso que tantos agentes da lei acabam antagonizando com psiquiatras e outros profissionais de saúde mental. Eles tendem a se concentrar nas alegações delirantes que parecem ilógicas aos ouvidos, enquanto nós observamos o nível de planejamento, execução e eficiência na execução de um crime violento, além do quanto o criminoso consegue apresentar recordações e narrativas com alguma coerência.

O juiz determinou que, embora as alegações de Bell fossem desconexas, não indicavam uma perda de contato com a realidade nem uma incapacidade de entender seus direitos constitucionais. O magistrado decidiu que tudo o que Bell falou a respeito de Shari Smith poderia ser apresentado como evidência, inclusive eventuais referências circunstanciais a Debra May Helmick, mas nada a respeito do caso Sandee Cornett.

A partir daí, boa parte da sessão de sábado foi dedicada às descobertas forenses nas residências dos Bell e dos Sheppard, inclusive do protetor de colchão do quarto de hóspedes de seu empregador. Os químicos forenses da Divisão de Aplicação da Lei confirmaram que os cabelos e as manchas de sangue e urina no carpete eram compatíveis com os de Shari, com base na comparação com fios extraídos da escova de cabelo e do sangue encontrado na meia-calça dela. Os respingos de sangue achados em um par de tênis de Bell também eram do mesmo tipo sanguíneo da vítima.

Os peritos explicaram que não tinham como confirmar se alguma das manchas era proveniente do corpo do próprio Bell, pois ele havia se recusado a ceder amostras de sangue, urina e saliva. Em uma decisão que procurou contemplar as demandas de ambas as partes, Smith decretou que a acusação poderia informar ao júri que o réu se recusara a ceder sangue e urina para comparação com as manchas encontradas no protetor de colchão, mas não que havia desobedecido a uma ordem judicial para a obtenção de amostras de cabelos e de voz. Com relação a esse último elemento, o magistrado argumentou que, como os jurados já tinham ouvido a voz dele nas fitas, poderiam tirar as próprias conclusões.

O tribunal já havia sido cenário de uma série de demonstrações de destempero por parte de Bell. O júri, porém, não estava presente nessas ocasiões.

Na manhã de 17 de fevereiro, segunda-feira, Myers deu por encerrado o trabalho da acusação. Ao fim da apresentação do caso, o promotor público havia convocado dezenas de testemunhas e mostrado 59 evidências, que incluíam fotos, gráficos, mapas, a arma de fogo, a corda, a fita isolante, as canetas, os envelopes, os selos com as iscas para patos encontrados no quarto de Bell, o bloco pautado com folhas amarelas e, obviamente, o importantíssimo "Último Desejo & Testamento".

Era chegado o momento de a defesa tentar criar, pelo menos, uma dúvida razoável sobre Larry Gene Bell ser ou não o assassino, ou então mostrar que ele estava tão fora de si quando sequestrou, aprisionou e assassinou Shari Smith, que havia perdido o contato com a realidade e a capacidade de distinguir a diferença entre certo e errado. Nós, os agentes da lei, considerávamos essa uma tarefa e tanto.

21

Na manhã de segunda-feira, a defesa deu início à apresentação do caso, abrindo os trabalhos com o testemunho de três profissionais de saúde mental. A primeira, a assistente social Susan Appelzeller, especializada em atendimento clínico-hospitalar, afirmou que Bell havia faltado à maioria das consultas quando era um paciente não residente do Instituto Psiquiátrico William S. Hall. Além disso, na primeira entrevista no hospital, ele contou à equipe responsável pelo diagnóstico que sua mãe já havia morrido, o que não era verdade.

O dr. Lucius Pressley, psiquiatra do Hall, contou que, em 1976, Bell foi diagnosticado como um sádico sexualmente desviante. O médico explicou, e nossa pesquisa, sem dúvida, corroborava a afirmação, que o sadismo sexual "é um dos problemas mais difíceis de tratar", em razão do prazer e do reforço positivo que o indivíduo obtém ao cometer atos desviantes.

Embora se tratasse de uma testemunha convocada pela defesa, Bell se virou para a área onde a imprensa estava e comentou:

— Se acreditarem nisso, também devem achar que a Mona Lisa é um homem.

O dr. Robert Sabalis, psicólogo do departamento de medicina familiar da Faculdade de Medicina na Universidade da Carolina do Sul, declarou ter examinado Bell no Hall em 1975 e ter constatado que seu Q.I. era de

88, portanto abaixo da média, e que o paciente revelava "potenciais indicativos iniciais de psicose". Quando interrogado pela acusação, contudo, o dr. Sabalis confirmou que essa condição não poderia ser enquadrada como insanidade nos termos da lei.

Os jurados logo poderiam fazer as próprias avaliações: era Bell quem se sentaria no banco das testemunhas a seguir. Em geral, é um grande risco para o advogado de defesa pôr seu cliente para depor e expô-lo ao risco de ser desmentido ao ser interrogado pela acusação. Mas Swerling estava colocando na mesa sua melhor cartada — a possibilidade de que o júri considerasse Bell um indivíduo irracional, se não completamente doido. Quando foi depor, mais uma vez de pé, com as mãos às costas, em vez de sentado, seu advogado começou perguntando:

— Quantos anos você tem?

— O silêncio vale ouro — respondeu Bell.

— Não foi isso que eu perguntei — reclamou Swerling. — Perguntei quantos anos você tem.

— Trinta e sete — disse, por fim, Bell.

Não era exatamente um começo auspicioso para quem queria provar que seu cliente era louco, em vez de apenas presunçoso e irritante. Bell então pediu para conversar em particular com Swerling e, depois de 45 minutos de conferência entre réu e advogado, pediu desculpas pela demora. Mas, obviamente, não estava disposto a falar de forma clara e direta.

— Vou começar amanhã. Estou confuso, mas vou ficar cem por cento melhor. — Em seguida, Bell se virou para onde estava a imprensa e falou: — Eu estou confuso. Isso não é divertido?

— Não aguento mais isso — resmungou Myers. — Acho que quem está ficando louco sou eu.

— Estou sem palavras. Não sei mais o que comentar a esse respeito — foi tudo o que Swerling conseguiu dizer.

Smith encerrou os trabalhos do dia.

NA MANHÃ SEGUINTE, 18 DE FEVEREIRO, TERÇA-FEIRA, BELL FOI AO BANCO DAS TESTEMUNHAS NA frente do júri pela primeira vez. O tribunal estava lotado. Ele reclamou que tinha fornecido um álibi no momento da prisão que nunca fora verificado. Mais uma vez se colocando como vítima, ele insistiu:

— Eu implorei para verificarem meu álibi. Fui mal orientado, ingênuo e burro por me colocar assim nas mãos dele.

Que álibi era esse ele não mencionou em momento algum?

Falou também que havia se consultado com vários psiquiatras e profissionais de saúde mental ao longo dos anos, e decidiu resumir tudo se dirigindo ao júri:

— Algo a se pensar. Inteligente, burro ou pirado? Vocês decidem. — Depois disso, continuou: — Fui envenenado. Vocês não acreditariam na quantidade de médicos com que conversei na vida. Ouvi os médicos me dizerem que sou pirado a vida toda.

Ele negou que tivesse problemas mentais ou emocionais graves:

— Eu não sou um doente mental. Mas é impossível convencer os médicos disso. Conversei com eles a vida toda e disse diversas vezes que não existe algo de errado comigo. Nunca me escutaram.

Quando Swerling tentou trazer à tona o histórico familiar, Bell comentou:

— Você não está deixando nada de fora. Não quer deixar segredo algum escondido. Eu não ligo. Minha vida toda foi assim, com as coisas sendo distorcidas e usadas contra mim.

Bell transformou uma pergunta sobre seus tempos de estudante de ensino fundamental em uma reclamação sobre as condições como prisioneiro do CCI:

— Quando fui injustamente mandado para os portões do inferno, meu peso caiu, por causa do calor e da comida. Mas eu não reclamei. Sabia que o meu dia iria chegar.

O dia em questão seria quando ele fosse ao tribunal refutar "a moeda de um lado só apresentada contra mim". Confundir-se com metáforas era o menor de seus problemas.

Os jurados já não sabiam mais do que ele estava falando quando se descreveu como "um solitário, um individualista e um líder", e então deu início a um monólogo sobre a habilidade atlética do irmão no ensino médio. A seguir, começou a recitar passagens da Bíblia, declamou alguns versos da canção "Amazing Grace" e declarou, de forma abrupta, que iria "chutar a porta do caso apresentado pela promotoria".

— As coisas que eles mostraram não têm a ver com o caso. Justiça, muito improvável. Coisas tiradas de proporção.

Na pausa para o almoço, Bell disse a Myers:

— Você é o melhor!

— Ainda não — respondeu o promotor. — Ainda estou esperando para interrogar você.

Na sessão da tarde, Bell admitiu que se declarara culpado por agressão a uma mulher em Rock Hill, pois forçou-a a entrar em seu carro sob a ameaça de uma faca. Contudo, afirmou que só disse isso porque foi obrigado pelo advogado e pelos familiares.

NO DIA ANTERIOR, EU TINHA VIAJADO PARA A CAROLINA DO SUL. MYERS ME QUERIA COMO TESTEmunha de refutação, depois que todos tivessem dado seus depoimentos. Ele ligou para o escritório local do FBI em Colúmbia, que repassou a requisição para a Academia. Nós já havíamos conversado sobre meu possível depoimento várias vezes por telefone, imaginando que havia uma boa chance de que os argumentos apresentados pelos profissionais de saúde mental de ambas as partes acabassem anulando uns aos outros na cabeça dos jurados. Eu, por outro lado, poderia falar sobre a capacidade de organização de Bell e sobre o nível de planejamento e sofisticação criminal presentes em seus crimes — algo que alguém em estado de alucinação ou delírio permanente não conseguiria fazer.

Depois do jantar, reuni-me com Myers e sua equipe no hotel onde estava hospedado. Perguntei ao xerife como estava a família Smith, principalmente Dawn e Hilda. Ele respondeu que estavam todos firmes e fortes, e pareciam estar suportando tudo muito bem, levando-se em consideração as circunstâncias. Também quis saber se Bell continuava concentrando sua atenção em Dawn, e Myers disse que sim, sem dúvida. A jovem parecia extremamente desconfortável quando ele a olhava e, sempre que possível, Robert tentava se posicionar de uma forma que bloqueasse o campo de visão de Bell.

Alertei Myers sobre uma eventual explosão de raiva de Bell assim que soubesse que eu estaria na lista de testemunhas do dia seguinte. Ele tinha discernimento o bastante para entender minha utilidade para a acusação, e daria seu melhor para se mostrar irracional, mas sem deixar de tentar assumir o controle da situação. Esses dois objetivos parecem contraditórios, mas, em razão de sua opinião tão elevada de si mesmo, eu achava que Bell tentaria neutralizar meu depoimento, e também os dos especialistas em saúde mental, sem deixar de massagear o próprio ego.

Na manhã de 25 de fevereiro, terça-feira, em minha primeira oportunidade de assistir ao julgamento, em vez de apenas receber relatórios e atualizações, Bell foi novamente convocado a depor, e, de novo, recusou-se a se sentar. Disse que preferia ficar de pé "porque infelizmente não existem cadeiras nos portões do inferno e, se você se sentar, é no chão frio ou em uma cama dura". Eu nunca tinha ouvido alguém dizer que os portões do inferno eram um lugar frio, mas tudo bem.

Swerling perguntou:

— O que são os portões do inferno?

— O próximo passo a partir daqui.

Ele disse que tinha visto Shari Smith morrer em uma de suas visões, mas garantia não ter envolvimento em seu sequestro e sua morte, ou qualquer outro crime do qual era considerado suspeito. Afirmou que não podia dizer quem matou Shari "porque não quero ter problemas, legalmente e aos olhos da lei".

Quando questionado a respeito das tais visões, recorreu à frase que se tornou uma marca registrada em seus depoimentos:

— O silêncio vale ouro.

Também explicou que fazia aquilo por respeito à família Smith, que já havia sofrido demais. Alegou que falou, propositalmente, aquilo que os psiquiatras que o examinaram queriam ouvir:

— É importante cooperar com os médicos. Afinal, isso pode salvar uma pessoa da cadeira elétrica e levar a um veredito de "culpado, mas acometido por doença mental". Tudo é possível.

Ele estava agindo, mais ou menos, da forma como eu esperava. Se acreditasse na palavra de Bell, o que não era aconselhável, a impressão que se teria era a de que ele estava em conflito direto com Swerling, que estava dando a seu cliente a oportunidade de se apresentar como um doente mental grave. Infelizmente, o réu fazia questão de se declarar absolutamente lúcido. Ele também não colaborou nem um pouco para atrair a simpatia do júri quando afirmou ter o nome, o endereço e as demais informações pessoais de todos os jurados.

Quando, enfim, perdeu a paciência com as bobagens e a falta de cooperação de Bell, o juiz Smith pediu um recesso, dispensou o júri e fez um alerta à defesa:

— Muito bem, sr. Swerling, o sr. Bell já está depondo há aproximadamente seis horas ou mais. É tempo de sobra para o júri observar o comportamento dele nas respostas às perguntas. Reparei que o réu compreende as perguntas e que as respostas são lúcidas. Senhor advogado de defesa, se não impuser um limite a seu cliente em relação às respostas às perguntas que são feitas, eu vou ter que interferir. Caso contrário, vamos passar mais três semanas aqui.

— Por mim, tudo bem! — retrucou Bell, todo animado.

Quando o júri voltou, Bell deu mais detalhes sobre seu álibi para o momento em que Shari foi sequestrada, mas não sem fazer um protesto primeiro.

— Quer que eu apresente meu álibi incontestável? — perguntou a Swerling. — Eu estava guardando isso como um ás na manga.

Por insistência do advogado, ele afirmou que estava levando a mãe a uma consulta médica em Colúmbia, e de fato ofereceu vários detalhes. Da mesma maneira compulsiva descrita no perfil que elaboramos, ele contou que a encontrara na agência de correio do condado de Lexington às 13h15 e assumira o volante de seu carro. Depois citou o nome de cada rua, a quantidade de semáforos, as placas de sinalização e outros locais reconhecíveis no trajeto até o consultório, de onde teriam saído às 14h50 para ir ao restaurante Krystal's, na Elmwood Avenue, e onde ele pedira um hambúrguer e disse ter sido atendido por um conhecido seu. Os dois teriam saído do Krystal's às 15h30, voltado para o correio de Lexington para pegar o carro e chegado em casa às quatro da tarde.

— Adivinhem quem apareceu e estacionou a duas vagas de mim? — perguntou, dirigindo-se ao júri. — O distinto sr. James R. Metts, xerife do condado de Lexington. Quando ele chegou, minha mãe saiu do correio e se encontrou com ele lá na frente. Os dois devem ter conversado por uns dez minutos!

Ele ainda acrescentou que, se Metts, que estava presente no tribunal, não se lembrasse desse encontro, então devia sofrer de amnésia.

Bell detalhou também o restante do dia: voltara à casa dos pais no lago Murray, de lá foi para a residência dos Sheppard — onde tinha visto o jogo de beisebol entre os times da Universidade da Carolina do Sul e da Estadual da Flórida, até meia-noite —, e então voltara à casa dos pais para dormir. Tudo isso comprovaria que ele não tinha a ver com o sequestro de Shari Smith.

Imaginemos, só por um instante, que a acusação não dispusesse de todas as evidências recolhidas nas residências dos Bell e dos Sheppard, nem das descrições fornecidas pelas testemunhas sobre o carro do suspeito, da identificação da voz da pessoa responsável pelos sádicos telefonemas não só pela família de Shari, mas também por outras pessoas que conheciam o réu. De acordo com minha experiência, os acusados de homicídio — principalmente quando há a possibilidade de pena de morte — não escondem um álibi legítimo como um "ás na manga". Vale lembrar que Bell já estava preso havia oito meses àquela altura, recebendo ameaças e insultos do restante da população carcerária do CCI e alocado no corredor da morte para a própria proteção. Caso pudesse provar que estava em outro local no momento do sequestro de Shari Smith, ele teria fornecido todos os detalhes no mesmo instante em que colocou os pés na delegacia pela primeira vez. E um advogado de defesa competente e tarimbado como Jack Swerling teria trabalhado para confirmá-los um a um, provavelmente, dispensando a necessidade de um julgamento, e sem dúvida alguma arregimentando uma fila de testemunhas para comprovar o álibi, se fosse preciso. Além disso, tenho certeza de que a mãe de Bell também confirmaria tudo de bom grado para salvar a vida do filho. Mas a defesa não convocou uma pessoa sequer para falar a respeito de tais fatos. O suposto álibi era só mais um artifício de Bell para se manter mais tempo como o centro das atenções, manipulando o processo judicial e falando o que bem entendesse, mesmo com todo mundo sabendo que era apenas papo-furado.

Embora o juiz Smith tivesse proibido a acusação de mencionar o caso Helmick ou o desaparecimento de Sandee Cornett, o próprio Bell fez isso em seu depoimento. Falou que estava fazendo compras no shopping Bush River quando Debra May foi raptada, mas, quando ouviu falar do sequestro, teve uma visão do que aconteceu e, por isso, descreveu tudo em detalhes.

Quando Swerling perguntou sobre o casamento fracassado e sobre o filho que nunca visitava, Bell ficou abalado e falou:

— Vou usar da prerrogativa de que "silêncio vale ouro" desta vez.

Na prática, era ele quem estava escolhendo sobre o que falar ou não.

22

À tarde, foi a vez de Myers interrogá-lo, mas as respostas que obteve não foram muito diferentes das que foram dadas a Swerling. A grande diferença foi que, por alguma razão, Bell decidiu se sentar daquela vez, em vez de ficar de pé. Quando questionado sobre os sonhos, esclareceu que eram visões, e ainda admoestou o promotor público:

— Pelo jeito, você não fez sua lição de casa. Eu disse ontem mesmo que o silêncio vale ouro, meu amigo. Você está misturando questões profissionais com pessoais. Acho que deve ser surdo.

— O senhor sabia que a srta. Smith foi sequestrada? — perguntou o promotor.

— Silêncio vale ouro — respondeu.

— Eu sei que o senhor entende as perguntas que são feitas aqui, sr. Bell — interveio o juiz Smith. — Trate de responder. Em seguida, o senhor pode se explicar.

O magistrado esclareceu aos jurados que a afirmação não era uma opinião sobre a condição mental do réu, mas apenas uma constatação de que ele entendia o que estava sendo perguntado.

— Ainda assim o silêncio vale ouro, meu amigo — respondeu Bell. Depois olhou para Myers e comentou: — Para mim, você ainda é um procurador muito honrado.

Quando ele o pressionou sobre o motivo de ter dito a um vizinho dos pais que sabia que Shari havia sido levada de sua casa em Red Bank e que alguém tinha telefonado para a família, Bell respondeu:

— Com certeza minha mãe tinha me contado sobre o sequestro. Quando ouvimos a notícia naquela manhã, ficamos preocupados, claro. Nós vimos no telejornal da manhã.

Mais tarde — em um avanço significativo, em minha opinião —, embora Bell demonstrasse aversão a falar sobre sua vida pessoal, Myers o fez admitir que as únicas vezes que buscou ajuda de profissionais de saúde mental foi logo depois de incidentes que levaram a sua prisão.

— O senhor nunca procurou um psiquiatra ou psicólogo, a não ser quando foi acusado de algum crime.

— Pois é — confirmou Bell.

Mas a apresentação por parte de Myers das declarações dadas por Bell aos detetives de Charlotte em interrogatório só provocaram uma avalanche de frases feitas: "Não vou incriminar a mim mesmo", "Isso não é divertido?", "Silêncio vale ouro".

Bell se queixou com o juiz sobre Myers estar tentando induzi-lo a confessar o assassinato de Smith.

— Você não pode ficar me confundindo — falou. — Não sei por que está desperdiçando o precioso tempo do tribunal. O condado de Saluda já está no vermelho.

Como o próprio Bell havia mencionado as supostas visões sobre o caso Helmick, o promotor também perguntou a esse respeito.

— Silêncio vale ouro, meu amigo — respondeu Bell. — Não vou confessar uma coisa que não fiz. Vamos acabar logo com isso. Me libertem ou me matem!

A minha opinião sobre qual das duas alternativas era a mais aconselhável já estava consolidada.

A performance de Bell no tribunal se tornou ainda mais bizarra a partir daquele momento. Ele alegou que não falaria das visões concedidas por Deus, porque as famílias das garotas mortas estavam presentes.

— Eu pedi para todos se retirarem — rebateu Myers. — O senhor pode falar sobre essas visões agora?

— Quero preencher todas as lacunas — afirmou Bell. — Mas isso pode chegar aos ouvidos errados. Tenho respeito pelas pessoas da imprensa, só estão fazendo seu trabalho. Não quero dar ao responsável uma chance de ficar um passo à frente. Não, senhor, amiguinho!

Essa última declaração foi dirigida diretamente aos repórteres presentes, e também a alegação que veio a seguir — o número de uma placa veicular que, segundo ele, tinha relação com o caso. Em uma verificação com o departamento de trânsito, foi constatada que era a do carro de Jack Swerling.

Myers perguntou a ele se lembrava de ter contado aos policiais que viu Shari Smith na agência de correio de Lexington na tarde do sequestro.

— Silêncio vale ouro — repetiu. — Não vou mais cruzar essa linha; de novo, não, amiguinho.

Com Bell já fora do banco das testemunhas, Swerling reproduziu a fita do interrogatório no trailer atrás da delegacia para mostrar que o réu colaborara com os investigadores, que os policiais insinuaram que ele sofria de uma doença mental e que, talvez, ele não tenha sido informado apropriadamente de seu direito a ter um advogado presente no local. Em diversos momentos, enquanto os presentes ouviam a longa gravação, Bell riu, chorou, estalou os dedos e deu sinais de tédio.

O dr. Thomas R. Scott, um psicólogo que examinou Bell no Hospital de Veteranos de Guerra de Columbia em 1976, e mais uma vez depois que ele foi preso pelos dois homicídios, rotulou-o como esquizofrênico paranoide e um "sujeito seriamente perturbado" que "muito provavelmente" estava afetado por uma doença mental grave no momento do crime. Portanto, não tinha controle sobre os impulsos que o impeliam a atacar mulheres.

— Em uma área da vida, eles podem ser completamente loucos, mas sem deixar de serem funcionais em outra — afirmou.

— Mas ele saberia que era errado sequestrar uma garota de dezessete anos e deixá-la apodrecendo na mata, não, doutor? — questionou o assistente da promotoria Knox McMahon, quando chegou a vez do interrogatório da acusação.

— Com certeza, sim — respondeu o dr. Scott. — Mas acho que não seria justo afirmar que ele entenderia. Quando a pessoa tem um transtorno de pensamento desse tipo, sua cognição também não funciona muito bem.

McMahon então perguntou se Bell era um sádico, já que fez diversas ligações e provocações à família Smith.

— Eu ouvi as fitas. A mim não pareceu que ele estivesse sendo sádico. Parecia alguém tentando reparar o que fez. Soou como uma tentativa mal direcionada de tentar remediar tudo — afirmou o psicólogo.

Embora os jurados não tenham escutado essa parte da gravação, fiquei perplexo com o depoimento de Scott, já que Bell havia dito a Dawn:

"Muito bem, Deus quer que você se junte a Shari Faye. Neste mês, no mês que vem, neste ano, no ano que vem. Não tem como você ficar protegida o tempo todo. Você já sabe sobre a menina dos Helmick."

Interpretar uma ameaça à irmã da garota que foi raptada, violada sexualmente, torturada e assassinada como uma tentativa de reparação era um contorcionismo argumentativo que estava além de minha compreensão. Isso também serve para mostrar a importância de avaliar as declarações e os atos de um criminoso em sua totalidade. Como aprendi com as entrevistas nos presídios, declaração alguma pode ser considerada descartável. Tudo o que eles falam e fazem revela algum aspecto de sua constituição mental.

Na quarta-feira, a dra. Diane Follingstad, também psicóloga, deu seu testemunho sobre as doze horas que passou entrevistando Bell depois da prisão. Ela relatou ter ouvido da boca dele que tinha dupla personalidade — o Larry Gene Bell mau e o Larry Gene Bell bom —, embora não tenha percebido evidências de um transtorno dissociativo de identidade. Conforme comentei e observei muitas vezes, quando o TDI é cogitado pela primeira vez em um indivíduo adulto, quase sempre acontece depois de uma prisão.

A dra. Follingstad, por sua vez, diagnosticou Bell como um maníaco depressivo que também mostrava sinais de esquizofrenia e paranoia. Claramente, era mais uma tática da defesa para apresentá-lo como um doente mental. No entanto, como sempre, meu questionamento era: esse diagnóstico consegue explicar como uma pessoa pode ser incapaz de se controlar na hora de sequestrar e matar mulheres e crianças, mas não de planejar seus crimes e tomar medidas sofisticadas para não ser identificado?

Em vez de duas personalidades, como Bell sugeriu, a psicóloga se referiu aos momentos em que ele cometeu os crimes como "episódios psicóticos".

— Ele tenta confrontar o que fez, mas o lado mau jamais permite que isso seja feito.

A doutora também afirmou que os testes que aplicara nele depois da prisão indicaram alucinações, padrões ilógicos de pensamento e perda de contato com a realidade.

— Ele me disse coisas como ser detentor de um poder de sugestão e de conseguir obrigar as pessoas a fazerem o que ele deseja. Também me disse que conseguia mover objetos com a mente e que Deus lhe mandava mensagens especiais.

Pois bem. Suponhamos que ele sofresse de alucinações, estivesse fora de contato com a realidade, exercesse um poder de sugestão sobre outras pessoas e recebesse mensagens especiais de Deus. De que forma isso o tornaria incapaz de controlar impulsos de raptar e matar pessoas? E, aceitando a teoria de que os sequestros de Shari Smith e Debra May Helmick tenham ocorrido durante episódios psicóticos, apesar de todos os aspectos racionais envolvidos — trocar as placas dos carros, por exemplo, e levar as vítimas a ambientes sob seu total controle —, os telefonemas sádicos e manipuladores para os Smith também teriam sido feitos por alguém nesse mesmo estado? De onde veio a lucidez para escolher telefones públicos em locais pouco frequentados e não deixar impressões digitais ou outras evidências em meio a um estado psicótico? Não é possível estar lúcido e psicótico ao mesmo tempo. Essa definição tão precisa das circunstâncias — e dos momentos — em que Bell conseguia ou não se conter me pareceu conveniente demais. Ele conseguia se controlar no trabalho ou entre pessoas que considerava suas amigas, mas não quando colocava na cabeça a ideia de raptar e matar alguém?

Na Carolina do Sul, o parâmetro a ser levado em conta para um veredito de culpado, mas acometido por doença mental — menos exigente do que o usado para considerar um indivíduo legalmente insano — era o réu "não conseguir se comportar em conformidade com a lei". Em diversos aspectos, Bell era um lunático, mas não encontrei evidências de que não conseguisse se comportar em conformidade com a lei *se e quando quisesse*.

Na manhã de sexta-feira, Swerling, claramente irritado com seu cliente, pediu a suspensão do julgamento, com a justificativa de que Bell não parecia compreender a natureza do processo.

— No momento, ele se recusa a falar comigo — afirmou o advogado de defesa. — Perguntei a ele se iria seguir meu aconselhamento, se iria colaborar. Ele não me deu uma resposta inteligível.

Por volta de meio-dia, o juiz Smith anunciou o adiamento dos testemunhos e a dispensa do júri para que Bell pudesse ser examinado outra vez e o mérito do argumento de Swerling pudesse ser julgado. Depois de avaliar o réu, a equipe de especialistas voltou ao tribunal no fim da tarde.

O dr. John C. Dunlap, que havia dado seu testemunho diante do juiz Smith em uma audiência pré-julgamento em novembro, reportou que o comportamento de Bell era bizarro, e a fala, repleta de clichês, mas que tudo era intencional.

— Ele achava que tinha poderes que as outras pessoas não tinham, que podia controlar os outros, que era um filho de Deus, que o silêncio vale ouro e que determinada coisa era algo a se pensar. Isso não é uma doença psiquiátrica, é uma tentativa de assumir o controle da situação — afirmou Dunlap.

Em sua avaliação, Bell era um indivíduo com personalidade narcisista e tendências histriônicas, que queria ser capturado para poder se deleitar com a atenção e o crédito que receberia pelos crimes. Acrescentou ainda que Bell, provavelmente, se considerava capaz de enganar e manipular investigadores e advogados de acusação se fosse preso e levado a julgamento.

O dr. Jeffrey McKee concordou com Dunlap, e afirmou que, em sua opinião, Bell tentou manipular os testes para parecer mais mentalmente instável do que de fato era.

— Acredito que ele tenha a capacidade de receber o devido aconselhamento de seu advogado, mas decidiu não fazer isso.

O psiquiatra da defesa, dr. Harold Morgan, considerou que o estado mental Bell havia se deteriorado drasticamente durante o julgamento, e a dra. Diane Follingstad relatou que o réu estava agindo de forma estranha.

— Ele mencionou várias vezes que vai se casar com Dawn Smith hoje, e nos convidou para o casamento. Disse que compreenderia se não pudéssemos ir.

Isso de fato soa estranho, pelo menos, até ser levado em consideração o contexto das fantasias sexuais recorrentes de Bell com as irmãs Smith. Em várias ocasiões no tribunal, ele fez investidas sobre Follingstad ("Não precisa constar nos autos, mas você é linda. Eu adoro loiras, profissionalmente falando.") e sobre a assistente de defesa, Elizabeth Levy, acariciando o rosto dela.

Bell também mencionou que o julgamento por homicídio estava associado à contenção de vazamentos relacionados à segurança nacional, e que esperava que o presidente Ronald Reagan viesse à Carolina do Sul para libertá-lo.

Antes de tomar uma decisão sobre a solicitação feita pela defesa, o juiz Smith convocou Bell de volta ao banco das testemunhas. Ele pegou a Bíblia usada para o juramento.

— Diga seu nome — pediu Swerling.

— Meu nome é Larry Gene Bell.

— E se eu lhe dissesse para não falar sobre Dawn Smith?

Em vez de responder, Ball começou a folhear a Bíblia. O advogado repetiu a pergunta.

Ainda sem dar uma resposta, Bell olhou ao redor e começou a dizer disparates:

— Algo a se pensar: conforme mencionado, está nos autos. Se você acredita que isso é verdade, vai acreditar quando eu falar o seguinte: a Mona Lisa é homem e silêncio vale ouro, meu amigo.

Ele se levantou, desceu do banco das testemunhas e começou a andar até a mesa dos advogados de defesa.

Swerling tentou fazê-lo voltar, ordenando:

— Larry, venha depor.

Ele continuou andando.

— Larry, venha depor!

Bell deteve o passo, olhou para seu advogado e falou:

— Eu coloquei minha vida em suas mãos. Trate dela como se fosse a sua. — Em seguida, sentou-se, acrescentando: — Estou cansado, vamos acabar logo com isso.

Myers ficou de pé.

— Excelência, isso não passa de encenação!

— Eu protesto contra a declaração da procuradoria de que isso é uma encenação — retrucou Swerling.

Pouco depois das quatro da tarde de sexta-feira, o juiz Smith determinou:

— Considero o réu apto a ser submetido a julgamento [...] e, portanto, ordeno a retomada dos procedimentos.

Para mim, o retrato mais preciso do estado mental de Bell foi apresentado no dia seguinte pela dra. Gloria Green, psiquiatra que trabalhava em Oklahoma City e fez parte da equipe de avaliação do Instituto Psiquiátrico William S. Hall em 1976. Em sua avaliação, o réu estava em grande parte fingindo ser um doente mental para obter um desfecho legal mais favorável ao caso.

— Nós concluímos que ele não deveria voltar ao convívio social — disse ela. — Concluímos que ele tinha consciência, sabia a diferença entre certo e errado e conseguia se controlar quando queria, mas não sentia remorso nem se lamentava pelo que quer que fosse. Em razão disso, além do controle insuficiente sobre seus impulsos, concluímos que o indivíduo não deveria voltar à sociedade, a não ser que pudesse viver em um ambiente controlado.

Ela explicou que o tratamento para esse tipo de desvio de personalidade raramente era eficaz, mas, "se ainda houvesse uma esperança de encontrar um resquício de consciência no indivíduo, ele teria esse direito". Além disso, lembrou que, "quando algumas das queixas foram retiradas, ele voltou a agir", mostrando-se menos confuso e mais agressivo e demonstrando conseguir calibrar o próprio comportamento de acordo com a situação.

MINHA VEZ DE DEPOR COMO TESTEMUNHA DE REFUTAÇÃO SÓ CHEGARIA NO DIA SEGUINTE, 22 DE fevereiro, em razão de tudo o que aconteceu naquela sexta-feira. Myers começou apresentando minhas qualificações, solicitando que eu fizesse um breve relato a respeito de minha experiência e formação acadêmica, das pesquisas e entrevistas que fizemos com homicidas reincidentes encarcerados e predadores violentos e como era meu trabalho como coordenador do programa de perfis criminais do FBI. O júri pareceu prestar bastante atenção ao que eu disse.

Então ele passou ao assunto em questão, perguntando-me sobre minhas impressões sobre Bell quando estávamos todos juntos na sala de Metts, e o que aconteceu quando Ron Walker e eu ficamos sozinhos com o réu na sala de McCarty.

— Ele se mostrou muito lúcido, muito racional, muito articulado e interessado em cooperar com as forças da lei — relatei.

Pela defesa, Swerling questionou:

— Em algum momento ele confessou ser culpado?

— Ele confessou ser culpado quando afirmou que o lado mau de Larry Gene Bell havia cometido esse crime — respondi.

Quando a palavra retornou para a promotoria, Myers perguntou:

— O senhor tinha planejado perguntar a ele, antes de ele ser interrogado pelos policiais, sobre lado bom e o mau, de modo a lhe proporcionar uma rota de fuga?

— Sim, senhor. Nós chamamos isso de narrativa para livrar a própria cara, pois oferece uma justificativa para o interrogado expressar seu envolvimento no crime.

— O senhor e os outros policiais trouxeram isso à tona, a "narrativa para livrar a própria cara", com o outro lado da moeda?

— Sim, nós fizemos isso.

— Ele mordeu a isca?

— Sim, senhor.

— Excelência, a promotoria se abstém de mais perguntas — anunciou Myers.

Como eu já vinha pensando, e como nós dois discutimos previamente, todas aquelas perspectivas profissionais conflitantes impunham um fardo intelectual aos jurados, que eram pessoas leigas na área, e não psiquiatras, psicólogos ou assistentes sociais. Mas, no fim, o objetivo de um júri popular é reunir um grupo de cidadãos para avaliar todas as evidências disponíveis e decidir qual é o relato que faz mais sentido. Nós estávamos certos de que o julgamento de Bell havia proporcionado a oportunidade para decidir se ele era culpado pelo crime em questão, e, se fosse o caso, para determinar se era mentalmente capaz de exercer controle sobre si para não o cometer. Na prática, fui chamado a Moncks Corner para dar a última palavra a esse respeito, e estava satisfeito por ter conseguido fazer o que me propus.

QUANDO DISPENSOU O JÚRI NO FIM DO DIA, E POUCO ANTES DE ENCERRAR A SESSÃO, O JUIZ SMITH se dirigiu aos dois advogados principais do caso:

— Vocês foram exemplares no julgamento do caso e no respeito que demonstraram por mim. Foi um período longo, e acho que haver apenas um leve resquício de atrito no ar é uma demonstração da qualidade de vocês como advogados.

Enquanto todos deixavam o tribunal, Metts veio até mim e me perguntou se eu já tinha provado um ensopado de Beaufort. Eu admiti que não, e que não fazia nem ideia do que se tratava.

— Bem, hoje você vai experimentar — ele falou.

Metts foi me buscar no hotel depois que tomei banho e me troquei, e fomos à casa enorme e opulenta de um dos policiais, que, segundo disseram, tinha se casado com uma mulher de uma família local bastante endinheirada. Devia haver umas cem pessoas por lá, a maioria com alguma relação com o departamento de polícia ou outros setores da comunidade de agentes da lei. Havia um barril de cerveja, frango frito e vários tipos de acompanhamento, mas o centro das atenções era um enorme caldeirão fumegante. Aparentemente, a ideia era juntar caranguejos, camarões e todos os outros tipos de frutos do mar disponíveis e cozinhar com linguiças, batatas, espigas de milho e vários temperos. Pelo que entendi, cada "chef" ou região tinha sua receita específica, mas a que experimentei foi memorável.

E ainda mais memorável foi o fato de que quase todos os envolvidos no julgamento estavam lá: Metts e McCarty, Donnie Myers e sua equipe de assistentes e investigadores, Jack Swerling e até o juiz! Eu nunca tinha visto algo assim nos lugares em que trabalhei, muito menos com o julgamento ainda não concluído. Mas, depois de tantas confrontações e discussões travadas a partir de lados opostos, fiquei impressionado com a cordialidade com que todos se tratavam e com o ótimo convívio entre os envolvidos. Jack Swerling, que passou o tempo todo tentando convencer o júri de que Bell tinha uma doença mental grave, me disse que meu testemunho foi uma ótima cartada para provar a tese contrária. A equipe da promotoria, por sua vez, elogiou Swerling pelo bom trabalho que fez com um cliente tão pouco cooperativo e por ter mantido a integridade e dignidade profissional, apesar de todas as palhaçadas de Bell.

Comentei com Swerling que seu sotaque, assim como o meu, era bem nova-iorquino. Ele sorriu e contou que foi criado em Belleville, em Nova Jersey, mas estudou direito em Clemson e acabou se estabelecendo na região. E, de fato, ele parecia conhecer quase todo mundo na Carolina do Sul. Nós também encontramos outro ponto em comum em nossas trajetórias — ambos queríamos ser veterinários quando crescêssemos, e passávamos as férias de verão trabalhando em propriedades rurais.

Aquele jantar abriu meus olhos para a perspectiva de fazer o máximo possível para sair vencedor no tribunal em questões de vida ou morte, literalmente, mas ainda assim continuar mantendo o espírito de comunidade fora do âmbito das disputas jurídicas.

EU FIQUEI NA CIDADE PARA AS ALEGAÇÕES FINAIS E O VEREDITO, CIENTE DE QUE PRECISARIA VOLTAR a Quantico logo em seguida. Esperava ter um tempo para conversar a sós com Dawn e a família Smith, mas não foi possível fazer isso entre as sessões do julgamento enquanto eu estava por lá.

Na manhã de domingo, começaram as alegações finais. Knox McMahon foi o primeiro a falar em nome da acusação. Ele repassou metodicamente as evidências: as várias testemunhas oculares; os telefonemas para a família Smith e para Charlie Keyes; as diversas pessoas que identificaram a voz de Bell nas ligações gravadas; as provas forenses encontradas no "Último Desejo & Testamento"; os cabelos, as fibras de tecidos e as manchas de sangue no protetor de colchão e nos sapatos de Bell; os resíduos de fita isolante encontrados no corpo de Shari; as gravações do interrogatório e sua acareação com Hilda e Dawn.

Quando Donnie Myers se levantou para se dirigir pela última vez ao júri, lembrou os jurados de que mais de quarenta testemunhas foram apresentadas e que, ao invés de uma mente enevoada, Bell sequestrou e matou Shari Smith com maldade no coração.

— Precisamos comentar sobre o "Último Desejo & Testamento" e o documento dos Sheppard, a evidência que esclareceu o caso? O número de telefone estava naquele bloco de papel. Quem era a única pessoa na casa, o único que tinha a chave? Para quem o bloco foi deixado? O "Último Desejo & Testamento" foi escrito naquele mesmo bloco? E o que Larry Gene Bell falou para a polícia quando estava no CCI? "Acho que joguei o bloco fora." Isso não lhes convence sem deixar margem para dúvidas?

Myers argumentou que alguém tão "fora da realidade", como Bell foi retratado pela defesa, não teria sido tão preciso em seus telefonemas quando descreveu o que tinha feito com Shari e onde a havia deixado.

— O que temos aqui é alguém que está fora de si, fora de contato com a realidade, sem controle, ou alguém que extrai um prazer doentio do ato de raptar garotas, matá-las e depois ligar para as famílias delas? A questão é muito simples — afirmou Myers, erguendo o tom de voz —, Larry Gene Bell conseguia respeitar a lei, ou Larry Gene Bell estava disposto a respeitar a lei? Quem é o verdadeiro Larry Gene Bell? Os senhores sabem a resposta. Usem o bom senso.

Ele lembrou os jurados de que Bell só procurou atendimento psiquiátrico quando foi preso ou condenado por atacar mulheres e considerou que um veredito de culpado, mas acometido por doença mental poderia ser uma boa tática.

— Ele é louco? Está fora de controle? Ou é sádico e frio? Os senhores decidem. Escutem os telefonemas, o que eles dizem, e os interrogatórios, quando ele enfim admitiu que era a voz dele, mas que devia ser o Larry Gene Bell mau, não o bom. Como o agente do FBI explicou, era uma forma de admitir a culpa livrando a própria cara.

E por fim:

— Quando eu me sentar, os senhores não vão ouvir mais a promotoria pública a favor de Shari Smith em termos de culpa ou inocência. Nós encerramos nosso caso, e ela está descansando em paz, em um cemitério. Este é o julgamento de quem a mandou para lá. E, se a promotoria não tiver provado de forma satisfatória, e sem deixar margem para dúvidas razoáveis, de que foi Larry Gene Bell quem fez isso, então tratem de inocentá-lo e libertá-lo. Os senhores são os juízes no que diz respeito aos fatos, seu veredito deve fazer ressoar quem é o verdadeiro Larry Gene Bell e revelar por quem os sinos dobram: por Larry Gene Bell ou por Shari Smith. Portanto, atenham-se à verdade.

Em sua alegação final, Jack Swerling admitiu que a promotoria havia provado, sem deixar margem para dúvidas, que Bell havia sequestrado

Shari. Caminhando de um lado para o outro, fazendo contato visual com cada jurado, ele falou:

— Eu não insultaria a inteligência dos senhores. Não vim aqui para criar uma cortina de fumaça para impedi-los de ver a verdade [...] Eles pegaram o cara certo. Prenderam o sr. Bell pelo sequestro. A voz dele está naquelas fitas, mas, quanto ao assassinato, não sei. A revelação do sr. Bell na gravação foi o que realmente aconteceu ou os delírios de um lunático fora de si que sequer sabia o que estava acontecendo?

Swerling então explicou os diferentes tipos de veredito possíveis.

— Se seus vereditos forem de culpado por sequestro, o que admito que possam ser, e por assassinato, o que depende dos senhores, então peço um veredito que seja verdadeiro, o de que Larry Gene Bell é culpado, mas acometido por doença mental. Esse veredito ainda o responsabilizaria por seus atos.

Não fiquei surpreso por Swerling não ter sugerido ao júri um veredito de inimputabilidade por insanidade, porque ficou bem claro, em minha opinião, que Bell sabia distinguir entre certo e errado, o que era o teste crucial. Em vez disso, o advogado apostou na tese da culpa pelo sequestro, mas com a semi-imputabilidade concedida pela doença mental, uma tática para impedir um veredito de culpado e elegível à pena de morte.

— Em minha visão, a promotoria pública da Carolina do Sul está nos pedindo para enterrar a cabeça na areia e voltarmos ao século XVI, quando as pessoas com problemas mentais eram tratadas como todas as outras — argumentou o advogado de defesa. — Quantas pessoas racionais que sequestraram alguém e podem ter causado sua morte fariam uma ligação telefônica rastreável?

Eu não entendi a lógica desse questionamento de Swerling, já que Bell fez todos os telefonemas de locais aleatórios e tomou a precaução de estar bem longe quando as autoridades chegassem e de não deixar evidências para trás.

Embora o criminoso tivesse se mantido quieto e controlado durante as alegações de Myers, perto do fim da argumentação da defesa, quando

Swerling sugeriu aos jurados que tinham visto um "homem desorientado no banco das testemunhas", ele se levantou e se dirigiu ao juiz:

— Sr. Smith, hoje é Sabá, e considero que, legalmente e aos olhos de Deus, é minha vez de subir ao banco das testemunhas.

— Sente-se, sr. Bell — ordenou o juiz Smith.

Ele obedeceu e ficou calado por uns três minutos, mas então se levantou de novo e voltou a interromper Swerling.

— Sr. Smith — falou. — Já ouvi o suficiente. Hoje é Sabá. Não é tempo de trabalho, e sim de se deleitar. Já ouvimos demais esses dois. Agora é tempo de descanso e lazer. Estou pedindo a Dawn Smith que se case com Gene Bell!

O juiz Smith ordenou que ele fosse retirado do tribunal pelo restante das alegações finais e só fosse trazido quando chegasse o momento das últimas instruções ao júri. Enquanto voltava à mesa dos advogados de defesa, Bell tomou subitamente a direção de Dawn, que estava sentada atrás da mesa da acusação. Bob Smith e vários policiais do departamento do xerife Metts se puseram de pé na mesma hora, porém os oficiais da corte foram mais rápidos e o conduziram até seu lugar.

23

ão foi preciso muito tempo para o júri tomar sua decisão após ouvir onze dias de testemunhos e discursos. Naquele domingo, 23 de fevereiro, depois de apenas 55 minutos de deliberação, os jurados voltaram com um veredito. No caso *Estado da Carolina do Sul vs. Larry Gene Bell*: quanto à primeira acusação, culpado por sequestro; quanto à segunda acusação, culpado pelo assassinato de Sharon Faye Smith.

Deixando de lado as palhaçadas habituais, Bell ouviu o anúncio sem fazer comentários e sem esboçar reação visível alguma. O juiz anunciou que a fase de sentenciamento dos procedimentos começaria na manhã de terça-feira.

— Nós esperávamos que o júri o considerasse culpado, mas acometido por doença mental — declarou Swerling à imprensa, do lado de fora do tribunal. — Mas eu acredito no sistema. Nunca contestei o veredito de um júri.

Enquanto Bell era retirado do tribunal, alguém em meio à multidão de repórteres perguntou a ele como se sentia.

— Silêncio vale ouro, meu amigo — respondeu.

A determinação da sentença seria a última chance de Bell de evitar a pena de morte e, deliberadamente ou não, ele fez todo o possível para demonstrar um comportamento bizarro.

Os jurados puderam ouvir a gravação dele ameaçando Dawn ao telefone e dando instruções sobre onde encontrar o corpo de Debra May Helmick.

A acusação convocou Dawn para testemunhar, além das outras mulheres que Bell foi condenado por atacar. Ela contou que, por causa da ameaça feita ao telefone, precisou ficar na casa dos pais sob proteção policial 24 horas por dia até o assassino da irmã ser preso. Bell não tirou os olhos dela nem por um instante, e lhe dirigiu um aceno quando ela desceu. Dawn sequer olhou na direção dele.

Quando chegou sua vez, durante os 45 minutos no banco das testemunhas, Bell se recusou a responder às perguntas de Swerling sobre sua vida, afirmando que eram "questões pessoais". Em vez disso, se queixou:

— Estou lutando por minha vida aqui, mas não tenho tempo para diversão. Está mais que na hora.

Ele afirmou que o veredito não era válido, porque era pecaminoso, já que foi anunciado em um domingo. Então repetiu alguns de seus outros mantras:

— Estou cansado, com frio, com fome, e está na hora de ir para casa. Gostaria de levar alguém comigo. Dawn, aceita se casar comigo, meu anjo cantante? Olhe nos meus olhos, meu anjo do céu. Está garantido se você aceitar meu pedido de sagrado matrimônio.

Eu não entendi o que estaria garantido, mas ele repetiu o pedido:

— Você se casa comigo? Agora é o momento de manter o silêncio.

Robert Smith, que estava posicionado de modo a impedir que o réu visse a irmã e olhou feio para ele durante todo o tempo que ficou no banco das testemunhas, parecia prestes voar no pescoço de Bell, mas conseguiu se conter.

— Por que você fez essa coisa terrível com Shari Smith? — perguntou Myers, quando chegou sua vez de interrogar a testemunha.

— Eu não fiz — respondeu. — Eu não sou o responsável. E me recuso a responder a essa pergunta de novo.

Quando o promotor terminou de interrogá-lo, Bell perguntou ao juiz Smith se poderia fazer uma declaração ao júri.

— Se me disserem que isso é um pecado, então sem dúvida sou culpado — começou. — Do último fio de cabelo à ponta do pé, eu desejo Dawn Elizabeth Smith. Gostaria de pedir sua mão em sagrado matrimônio. Essa é a única coisa de que sou culpado. Isso tem muito a ver com o julgamento.

De acordo com minha contagem informal, era a terceira vez que ele pedia Dawn em casamento no tribunal. Mais tarde, ela contou que foi uma experiência de "revirar o estômago".

Vários vizinhos de Bell testemunharam que ele era um sujeito simpático e amigável. A assistente de defesa, Elizabeth Levy, perguntou a Melissa Johnston, de dezessete anos, se tinha medo dele.

— Ele nunca me deu motivo para isso — respondeu a estudante secundarista. — Gene era muito divertido.

Uma funcionária do setor de reservas de passagens que trabalhou com Bell em Charlotte declarou:

— Se eu posso dizer que alguém foi como um irmão para mim, foi ele.

Segundo ela, Bell lhe ofereceu apoio durante um divórcio doloroso e a ajudava em várias coisas que precisava fazer em casa.

O motivo para a convocação desses testemunhos de caráter era compreensível, mas, para mim, na verdade, as declarações só comprovavam o que a defesa vinha tentando negar: que, assim como tantos serial killers que havíamos estudado, Larry Gene Bell conseguia controlar seu comportamento e seus atos perfeitamente e só agia fora do padrão quando assim desejasse.

A defesa convocou diversos carcereiros do CCI, segundo os quais Bell era tranquilo e educado, sempre respeitava as regras e poderia ser reabilitado na prisão. Eu, por outro lado, concordava com a observação de nosso amigo e colega de psicologia forense dr. Stanton Samenow: era difícil reabilitar alguém que, na verdade, nunca tinha sido *habilitado*, para começo de conversa.

Mereth Beale, àquela altura com dezenove anos, que Bell assediou com telefonemas obscenos quando tinha apenas dez, declarou:

— Pelo telefone, ele disse algumas coisas bem nojentas. Eram principalmente sugestões sexuais de coisas que ele já tinha feito e queria fazer comigo. Muitas menções a sexo oral.

Beale e a mãe relataram que o aspecto mais assustador da provação pela qual passaram era que o responsável pelos telefonemas sempre parecia saber quando elas chegavam em casa, e, às vezes, até dizia que estava indo para lá.

Além da família Smith, Sherwood Carl Helmick esteve presente no tribunal durante a maior parte dos procedimentos. Na fase de sentenciamento, a mãe de Debra May também estava lá. Quando o julgamento terminasse, eles esperariam que a justiça fosse feita também para sua filha.

Diane Loveless, a irmã de Bell, declarou que ele estava deprimido antes e depois do assassinato de Smith, e chegou a mencionar que poderia vir a ser interrogado por causa dos antecedentes. No entanto, ela se disse chocada e perplexa quando ele foi indiciado.

Archie, o pai deles, contou ter notado mudanças no comportamento do filho naquele primeiro semestre de 1985.

— Ele estava temperamental, inquieto. Quando eu falava com ele, era como se estivesse bem longe dali. Ele fingia não me ouvir.

Margaret, a mãe de Bell, afirmou ter ficado horrorizada ao saber dos crimes de que o filho foi acusado e que não fazia ideia de que ele era o assassino até o momento da prisão. Achava que os problemas anteriores haviam ficado no passado, depois do período na prisão e das sessões de terapia. Não sabia que ele não trabalhava mais na Eastern Airlines, apesar de Bell ter ido morar em sua casa quando foi demitido, nem que já havia sido condenado por fazer telefonemas obscenos.

— Muita coisa só descobri no tribunal, pelos jornais e pelo que as pessoas disseram — comentou, em lágrimas.

Sobre o quadro de depressão de Bell e a incapacidade de se manter empregado desde que voltou a morar com os pais, em 1983, ela declarou:

— Olhando para trás agora, eu deveria ter percebido. E, se soubesse o que sei hoje, perceberia. Não achava que fosse assim tão sério. Se soubéssemos, teríamos tentado fazer alguma coisa.

No total, Swerling convocou vinte testemunhas na fase de sentenciamento.

A família Smith, por sua vez, foi às lágrimas quando Myers leu em voz alta o "Último Desejo & Testamento". Vários jurados e agentes da lei também choraram.

— Ela falou que algum bem viria de ter escrito essa carta — lembrou o promotor. — E tinha razão. Caso não a tivesse escrito, seu sequestrador e assassino poderia não estar neste tribunal hoje.

Andando de um lado para o outro, Myers se valeu do significado do sobrenome do réu para montar uma narrativa:

— Em 1975, quando ele atacou uma mulher em Rock Hill, o sino de alerta do sadismo soou. Em Colúmbia, quando tentou pegar à força uma estudante da Universidade da Carolina do Sul, esse mesmo sino terrível voltou a soar. Isso tem que parar! Que o veredito dos senhores faça soar a verdade. Que faça ressoar de forma clara o lindo nome de Shari Smith. Impeçam que esse sino terrível possa tocar novamente!

Ele exortou os jurados a ignorarem os apelos de clemência da defesa.

— Clemência? Vocês vêm me falar de clemência? Como a cabeça e o rosto dela devem ter ficado quando foram envolvidos com fita, camada após camada? Ele demonstrou alguma clemência?

Swerling rebateu com outra exortação:

— A única questão a ser decidida aqui é se os senhores vão condenar Larry Gene Bell à morte ou esperar que Deus faça isso a Seu próprio termo. Peço aos senhores que deixe isso nas mãos Dele, que disse que a vingança era uma atribuição Sua e não de um júri.

Depois de argumentar que a sociedade norte-americana não sacrificava seus doentes, ele concluiu:

— Somos uma sociedade que luta para preservar a vida [...] O que aconteceu foi uma tragédia. Só peço aos senhores que não acrescentem mais uma tragédia a essa.

Os jurados começaram a deliberar pouco antes de meio-dia de 27 de fevereiro, quinta-feira, enquanto uma chuva com vento caía sobre o tribunal. Doze minutos depois, pediram ao juiz Smith que esclarecesse se e quando Bell teria direito a liberdade condicional caso fosse sentenciado à prisão perpétua. Smith respondeu que, pela lei da Carolina do Sul, o júri não deveria levar isso em consideração para tomar sua decisão.

Foi necessário pouco mais de duas horas para a definição da sentença de Larry Gene Bell.

— Nós, o júri do caso supracitado, tendo nos convencido sem margem para dúvida razoável que um homicídio foi cometido sob a circunstância agravante de um crime de sequestro, recomendamos à corte que o réu, Larry Gene Bell, seja sentenciado à morte pelo assassinato de Sharon Faye Smith.

De camisa branca, calça e colete bege e gravata marrom, Bell ficou em silêncio enquanto o veredito era lido, virando-se para olhar o relógio na parede dos fundos do tribunal, que marcava 14h14. Bob e Hilda Smith se abraçaram. Sherwood Helmick encarou Bell. Myers lhe garantiu que não havia possibilidade de acordo de redução de pena para o assassino de sua filha.

Quando perguntado se tinha algo a dizer antes de ouvir a sentença, de forma nada característica, Bell respondeu:

— Hum, não, senhor. Não mesmo.

O juiz Smith marcou a data de execução para 15 de maio, mas sabia que era apenas uma formalidade. De acordo com a lei estadual, todas as sentenças de morte tinham direito automático de recurso à Suprema Corte da Carolina do Sul.

— Muito bem, então — falou para os oficiais da corte. — Podem retirá-lo.

Do lado de fora do tribunal, Myers declarou:

— Não poderíamos estar mais felizes com o veredito do júri. É sempre difícil que as doze pessoas votem, unanimemente, a favor da pena de morte.

Ele falou sobre a dificuldade do caso:

— Esse foi o mais duro de que participei, por causa das emoções envolvidas.

Tanto os advogados de acusação como os de defesa elogiaram o júri por sua cooperação e concentração durante um julgamento complicado e, às vezes, desgastante, que se prolongou por três semanas. Embora Swerling tenha expressado seu desapontamento em relação ao veredito e à sentença, declarou à imprensa:

— Era um caso terrível. Uma jovem raptada e morta. O júri decidiu contra nós e não tenho como criticar isso.

EM JULHO DE 1986, MENOS DE SEIS MESES DEPOIS DA DESGASTANTE PROVAÇÃO REPRESENTADA pelo julgamento, Dawn Smith, com grande hesitação e medo de não estar fazendo a coisa certa para si mesma, para a irmã e para a família, se inscreveu no concurso de Miss Carolina do Sul, em Greenville, depois de participar das competições de Miss Colúmbia (em que não se classificou) e Miss Liberty (que ganhou). Estava determinada a não permitir que Larry Gene Bell definisse seu destino, como havia feito com a irmã. Ela não lhe daria mais essa vitória. Além disso, Dawn e Shari cresceram assistindo a todos os concursos de beleza na televisão, e foi a irmã quem lhe sugeriu que participasse das competições. A professora de canto de Dawn no Columbia College e Julie, sua colega de apartamento, também a incentivaram. Se ela vencesse ou conseguisse uma boa classificação no Miss Carolina do Sul, a bolsa de estudos que receberia seria suficiente para continuar a formação musical depois da faculdade.

Na grande final, realizada em um sábado à noite, ela cantou a ária "Ah! Je veux vivre", da ópera *Romeu e Julieta*, de Charles Gounod, composta em 1867. Dawn explicou a escolha:

— É Julieta, em seu aniversário de quinze anos, falando sobre sua felicidade por estar viva, sua empolgação, seu amor pela vida. É assim que me sinto quando estou me apresentando.

A coragem, a postura e o talento natural aprimorado à custa de muito esforço, no fim, valeram a pena. No fim da competição, Dawn foi coroada Miss Carolina do Sul, com aparições programadas em eventos por todo o estado. Sua tia, Sue Smith, havia vencido o mesmo concurso vinte anos antes, quando a jovem ainda era bebê.

Em setembro, ela viajou pela primeira vez para Atlantic City, em Nova Jersey, para representar seu estado no Miss América. Dawn ganhou o concurso de talentos, cantando e tocando ao piano "I'll Be Home", e ficou empatada na primeira posição no desfile preliminar de trajes de banho. Conseguiu se classificar em todas as rodadas e chegou à final, ficando em terceiro lugar.

24

Jef Feeley, do *Columbia Record*, entrevistou Debra Helmick no verão após julgamento do caso Smith, quando Sherwood, seu marido, e ela aguardavam que o assassinato de Debra May fosse julgado. Ela contou como é ouvir os filhos gritando do lado de fora:

— Eu saio sempre correndo para ver o que está acontecendo. Acho que é uma reação natural, mas tem um significado maior para mim agora.

Ela relatou que Woody, seu filho, tinha visto Bell no tribunal e disse que ele é o homem que levou Debby.

— Ele estava bem ali. Foi quem conseguiu ver melhor o homem.

Debra contou que Woody ainda tinha pesadelos sobre o sequestro:

— Ele acorda gritando às vezes.

Além disso, revelou que ele não saía de casa sem a companhia de Becky, sua irmã, e se recusava a ir ao banheiro sozinho à noite por medo de que o homem mau voltasse para levá-lo também.

Ao longo de minha carreira, já vi toda uma variedade de reações de famílias que sofreram com o assassinato de um ente querido. Cada um tem sua forma de lidar com o pior trauma que uma pessoa pode encarar na vida. Sem querer julgar alguém, acredito que eu agiria mais como Margaret Helmick, tia de Debra May, que como Hilda Smith. O que Margaret declarou para Feeley foi:

— Eu odeio esse sujeito. Gostaria de poder voar no pescoço dele e arrancar seu último suspiro com as minhas próprias mãos.

Debra foi bem clara ao dizer que o marido e ela não teriam paciência para aturar as palhaçadas de Bell no julgamento.

— Se eu fosse Larry Gene Bell, ficaria no meu canto e não chegaria perto de nós — avisou. — Sei que Sherwood já falou para os agentes da Divisão de Aplicação da Lei da Carolina do Sul que, se ele vier para cima de nós como fez com os Smith, ele vai se defender.

Em uma outra matéria, Feeley narrou as sérias dificuldades que os Helmick vinham enfrentando desde o assassinato. Com riqueza de detalhes, revelou que Sherwood havia perdido o emprego, começou a exagerar na bebida e sofreu um colapso nervoso que exigiu internação hospitalar. Depois que ele foi demitido da construtora onde trabalhava, a família foi forçada a se mudar e a viver espremida no trailer do irmão dele.

— Ele fica sentado olhando para a foto de Debby durante horas — contou Margaret. — Tudo isso o afetou demais. Ele não conseguia nem trabalhar. As contas começaram a se acumular.

Depois de receber o devido tratamento médico, Sherwood conseguiu um emprego instalando *drywall* com o irmão, enquanto Debra trabalhava em meio período como garçonete. Eles esperavam poder se mudar para o próprio trailer em breve.

Em uma iniciativa típica das comunidades de cidades pequenas, bem anteriores aos financiamentos coletivos disponíveis na internet hoje em dia, os moradores dos condados de Richland e de Lexington estabeleceram um fundo para a família Helmick a fim de ajudá-los a se reerguerem. Ammie Murray, que presidia o fundo, explicou para a reportagem:

— Debra Helmick não é a única vítima. A família dela ainda continua sofrendo todos os dias, e em pouco tempo eles vão ter que encarar um julgamento. Eles não deveriam ter que se preocupar em não ter um teto sob o qual morar.

Donnie Myers também atuou junto aos credores para negociar um prazo maior para que as contas atrasadas fossem acertadas. Em questão de três semanas, o fundo arrecadou o suficiente para os Helmick pagarem parte das dívidas, comprarem um carro e terem dinheiro para se manterem por algum tempo.

EM DEZEMBRO DE 1986, FOI CONFIRMADO QUE O CASO HELMICK IRIA A JÚRI POPULAR A PARTIR de 23 de fevereiro de 1987, cerca de um ano depois da primeira condenação. O juiz Lawrence E. Richter foi nomeado para presidir os procedimentos, mas o julgamento acabou adiado para março, para que ele pudesse resolver as questões legais concernentes ao caso. Assim como no caso Smith, o caso seria julgado fora da região central da Carolina do Sul, no condado de Pickens.

Depois de se inteirar do ocorrido no primeiro julgamento, o juiz Richter ordenou que uma sala do tribunal fosse equipada com um sistema de som, para que, se Bell "desse um escândalo", pudesse ser retirado do local e continuar acompanhando os procedimentos à distância. Richter já havia determinado também que o júri deveria ser mantido em isolamento.

Foram convocados 175 moradores como potenciais jurados, o maior sorteio da história do condado. Alguns contribuintes se queixaram dos custos judiciais envolvidos, argumentando que o dinheiro poderia ser mais bem gasto em estradas e prisões, considerando que Bell já estava condenado à morte.

— Quem reclamar sobre o custo de julgar esse caso deveria dizer na cara do sr. e da sra. Helmick que a vida da filha deles não vale o dinheiro a ser gasto para condenar o homem que a matou — retrucou Myers.

O promotor também tinha outro bom motivo para se empenhar no segundo julgamento: ele sabia que existem diversas formas de reverter uma sentença capital, seja em nível estadual ou federal, no longo périplo de apelações percorrido por todos os casos que envolvem a pena de morte. Ele queria dificultar ao máximo que Bell escapasse das mãos da justiça.

Por volta da mesma época, um cidadão da Carolina do Norte chamado Fred Coffey, de 49 anos, foi acusado pelo assassinato de Amanda

Ray, ocorrido em julho de 1979, um dos casos pelos quais Bell havia sido investigado. A polícia também considerava Coffey um suspeito no caso Neely Smith.

Em 23 de março de 1987, Larry Gene Bell formalizou sua declaração de inocência das acusações de sequestro e homicídio de Debra May Helmick. A segunda etapa da busca por justiça estava a caminho.

25

A segurança estava reforçada no acanhado Tribunal do Condado de Pickens para o início do julgamento do caso Helmick. Dez agentes da Divisão de Aplicação da Lei da Carolina do Sul foram designados para proteger o local, que, assim como no caso anterior, estaria sempre lotado de espectadores. Plaquetas de identificação separadas por cores, para prender na camisa ou no colarinho, foram distribuídas a jornalistas e potenciais membros do júri, para que pudessem ser identificados com mais rapidez na entrada. Todos precisavam passar por um detector de metais.

Mesmo naquela cidadezinha da região de Piedmont, quando foi perguntado aos 175 potenciais jurados quem já havia ouvido falar nos assassinatos, quase todos se levantaram. Dezessete pessoas disseram que sabiam o suficiente a respeito para ter uma opinião formada. A partir daí, o número de pessoas aptas a participar do júri só caiu, chegando rapidamente a 108. Ao contrário do que aconteceu no caso Smith, Bell ficou em silêncio durante a seleção do júri. Se recusou inclusive a falar com a imprensa enquanto era escoltado por cinco agentes até a entrada dos fundos do tribunal. Estava usando terno cinza de três peças, camisa branca, gravata marrom e tênis cinza. Do lado de dentro, abraçou ambos os pais antes de se sentar à mesa dos advogados de defesa.

O CHAMADO DO SERIAL KILLER   273

Em 25 de março, uma quarta-feira, o júri foi escolhido, com nove mulheres e três homens de ocupações variadas, que iam desde a docência na Universidade de Clemson à prática da medicina e ao trabalho de gestora do lar. Perto do fim da seleção, Bell foi visto folheando um panfleto com o título EXISTE VIDA APÓS A MORTE?.

Com o júri devidamente posicionado, Donnie Myers apresentou o caso:

— Todos esses acontecimentos se deram em junho de 1985. No dia 14, uma menina de nove anos estava brincando perto de seu trailer com o irmãozinho de três anos. Como citado no indiciamento, Larry Gene Bell raptou essa garotinha, a tirou de sua casa e de sua família, e a levou ao condado de Lexington, onde cometeu o crime mais hediondo conhecido pela humanidade: o assassinato. O corpo de Debra May Helmick foi encontrado oito dias depois, em 22 de junho, no condado de Lexington. Esses fatos podem não ser muito agradáveis, mas temos que apresentar o caso como ele é. Os senhores são os doze juízes dos fatos. O juiz é o juiz da lei. Combinem seus esforços e deem um veredito que se atenha à verdade.

Depois das alegações iniciais, a acusação convocou Sherwood Helmick, que contou ter chegado em casa do trabalho e visto os filhos brincando do lado de fora do trailer. Ele entrou para trocar de roupa e almoçar e nunca mais voltou a ver a filha com vida.

A esposa, Debra, foi quem se encarregou de fazer uma apresentação mais pessoal da garotinha:

— Ela era minha mais velha, loira de olhos azuis. Uma estudante nota dez, que sonhava em ser diretora de escola quando crescesse.

Ela contou que lavou os cabelos de Debra May e descreveu como a vestiu antes de sair para trabalhar. Depois relatou aquilo pelo qual nenhum pai ou mãe deveria ter que passar na vida: a sogra foi buscá-la no trabalho e deu a notícia de que sua filha havia sido levada na frente de casa.

— Depois que o corpo dela foi encontrado, os policiais trouxeram fotos das roupas e da presilha cor-de-rosa que estavam no local. A presilha era uma das duas que eu tinha colocado no cabelo dela naquela tarde, e o short com as listras e a camiseta lavanda eram de Debra May. A calcinha de algodão era dela também, mas a de seda, no estilo biquíni, não.

A acusação apresentou as sete calcinhas do mesmo tecido e modelo encontradas em uma gaveta da cômoda do quarto de Bell, além de vários rolos de fita isolante e de corda achados em um depósito atrás da casa e na picape que o réu vinha usando. Myers então chamou Ken Habben, o agente que revistou o quarto de Bell, e estendeu as sete calcinhas no gradil da tribuna do júri.

— O que explicamos foi que a srta. Helmick foi encontrada usando uma peça íntima de seda idêntica a essas que Bell tinha em sua posse — declarou Myers à imprensa no fim da sessão de quinta-feira.

Habben também identificou outros itens apresentados como evidências, inclusive a placa de número DCE-604 encontrada no porta-malas de Bell, que correspondia à letra "D" avistada por Ricky Morgan. Havia também uma sacola branca retirada do closet do quarto com uma pistola de largada para competições esportivas, uma munição calibre .22, quatro pedaços de corda de um metro e meio de comprimento e a faca que estava no assento do carona do carro do réu no momento de sua prisão.

Ricky Morgan contou ter visto um homem se aproximar e descer de um carro prateado, modelo Pontiac Grand Prix ou Chevrolet Monte Carlo, deixando a porta aberta e abordando Debra May e Woody Helmick.

— Em seguida, o homem se aproximou como se fosse entrar na casa. Pensei que fosse um amigo. Ele estendeu o braço e agarrou Debra pela cintura e começou a correr para o carro. Ela gritava e esperneava. Vi os pés dela batendo no teto do carro.

Quando perguntado se o homem estava presente no tribunal, Morgan apontou para Bell.

— Sem dúvida alguma o homem é aquele.

Assim que viu a fotografia de Bell na televisão após sua prisão, Morgan afirmou ter certeza de que aquele era o sequestrador de Debra May.

— Ele não fez qualquer coisa para tentar se esconder, não é? — perguntou Swerling, quando chegou sua vez de interrogar a testemunha, sugerindo que Bell só podia sofrer com algum transtorno mental para agir de forma tão descarada.

Quando Dawn — que passou a ser identificada por boa parte da imprensa como "a atual Miss Carolina do Sul" — foi convocada a testemunhar, depois que os jurados ouviram as partes das gravações pertinentes ao caso com fones de ouvido, ela falou sobre o telefonema em que foram dadas as instruções para encontrar o corpo de Debra May. E afirmou que, sem dúvida, a voz que ouviu era a de Larry Gene Bell. Swerling não tentou contestar tal depoimento.

O coronel Butch Reynolds, do Departamento de Polícia do Condado de Lexington, afirmou que os telefonemas com instruções para chegar ao corpo em estado avançado de decomposição de ambas as vítimas começaram com a frase "Escute com atenção", e ao que tudo indicava tinham sido feitos pelo mesmo indivíduo.

Hilda Smith chorou no banco das testemunhas ao se lembrar das conversas que teve com o criminoso.

Antes do início da convocação das testemunhas, o advogado de defesa havia feito uma objeção a Hilda ou Dawn darem seus depoimentos, argumentando que as evidências de crimes pregressos não costumam ser aceitas, para não prejudicar a presunção legal de inocência do réu. Myers, por sua vez, mencionou a similaridade entre os dois crimes e argumentou que o telefonema em que foram passadas as instruções para encontrar o corpo era uma prova crucial que vinculava os dois casos. O juiz Richter concordou.

Lamar "Chip" Priester, que trabalhava como químico no laboratório da Divisão de Aplicação da Lei, afirmou que mechas de cabelos de Debra May continham resíduos de fita isolante, e uma delas estava presa com uma presilha plástica cor-de-rosa. Considerando o depoimento de Debra Helmick sobre ter lavado os cabelos da filha, os resíduos de cola só poderiam ser posteriores ao rapto da menina. A presilha também era consistente com a descrição dada pela mãe.

Swerling decidiu interrogar apenas duas das 24 testemunhas convocadas pela acusação.

Na sexta-feira, a defesa seria apresentada, mas Swerling deu por encerrado seu trabalho sem convocar testemunhas nem apresentar evidências.

— Excelência, o sr. Bell não vai apresentar uma defesa neste caso — anunciou. — A defesa se cala.

Em suas alegações finais para o júri, o advogado declarou:

— Não estou pedindo nem que o considerem inocente. Isso pode inclusive ser surpreendente para alguns dos senhores. Nossa estratégia foi não apresentar uma defesa para o que ele fez, e sim uma explicação sobre o motivo. Por que levantar a voz em defesa do que foi feito? Isso não é certo. Não existe defesa para isso. Meu trabalho é proteger Larry Gene Bell de arbitrariedades e garantir que todos os seus direitos legais sejam respeitados, sempre de uma forma digna. Concluí esta manhã que só há um veredito possível e, portanto, como seu advogado, não apresentei uma defesa para o que aconteceu neste caso, mas alertamos aos senhores que mais adiante explicaremos por que isso aconteceu. Sigam sua consciência e façam aquilo que é certo.

Depois dos discursos de ambas as partes e das instruções finais dadas pelo juiz, os jurados se reuniram para deliberar sobre o veredito. Não muito tempo depois, o magistrado e os advogados foram chamados no restaurante onde estavam almoçando. Voltaram ao tribunal por volta das 13h45 da sexta-feira com um veredito de culpado pelo sequestro e homicídio de Debra May Helmick. Hilda e Bob Smith estavam sentados bem atrás de Debra e Sherwood Helmick. Enquanto a decisão do júri era lida, Bob se inclinou para a frente e apertou o ombro de Sherwood.

Bell não expressou emoção alguma. Swerling o havia avisado na noite anterior de que não havia a menor possibilidade de um veredito favorável. O fato de ele conseguir se controlar durante o julgamento, um comportamento oposto ao demonstrado no caso Smith, mais uma vez demonstrou que suas explosões de temperamento eram seletivas, da parte de alguém que sabia muito bem o que estava fazendo.

— Acredito que o sr. Bell recobrou a postura adequada agora. Espero que continue assim — falou Swerling mais tarde.

Então ele havia sofrido um episódio psicótico que durou as três semanas do primeiro julgamento?

Larry Gene Bell foi retirado do local e pôde terminar a pizza grande que havia pedido para o almoço, interrompido pelo retorno dos jurados.

NA FASE DE SENTENCIAMENTO, EM 30 DE MARÇO, SEGUNDA-FEIRA, A ACUSAÇÃO CONVOCOU SEIS testemunhas, entre elas um psiquiatra, o dr. John C. Dunlap, que mais uma vez se referiu a Bell como um sádico sexual.

— Examinei Bell depois da prisão e cheguei à opinião de que ele sabia o que era certo e errado nos termos da lei, e estava ciente das consequências de seus atos criminosos. Poderia não ser conseguir controlar seus pensamentos, mas, sem dúvida, consegue controlar suas ações. Ele faz o que quer, quando quer e com quem bem entender para satisfazer seus desejos. A grande questão era sua falta de remorso ou tristeza pelo que tinha feito.

Myers citou essa última frase nos comentários finais.

Curiosamente, a avaliação de Dunlap foi quase idêntica à apresentada em um relatório de liberdade condicional de junho de 1976, em que foi examinado o estado mental de Bell à época. Um trecho do documento afirmava:

> *"A equipe notou que o réu, aparentemente, não sente culpa ou remorso por seus atos, atribui a culpa por sua atual situação a terceiros e representa um perigo significativo a outras pessoas."*

Era um parecer correto e, infelizmente, profético, ainda aplicável dez anos depois. Para mim, essa é uma das principais questões no que diz respeito à forma de encarar uma mente criminosa. Ao avaliar os problemas mentais e a culpabilidade de criminosos violentos, muitas vezes se confunde a incapacidade de sentir empatia, a consideração por outro ser humano ou a ausência de culpa e remorso pelo crime cometido com a incapacidade de controlar os próprios atos.

Myers concluiu seu interrogatório da testemunha perguntando a Dunlap:

— Imaginemos que em 14 de junho, no Shiloh Trailer Park, no condado de Richland, uma menina de nove anos, Debra May Helmick, estava brincando na frente de casa às quatro da tarde. Se houvesse um policial por perto, o sr. Bell teria raptado a criança?

— Não. Ele certamente sabia que estava fazendo uma coisa ilegal e imoral, e que seria preso de imediato.

Nas instâncias de aplicação da lei, nós nos referimos a isso como a doutrina do "policial no encalço", quando um indivíduo comete um crime mesmo na frente de um policial fardado, ou seja, está claramente fora de si. Caso contrário, ainda tem alguma capacidade de se controlar.

Uma outra testemunha convocada pela promotoria, Mary Jane New, que trabalhava como garçonete no restaurante Mr. George's, localizado perto do lago Murray e frequentado por Bell, declarou que confiava totalmente nele e o considerava um amigo. Ela contou que seus pais, Margaret e Archie, foram ao local na noite de 31 de maio de 1985 e pediram para convidá-lo para jantar junto com os dois. Ele respondeu que estava assistindo à Universidade da Carolina do Sul nas finais universitárias de beisebol. O jogo estava disputado, com o placar em zero a zero. Ela voltou a ligar mais tarde, pois Archie queria saber o placar do jogo. Bell narrou o que aconteceu nas cinco primeiras entradas da partida. Naquele momento, Shari Smith estava amarrada com fio elétrico ou deitada sobre o protetor de colchão no quarto de hóspedes dos Sheppard, apavorada e à espera de seu destino, ou então Bell já a havia matado.

New contou que conversou sobre seus medos a respeito da própria segurança com Bell, que se comprometeu a passar na casa dela toda noite para ver se estava tudo bem.

— Eu confiava nele — explicou. — Se não fosse ele, teria medo de ir para casa.

Algumas pessoas podem ficar surpresas com o fato de que alguém tão violento também possa parecer bastante protetor, ou vice-versa. Para mim, porém, isso não é surpreendente. É parte do estímulo para esse tipo de predador sentir que tem o controle sobre a vida e a morte; que pode decidir entre matar e salvar. Em ambos os casos, ele se sente na posse da outra pessoa, considera que através dessa intervenção ela se torna sua.

O júri ouviu seis gravações telefônicas, entre elas aquela na qual Bell contou para Dawn como havia matado Shari. Swerling protestou contra a reprodução das fitas, alegando que Bell já tinha sido condenado naquele caso e que não poderia ser julgado de novo pelo mesmo crime. Myers argumentou que as fitas eram indicativas do caráter de Bell como um indivíduo "cruel e violento", em vez de psicótico.

A última testemunha da acusação na fase de sentenciamento foi Dawn, que falou sobre o telefonema que levou à localização de Debra May.

— A senhorita recebeu mais telefonemas dessa pessoa depois que foram passadas as instruções para chegar ao corpo de Debra May? — perguntou o promotor.

— Não, esse foi o último que recebemos.

— E, por favor, informe de novo à corte o que mais ele lhe disse durante essa chamada.

— Ele me disse que eu seria a próxima.

ASSIM COMO NO JULGAMENTO DO CASO SMITH, FUI CONVOCADO COMO TESTEMUNHA DE REFUTAÇÃO e, mais uma vez, peguei um avião no raiar do dia do depoimento. Encontrei-me rapidamente com Donnie Myers quando cheguei a Pickens, mas estávamos confiantes sobre o que precisava ser dito, portanto não foi necessária uma longa reunião para discutir estratégias. Eu não tinha com os Helmick o mesmo envolvimento pessoal que estabeleci com os Smith. Eles não precisaram ser recrutados para atrair o assassino da filha para fora de seu esconderijo. Dessa forma, não tive contato com Debra, Sherwood e os filhos deles. Por outro lado, a vítima do crime era mais próxima, em termos de idade e aparência, de minhas duas filhas do que Shari, e eu sentia uma conexão com o caso e uma necessidade de sentir que cumpri meu dever ao participar daquele julgamento. Embora já tivéssemos obtido uma condenação, eu achava que o mesmo veredito deveria ser dado naquele caso, para fazer justiça a Debra May.

Na apresentação feita pela acusação, várias das vítimas anteriores de Bell contaram o que ele fez ou tentou fazer com elas. Dale Howell relatou o que acontecera quando Bell apareceu em um fusca verde enquanto ela voltava a pé para casa do mercado, perguntando se queria uma carona:

— Ele me agarrou e encostou uma faca na minha barriga. Mas eu gritei e ele se assustou.

Sobre a condenação prévia de 1976, Ronald A. Barrett, ex-procurador do Quinto Circuito Judicial, explicou que Bell abordou uma estudante da Universidade da Carolina do Norte para "pedir informações".

— Quando ela respondeu que não sabia, ele apontou uma arma e ameaçou matá-la. Então a agarrou e a puxou na direção do carro.

Felizmente, ela conseguiu se desvencilhar do agressor e fugir.

Swerling também recorreu à conhecida tática de convocar profissionais da área de saúde mental para testemunhar. O dr. Edwin Harris, um psicólogo que atendeu Bell em Charlotte, em 1979, afirmou que, de acordo com os testes aplicados, o paciente tinha problemas para lidar com mulheres.

— Ele considerava as mulheres objetos a serem usados sexualmente — observou o profissional, acrescentando: — Eu o vi como um indivíduo psicologicamente dividido, perturbado e doente.

Também afirmou que Bell não conseguia integrar de forma harmônica os lados masculino e feminino de sua personalidade. Isso até poderia ser verdade, mas o que tem a ver com a compulsão de estuprar e matar? Interrogado pela acusação, Harris confirmou que Bell conseguia reconhecer e entender a diferença entre certo e errado.

O dr. Lucius Pressley, mais uma vez, caracterizou Bell como um sádico incapaz de controlar impulsos. E o dr. Robert Sabalis o descreveu como "borderline psicótico", mas não um esquizofrênico, quando afirmou que Bell "via muitos conflitos entre o bem o mal e entre demônios e deuses" nos borrões de tinta do teste de Rorschach. Isso deixa clara a diferença entre a abordagem dos psicólogos e nossa linha de trabalho, pois eu não vejo uma correlação entre isso e a incapacidade de conter o impulso de sequestrar e assassinar metodicamente outra pessoa.

Embora eu não pudesse citar o perfil em meu depoimento, por não ser considerado uma evidência criminal, fui chamado ao banco das testemunhas de novo, dessa vez para falar sobre minha avaliação de Bell quando o observei e conversei com ele na delegacia de polícia do condado de Lexington. Relatei que, embora fosse um indivíduo estranho, parecia mentalmente são e consciente do que estava acontecendo.

— Ele tinha uma aparência asseada, ordeira — contei. — É um ser um tanto gregário e lógico. Parecia estar gostando da atenção que recebia.

Mais uma vez, expliquei qual foi minha abordagem.

— Nós propusemos uma narrativa que livrava a cara dele, para proporcionar uma espécie de rota de fuga. Ele me disse que era responsável pela morte, mas não o Larry Gene Bell que estava diante de mim, e sim o Larry Gene Bell mau. Em minha opinião, foi uma tática muito eficiente, pois o levou a admitir que estava envolvido no homicídio.

O JÚRI SE REUNIU PARA DISCUTIR A SENTENÇA ÀS 11H39 DO DIA 2 DE ABRIL, QUINTA-FEIRA. AS deliberações foram concluídas uma hora e sete minutos depois, e todos voltaram ao tribunal. Depois de o papel com o veredito ser entregue ao juiz Richter, o oficial da corte leu em voz alta:

— Nós, o júri do caso supracitado, tendo nos convencido sem margem para dúvida razoável que um homicídio foi cometido sob a circunstância agravante de um crime de sequestro, recomendamos à corte que o réu, Larry Gene Bell, seja sentenciado à morte pelo assassinato de Debra May Helmick.

A não ser pelo nome da vítima, foram as mesmas palavras usadas na decisão do caso Smith. Era a primeira vez que um júri do condado de Pickens aplicava a pena de morte desde sua reinstituição pela Suprema Corte, em 1976.

Satisfeito com o veredito e a sentença, eu me despedi de Myers, Metts, McCarty e os membros de suas equipes e voltei para a Virgínia. Não só nossa quantidade de casos continuava crescendo, como, àquela altura, eu havia recebido a chance de recrutar mais gente. Tinha novos agentes recém-incorporados à Unidade de Ciência Comportamental para treinar como analistas de perfis.

26

Depois de sentenciado, Bell foi levado à Prisão do Condado de Pickens e, de lá, de volta ao CCI, em Colúmbia. Havia recebido duas condenações à morte, mas então teve início o bizantino processo das apelações a outras instâncias.

Com ele na cadeia, os policiais e promotores públicos de Charlotte começaram a investigar mais a fundo sua relação com o ainda não solucionado caso do desaparecimento de Sandee Elaine Cornett, cerca de dois anos e meio antes. Ao reexaminarem de forma mais atenta o interrogatório que fizeram com Bell, os investigadores relataram que ele falou em detalhes sobre o dinheiro sacado da conta bancária de Cornett depois que ela desapareceu, e que contou aos policiais Larry Walker, Steve Wilson, agente do Bureau Estadual de Investigações, e Chris Owens, capitão da polícia do condado de Mecklenburg, que o sequestrador era alguém com seu perfil, mas não assumiu a culpa pelo crime.

— Havia algumas coisas que ele contou sobre nosso caso que não sabíamos, e que então verificamos — relatou Walker.

Bell alegou que o criminoso, originalmente, foi assaltar a casa, mas então viu Cornett por lá com o noivo. Ele esperou que o noivo fosse embora e bateu à porta. A princípio assustada, ela então o reconheceu e o deixou entrar quando falou que estava passando pela vizinhança e resolveu parar para uma visita. Em seguida, ele a amarrou e a estrangulou.

Esses detalhes sem dúvida se encaixavam no M.O. de Bell, apesar de ele ter negado seu envolvimento por intermédio dos advogados.

— Ele afirmou o tempo todo sua inocência a esse respeito — garantiu Swerling.

O Departamento de Polícia de Charlotte declarou que já havia descartado todos os demais suspeitos do caso.

APESAR DE TUDO PELO QUE A FAMÍLIA SMITH PASSOU, BOB CONTINUOU A PREGAR NA CADEIA E A servir como capelão na Prisão do Condado de Lexington. Dawn o acompanhava com frequência, e também visitava sozinha o local. Bob também coordenava um grupo de estudos bíblicos que se reunia semanalmente em um instituto correcional para menores, e Hilda pregava na prisão feminina. Juntos, o casal passou a fazer parte da junta diretiva do grupo Esperança para as Vítimas da Carolina do Sul, uma rede que oferece auxílio e apoio emocional às vítimas de crimes violentos e seus familiares. Em diversas ocasiões, o xerife Metts pedia a Bob que o acompanhasse quando precisava comunicar pais sobre o assassinato de seus filhos.

EM ABRIL DE 1987, NO MESMO MÊS EM QUE FOI CONCLUÍDO O JULGAMENTO DO CASO HELMICK, as campanhas evangelistas de Billy Graham visitaram o CCI. Dawn, uma celebridade no estado em razão do título de Miss Carolina do Sul, também compareceu e falou sobre o rapto e assassinato de Shari. Além das diversas apresentações e aparições públicas, ela começou a gravar música gospel, e no terceiro aniversário da morte da irmã lançou uma composição própria, intitulada "Sisters".

Em 24 de agosto de 1987, por decisão unânime, a Suprema Corte da Carolina do Sul manteve as condenações de Bell pelo sequestro e homicídio de Shari Smith. O recurso impetrado por Swerling tinha como principal argumento um suposto erro do juiz Smith por considerar Bell mentalmente apto a ser julgado.

Outra questão era se o juiz não teria se equivocado ao permitir que os familiares de Shari fossem convocados para testemunhar a respeito de como o assassinato dela afetou a vida de todos. Existe muita gente no sistema judicial que se opõe a depoimentos sobre os impactos dos crimes sobre as vítimas, por seu potencial de comover o júri e, consequentemente, de criar uma atmosfera enviesada no processo de sentenciamento, inclusive em casos nos quais dois réus são condenados por um mesmo crime. Com base em minha experiência, eu defendo o contrário. Toda vez que um criminoso ataca alguém, cria uma "relação" com a vítima — à revelia da pessoa atacada, mas nem por isso o vínculo deixa de existir. Portanto, acredito que a parte prejudicada deva ter uma participação decisiva no desenlace dessa relação. No ambiente do tribunal, o juiz atua para garantir que o peso desse tipo de depoimento não seja excessivo, mas as vítimas devem ter seus direitos respeitados tanto quanto os acusados.

Com a derrota na instância estadual, Swerling anunciou que passaria para as cortes federais de apelações:

— Consideramos que surgiram novas questões a serem debatidas, e vamos continuar tentando — declarou o advogado.

Em janeiro de 1988, a Suprema Corte dos Estados Unidos se recusou a acolher a apelação de Bell, rejeitando os argumentos de que os direitos garantidos ao réu pela Sexta Emenda foram violados, porque ele não teve um "julgamento público", já que os espectadores foram impedidos de entrar ou sair do tribunal em determinadas partes dos procedimentos.

Outra questão legal a ser resolvida era se Bell poderia ser executado pelo assassinato de Shari Smith antes que todas as possibilidades de recursos do caso Helmick fossem esgotadas. E, em mais uma prova de como o processo de apelação em um caso de pena capital pode ser complexo, Swerling afirmou que deixaria de representar Bell nas demais instâncias, porque, a partir de um determinado ponto, os pedidos de reversão de pena costumam envolver a alegação de imperícia por parte da defesa durante o julgamento.

— Mas ainda vou conduzir a apelação no caso Helmick — explicou Swerling. — Então, por um lado, vou apresentar o caso na Suprema Corte da Carolina do Sul na segunda instância, enquanto, por outro, vai haver outra pessoa impetrando um recurso de reversão de pena da primeira condenação, em que a eficácia de minha atuação vai ser questionada.

Em abril de 1988, Tom Mims, defensor público dos condados de Edgefield, McCormick e Saluda, assumiu a condução das apelações do caso Smith.

No mês seguinte, Swerling defendeu, diante da Suprema Corte da Carolina do Sul, o argumento de que as gravações dos telefonemas não deveriam ter sido admitidas como evidências no caso Helmick. O advogado também contestou a admissão das cordas e da coleção de calcinhas encontradas na casa de Bell. Os pais de Debra May acompanhavam tudo em silêncio no tribunal. Pelo que chegou a meu conhecimento, Swerling e seu colega John Blume alegaram que as fitas eram prejudiciais ao direito de defesa do réu, pois chamavam atenção para o fato de que Bell já havia sido julgado e condenado por um homicídio relacionado. A lógica por trás dessa argumentação era a de que o réu tinha descrito para Dawn como Shari foi assassinada, mas não havia menção alguma à maneira como Debra May foi morta. Portanto, a reprodução das fitas "permitiu ao júri especular sobre o que teria acontecido no caso Helmick, sendo que não havia testemunhos a respeito de sua forma de morte".

Donnie Myers rebateu com o argumento de que havia precedentes para admitir evidências de outros casos quando se comprovava a existência de "esquema, complô ou motivação em comum".

Nesse ponto do processo de apelação, a não ser que se peça a reversão de pena com base em "afirmação de inocência", os argumentos costumam ter mais a ver com os procedimentos judiciais do que com o fato de o réu ser ou não culpado.

Enquanto tudo isso acontecia, o encarcerado Larry Gene Bell se juntou à Igreja Batista Broadacres, com sede na cidade vizinha de Cayce. Alguns membros da congregação se opuseram, mas a maioria considerava que sua admissão era uma consequência natural do trabalho de evangelização conduzido pela igreja na prisão. Havia também quem afirmasse que tudo não passava de uma encenação elaborada pelos advogados para evitar a execução. De fato, muitos criminosos passam por uma conversão religiosa, ou pelo menos se dizem convertidos, depois de presos e, como Bell sempre afirmou ter uma relação especial com Deus, que inclusive lhe enviara visões, aquilo não me surpreendeu. Ele seria batizado dentro do CCI.

Em março de 1989, Dawn se casou com Will Jordan, tendo sua ex-colega de apartamento Julie como dama de honra. Durante a cerimônia, velas foram acesas em homenagem a Shari. Entre os cartões de congratulações, havia um de Larry Gene Bell, àquela altura no corredor da morte do CCI, dando os parabéns pelo casamento e pelo aniversário de 25 anos, mas ela tentou não deixar que aquilo estragasse a ocasião. Juntos, Dawn e Will trabalharam na expansão do que se tornaria a empresa Jordan Ministries, discursando e cantando em igrejas e entidades da sociedade civil, levando uma mensagem de fé e superação. Quando estava de mudança com o marido para Fort Worth, no Texas, onde Will faria um mestrado em divindade no Seminário Teológico Batista do Sudoeste, Dawn recebeu uma carta de Bell. A mensagem citava o que as escrituras bíblicas diziam sobre o perdão, e Dawn ficou ofendida por ele ousar querer lhe ensinar algo sobre o assunto. Mas, como escreveu em seu livro, ela não conseguia tirar a carta da cabeça e precisou questionar sinceramente se de fato havia perdoado o assassino da irmã, e, mesmo se tivesse, se ele deveria saber disso.

Dawn decidiu escrever de volta para ele, contando como a graça divina a ajudou a suportar todas as provações e a conduzi-la "a este ponto de minha vida". Ela explicou que, embora nunca fosse esquecer o que ele fez com sua família, gostaria que Bell soubesse que tinha seu perdão. Contou também que rezava por ele e seus familiares.

— Quando sentei para ler o que tinha escrito, senti que um grande fardo tinha sido retirado de minhas costas — contou.

Perto do fim de fevereiro de 1990, a Suprema Corte da Carolina do Sul decidiu que Bell havia recebido uma condenação justa no caso do assassinato de Debra May Helmick, além de ter mantido a sentença de morte pelo homicídio de Shari Smith. Em outubro, a Suprema Corte dos Estados Unidos confirmou a condenação de Bell no caso Helmick. Depois de todas as apelações, nenhum tribunal havia encontrado um erro irreversível nos procedimentos jurídicos envolvendo o réu.

Em junho de 1992, a polícia de Charlotte e o Departamento de Polícia do Condado de Cherokee planejaram uma busca em um poço abandonado, depois que um informante contou que Bell havia lhe dito que aquele era o local onde havia desovado dois corpos. Um deles, conforme os investigadores acreditavam, seria o de Sandee Cornett; o outro, de uma vítima desconhecida. O homem contou que, aos quinze anos, estava viajando de carona pela rodovia I-85 quando Bell parou para ele e a pessoa que o acompanhava. O criminoso teria dito que vira dois corpos jogados no poço e manteve isso em segredo por oito anos, mas que sua consciência no fim havia pesado. O informante relatou que, quando Bell mostrou o local, teria falado:

— Se não fizerem o que eu mandar, é isso o que vai acontecer com vocês!

Os policiais não sabiam o que encontrariam, nem se haveria algo a ser descoberto, mas a cronologia do depoimento batia com a data do desaparecimento de Cornett, e nós sabíamos que Bell gostava de mexer com as emoções das pessoas com suas narrativas de sexo e violência.

Mesmo com carrapatos, enxames de abelhas e calor, cerca de 25 policiais participaram da busca, tentando refazer o que achavam ser o caminho feito por Bell por estradas rurais de terra entre trechos de mata fechada, guiados por um helicóptero que seguia as orientações passadas pelo caronista. No local, os investigadores usaram uma bomba para remover sete metros e meio de água daquele que imaginavam ser o poço descrito pelo informante, a cerca de seis quilômetros da I-85. Larry, o irmão de Cornett, acompanhou a polícia, enquanto seus pais aguardavam em um hotel próximo.

A polícia usou uma câmera especial para vasculhar o poço, mas nada foi encontrado. Após dois dias, a busca foi encerrada.

— Tínhamos certeza de que estávamos no lugar certo — afirmou a sargento Donna Job, da polícia de Charlotte. — O problema é que são muitos poços.

Ela afirmou que os investigadores voltariam a se reunir para rever as informações disponíveis e tentar encontrar outros locais compatíveis com a descrição.

Em abril de 1993, a Suprema Corte dos Estados Unidos mais uma vez se recusou a acolher uma apelação à sentença de Bell no caso Smith. Àquela altura, Dawn e seu marido, Will Jordan, estavam à espera do primeiro bebê do casal, uma menina a que deram o nome de Hannah Sharon.

Em outubro do mesmo ano, um juiz da Corte Distrital dos Estados Unidos rejeitou mais um recurso contra a decisão do caso Smith.

Mas a história ainda não havia chegado ao fim.

27

Em 4 de abril de 1995, dia do aniversário de Dawn, Bob Smith sofreu um ataque cardíaco enquanto preparava o jantar na churrasqueira do quintal, depois de voltar de uma viagem de negócios a Atlanta. Felizmente, conseguiu ser atendido no hospital a tempo. Os médicos atribuíram o incidente ao estresse acumulado.

Em 7 de setembro de 1996, sexta-feira, mais de dez anos depois da condenação pelo assassinato de Shari Smith, a pedido do procurador-geral Charles "Charlie" Condon, a Suprema Corte da Carolina do Sul estabeleceu o dia 4 de outubro como data de execução de Bell, então com 47 anos. Após todos os recursos às instâncias estaduais e federais terem sido negados, Condon anunciou:

— É chegado o momento de cumprir a decisão do júri.

Os advogados de Bell contra-atacaram em 10 de setembro, com um pedido à corte estadual distrital para mais uma audiência a fim de determinar a competência mental do réu. Nesse meio-tempo, o criminoso já havia inclusive decidido como morreria. Embora o governador David Beasley tivesse assinado um decreto em 1995 alterando o método de execução aplicado no estado, da cadeira elétrica para a injeção letal, os condenados antes dessa década ainda poderiam optar pela opção anterior. Bell preferiu ser eletrocutado, o que me levou a perguntar se a escolha bizarra tinha alguma coisa a ver com a profissão que ele exercia antes de ser preso. Ao que parece, ele também associava a cadeira de madeira à cruz em que Jesus foi morto.

Em 27 de setembro, sexta-feira, depois de ouvir profissionais convocados por ambas as partes, o juiz David Maring determinou que Bell cumpria os requisitos de sanidade mental previstos na lei estadual. Aparentemente concordando com Myers, declarou que:

— O réu demonstra capacidade cognitiva suficiente para manipular o sistema e obter os resultados que deseja. — E continuou: — Apesar de doente mental, ele consegue manipular e controlar suas reações quando assim deseja. Ele se mostra apto a transmitir muita informação para seus advogados.

DESDE A MORTE DA FILHA, DEBRA HELMICK LOWE GUARDAVA A BONECA FAVORITA DE DEBRA MAY no quarto de sua casa em Barnwell. Depois de se divorciar de Sherwood, tinha voltado a usar o nome de solteira. Foram várias as ocasiões em que vi a morte de uma criança — em especial, vítimas de violência — aproximar ou acabar distanciando um casal. Os Smith se uniram ainda mais. Os Helmick não tiveram a mesma sorte.

Com a boneca nas mãos, Debra declarou a John Allard, repórter do *State*:

— É um conforto para mim. Não é como tê-la aqui comigo, mas é o mais perto disso que posso chegar. Ainda rezo toda noite para que ela esteja sendo bem-cuidada.

Em 2 de outubro de 1996, depois que a Suprema Corte da Carolina do Sul se recusou a reexaminar a decisão do juiz estadual de que Bell estava mentalmente apto a ser executado, Debra enfim começou a achar que aquela provação que já se arrastava por onze anos estava perto do fim. Enquanto isso, os advogados de defesa preparavam mais uma argumentação a ser apresentada à Corte de Apelações do Quarto Circuito Judicial, solicitando à Suprema Corte dos Estados Unidos o adiamento da execução, marcada para a primeira hora de 4 de outubro, sexta-feira.

Debra contou que pretendia comparecer, ainda que tecnicamente a sentença a ser executada fosse pelo assassinato de Shari.

— Eu sinto que preciso estar presente para me sentir satisfeita. Todos os dias acontece alguma coisa que me faz pensar em minha filha.

Ela admitiu que já havia perdoado Bell, mas a questão não era tão simples.

— Cheguei à conclusão de que precisava perdoá-lo para me reconciliar com Deus. Mas a execução não vai me fazer deixar de pensar em como Debra estaria hoje.

Ann Helmick, avó de Debra May, declarou:

— Isso só vai acabar para nós quando acabar para ele também. Sinto que um fardo vai ser retirado de minhas costas na sexta-feira.

Àquela altura, Larry Gene Bell já tinha passado mais tempo no corredor da morte do que Debra May pôde passar neste mundo.

Rick Cartrette, irmão de Hilda Smith, pretendia comparecer como representante da família da vítima.

Naquela época, mais informações a respeito de Bell tinham vindo à tona, e foram um tanto surpreendentes para mim. Além do histórico de crueldade contra animais de pequeno porte, na adolescência e no início da juventude, ele havia abusado de várias parentes do sexo feminino, que foram pressionadas pela família a não denunciarem nem prestarem queixa na polícia. Uma das meninas, depois de adulta, contou que foi molestada com carícias indevidas e perseguida por ele dos cinco aos treze anos. Quando ficou um pouco mais velha, contou que foi trancada em um armário e estuprada.

— Ele sempre soube diferenciar o certo do errado — declarou a John Allard, do *State*. — Mas não conseguia conter esses impulsos. A coisa foi ficando cada vez pior sem tratamento. Não fiquei surpresa quando soube que ele foi preso por aqueles assassinatos. Eu sabia que, em algum momento, ele acabaria fazendo uma coisa dessas.

Em 2 de outubro de 1996, quarta-feira, dois dias antes da data marcada para a execução, a Suprema Corte da Carolina do Sul se recusou a reexaminar a decisão do juiz Maring de que Bell estava apto a ser executado, apesar da doença mental. A Corte de Apelações do Quarto Circuito Judicial também não acolheu os recursos de última hora tentados pela defesa para impedir ou adiar a execução. O governador David Beasley, por sua vez, examinou o caso, mas não concedeu clemência ao prisioneiro.

Investigadores da polícia de Charlotte foram a Colúmbia tentar negociar um último interrogatório com os advogados de Bell, para ver se conseguiam arrancar dele algo sobre o desaparecimento de Sandee Cornett, inclusive a localização do corpo, esclarecer se ele sabia alguma coisa sobre o ocorrido com Denise Porch ou Beth Marie Hagen ou ver o que ele poderia informar sobre qualquer caso ainda não solucionado.

Bell se recusou a falar com os detetives sobre Sandee Cornett ou qualquer outro caso.

— Conversei com os familiares de Sandee, estão todos arrasados — declarou o sargento Rick Sanders, do Departamento de Polícia de Charlotte. — Eles sabem que, com a morte dele, perde-se a última chance de encontrá-la, para que possa ser devidamente enterrada.

Com um macacão verde, Larry Gene Bell foi para a cadeira elétrica, usada pela primeira vez em 1912, pouco depois de uma da manhã de 4 de outubro de 1996, sexta-feira. Parecia tranquilo e resignado enquanto um mecanismo composto de uma esponja, uma argola de metal e um revestimento externo de couro era afixado a sua cabeça para transmitir a descarga elétrica fatal. Um fio terra foi conectado a uma tornozeleira metálica em sua perna direita. Ele não deu uma declaração final e não esboçou resistência quando o capuz marrom de couro foi colocado sobre sua cabeça.

O protocolo de execução exigia a presença de três pessoas não identificadas em uma sala atrás de um espelho na câmara de execução, que apertariam simultaneamente três botões vermelhos em uma caixinha metálica. Apenas um deles ativaria, de fato, o mecanismo, então nenhum dos três saberia quem foi o responsável pela morte.

Bell pareceu ter um sobressalto quando a carga de dois mil volts atravessou seu corpo. Os punhos se fecharam e as costas se arquearam levemente. Em seguida, parou de se mover. Larry Gene Bell foi declarado morto à 1h12.

— Ele nos fez passar por dias infernais — declarou o xerife Metts. — A família Smith perdoou Bell, mas eu não consigo.

CADA UM QUE EXAMINAR ESSES TRÁGICOS CASOS PODE CONCLUIR POR SI SÓ SE LARRY GENE BELL sofria de uma doença mental grave o bastante para eximi-lo da responsabilidade legal e moral pelos crimes de sequestro e assassinato que cometeu contra Shari Smith e Debra May Helmick. Como nenhum de nós tem o poder de ler a mente dos outros, não existe como ter certeza, nem por um lado nem por outro.

De meu ponto de vista, o que levo em consideração é que ele sabia quanto tempo poderia ficar ao telefone até que as ligações fossem rastreadas e policiais fossem mandados ao local de onde estava falando, e também como não deixar evidências nos telefones públicos que usava. Além disso, ele tomou a precaução de disfarçar a voz com um modulador, antes de se tornar mais confiante ao conseguir escapar das forças da lei, e planejou os raptos e assassinatos, aguardando até conseguir um lugar seguro para levar as vítimas. Empreendeu esforços para esconder onde deixou os corpos, até se certificar de que a decomposição tornaria difícil a obtenção de evidências, e planejou, com antecedência, a troca das placas dos carros que usou. Por fim, manipulou sádica e repetidamente a família Smith, alimentando a esperança de que Shari estivesse viva.

Questiono como alguém, seja qual for a gravidade de sua anormalidade mental ou emocional, poderia considerar aceitável sequestrar, violar e matar duas garotas inocentes, e a resposta a que chego é que isso é impossível. O criminoso fez isso para satisfazer um desejo próprio, apesar de saber que era uma coisa errada e cruel.

Levo em consideração, também, que, não importa as circunstâncias que a vida imponha para nós, todos temos escolhas a fazer. Diante do terrível e prematuro fim da vida, Shari Smith fez sua escolha com generosidade, dignidade e equanimidade quase inconcebíveis. Não consigo nem imaginar o que pode ter se passado na mente da pequena Debra May Helmick, nova demais para entender o que estava acontecendo, além de terror, medo e dor. Ao longo de uma vida bem mais longa que a delas, Larry Gene Bell fez as próprias escolhas, que servem como lições para todos nós.

EPÍLOGO

Em maio de 1997, enquanto Bob viajava a trabalho para a Dakota do Sul, Hilda Smith teve um acesso muito forte de dor de cabeça e náusea. Dawn insistiu para que ela procurasse atendimento e a levou até o pronto-socorro do Centro Médico de Lexington. No hospital, Hilda teve convulsões. Foi descoberto que ela havia sofrido um aneurisma cerebral, e precisaria fazer uma cirurgia de emergência no dia seguinte. Foi, então, transferida de ambulância para o Hospital Memorial de Richland, acompanhada por Dawn, que contatou o pai e o chamou de volta para casa. Ele passou a noite na estrada viajando para Minneapolis, onde pegou o primeiro voo para Charlotte. Quando chegou ao hospital, Hilda já estava sendo preparada para entrar no centro cirúrgico.

Ela passou dezoito dias na unidade de terapia intensiva do setor de neurocirurgia do hospital, onde esteve à beira da morte duas vezes, e passou um total de 46 dias internada. Bob, Dawn, Robert e a própria Hilda consideraram sua recuperação um milagre.

Naquele mesmo ano, Will Jordan, já um pastor ordenado, separou-se de Dawn, alegando que não a amava mais e a deixando com dois filhos pequenos, na época com um e quatro anos. Mais tarde, ele voltou a se casar.

Debra Helmick Lowe se casou com John Harmon Johnson em 8 de julho de 1997.

Em 10 de dezembro de 1997, sua filha Rebecca, a irmã mais nova de Debra May que todos chamavam de Becky, teve uma menininha, a quem deu o nome de Debra.

Em 2003, Hilda Smith faleceu, depois de uma luta de dois anos contra um câncer no ovário.

Em 2015, o xerife James Metts foi processado por sua participação em um esquema para evitar que os imigrantes ilegais detidos na Prisão do Condado de Lexington fossem identificados pelas autoridades federais. Ele se declarou culpado das acusações. Aos 68 anos de idade, era xerife do condado desde 1972, um dos servidores públicos eleitos mais longevos da história do estado, e havia transformado uma força com doze homens mal treinados de uma região rural em um departamento moderno e eficientíssimo de aplicação da lei com mais de trezentos policiais. Apesar das mais de trezentas cartas de apoio da comunidade e de um pedido conjunto dos advogados de acusação e defesa para que Myers não precisasse cumprir pena em regime fechado, o juiz Terry L. Wooten, do Circuito Distrital dos Estados Unidos, responsável pelo Distrito da Carolina do Norte, condenou-o a um ano e um dia de prisão e uma multa de dez mil dólares. Nesse meio-tempo, Lewis McCarty assumiu interinamente o cargo de xerife. Metts passou dez meses no Complexo Prisional Federal de Butner, na Carolina do Norte, até ser solto, em abril de 2016, por bom comportamento.

Lewis McCarty faleceu em janeiro de 2018, aos 76 anos. Tinha começado sua notável carreira nas forças da lei como policial rodoviário em 1964, incorporando-se ao Departamento de Polícia do Condado de Lexington em 1972, onde serviu até se aposentar, em 1999.

Os desaparecimentos de Denise Newsome Porch, em 1975, Beth Marie Hagen, em 1980, e Sandee Elaine Cornett, em 1984, permanecem sem solução.

AGRADECIMENTOS

Mais uma vez, nossa admiração e agradecimentos sinceros para:

Nosso maravilhoso e sensato editor, Matt Harper, cujo talento, perspicácia e perspectiva nos orientou ao longo de todos os passos do caminho; e toda a família da HarperCollins/William Morrow/Dey St., em especial Anna Montague, Andrea Molitor, Danielle Bartlett, Bianca Flores, Kell Wilson e Beth Silfin.

Nossa incrível pesquisadora Ann Hennigan, que trabalha na Mindhunters conosco desde o início e é parte integrante do time, uma das muitas razões para este livro ser dedicado a ela.

Nosso sempre colaborativo e talentoso agente, Frank Weimann, e sua equipe na Folio Literary Management.

A esposa de Mark, Carolyn, chefe de gabinete da Mindhunters e nossa conselheira interna, entre outras atribuições.

O ex-agente especial Ron Walker, parceiro de John nos casos aqui narrados, e todos seus colegas na Academia do FBI.

Dawn Smith Jordan e as famílias Smith e Helmick, pela coragem, pelo caráter e pela cooperação.

Três livros que se revelaram fontes de valor inestimável, e somos extremamente gratos a seus autores: *Grace So Amazing*, de Dawn Smith (Crossway Books, Good News Publishers); *The Rose of Shari*, de sua falecida mãe, Hilda Cartrette Smith (America House Book Publishers);

e *Murder in the Midlands*, de Rita Y. Shuler (The History Press, Arcadia Publishing).

Os jornalistas do *Columbia Record* e do *State*, da Associated Press e de todos os jornais que fizeram uma ampla cobertura daquela que logo se tornou a maior operação investigativa e a história criminal mais famosa da história da Carolina do Sul.

Maria Awes, Jen Blank e sua equipe na Comittee Films, por seu auxílio, apoio e incentivo.

E, por fim, toda a equipe de investigação e promotoria pública que atuaram nos casos Smith e Helmick, em especial James Metts, Donnie Myers e os falecidos Lewis McCarty e Leon Gasque. Eles e seus colegas dedicaram a vida e a carreia para tornar este mundo um lugar melhor e mais seguro.

Este livro foi impresso pela Vozes, em 2023,
para a HarperCollins Brasil. O papel do miolo é pólen
natural 70g/m², e o da capa é cartão supremo 250g/m².